슬픔이 멈추는 시간

일러두기

본문에 인용한 성경은 한국 천주교 주교회의에서 펴낸 『성경』을 따랐다.
성경과 관련된 인명은 앞의 『성경』 표기를, 지명은 국립국어연구원의 표기를 따랐다.

슬픔이 멈추는 시간

삶의 무게를 견디기 힘들 때,
나를 위로하는 성서

이나미

"슬픔과 절망으로

이대로 주저앉고 싶은 순간,

성서에서 다시 힘을 얻습니다.

절망의 나락에 빠지지 않고

고통이 우리를 더 깊고 성숙하게 만들도록

다시 한번 용기를 내십시오."

들어가며

　누가 제게 종교가 뭐냐고 물으면, 오래전부터 우물쭈물하면서 "위대한 종교의 위대한 가르침은 다 믿습니다."라고 대답해 오곤 했습니다. '그럼 아무것도 믿는 것이 아니지.'라고 생각할지도 모르지요. 통상 어떤 종교를 믿는다는 것은 그 교리를 성실하게 실천하고 해당 종교의 가르침을 의심 없이 받아들이는 태도를 의미하므로, 저처럼 예수님과 부처님과 공자님의 말씀은 물론, 마호메트와 힌두의 신들을 두루 믿는 사람들을 인정한다는 것을 용납하기 힘들 것도 같습니다. 어쩌면 세상의 모든 신을 다 믿는 무당 같은 사람 아니냐는 오해를 받을 수도 있겠지요. 그래서인지 몇 년 전 소설 『라이프 오브 파이』에서 주인공이 저처럼 "모든 신을 경배한다."라고 했을 때 참 반가웠던 기억이 납니다.

　저의 모호한 종교적 태도와 마찬가지로, 이 책으로 성경에 대한 제 확신과 의견을 강요하려는 의도는 전혀 없습니다. 성경을 기본 텍스트로 삼긴 했지만, 성경을 열심히 읽으라거나 기독교를 독실하게 믿으라고 강요할 생각도 없습니다. 성경을 신학적으로 해석하는 주석서도 아닙니다. 그럴 능력도, 자격도 없고요. 다만 삼십 년 가까이 마음이 아픈 사람들과 씨름하면서, 성경이나 불경 같은 종교 경전이 큰 도움이 된다는 것을 절감해 종교와 심리학을 연결시켜 보고 싶었습니다. 몇 년 전, 생활성서사에서 출판한 『성경에서 사람을 만나다』는 그런 관심의 첫 결과물이었습니다. 그 후 유니언 신학대학원에서 종교와 정신의학을 공부하고, 종교에 대해 열린 태도를 가진 융 분석 심리학을 공부하면서 그전에는 보지 못했던 종교성의 여러 측면도 깊이 생각할 기회가 많았습니다. 저의 그런 경험들과 공부를 이 책을 통해 독자분들과 나눌 수 있으면 좋겠습니다.

고민이 생기면 기독교인들은 성경을, 불교 신자들은 불경을 펼치게 되는 경우가 종종 있습니다. 하지만 막상 어떤 곳을 읽어야 하는지 난감할 때가 많습니다. 그럴 때 성경의 어디를 봐야 할지 알려 주는 가이드북처럼 읽어 주셔도 좋을 듯합니다. 화가 날 때, 죽고 싶을 때, 부모님 때문에 속상할 때, 배신당했을 때, 어디를 읽으면 마음이 편해질 수 있는지와 같은 실제적인 도움이 되었으면 하는 바람입니다. 온·오프라인에서 조언과 멘토가 넘쳐나는 세상이지만, 처방도 너무 많고 각기 다르기에 많은 이들이 여전히 길을 잃고 헤매고 있습니다. 때론 금방 들으면 혹할 솜사탕 같은 조언들 때문에 결국 더 불행하게 되는 경우도 많이 보았습니다. 여러 가지로 부족한 제 책이 그런 조언들과는 다르게 성경이란 위대한 텍스트를 통해 진짜 자기를 발견하는 과정에 조금이라도 도움이 될 수 있기를 희망해 봅니다.

Part 1

깊은 슬픔으로 마음이 무너질 때

자식을 잃었습니다
도대체 어떤 말이 도움이 되겠습니까

"지금은 근심에 싸여 있지만…… 다시 만나게 될 때에는
너희 마음은 기쁨에 넘칠 것이며……"

　최근 몇 년 동안, 이른바 힐링 열풍이 불었다는 것은 그만큼 전 국민의 정신 건강이 좋지 않았다는 이야기다. 실제로 노인들의 자살률은 전 세계 어느 곳보다 높고, 중고등학생들을 전수조사해 보면 심각한 정신질환을 앓고 있다는 보고도 나온다. 물론 '피로사회'란 말이 꼭 우리나라에만 해당되는 것이 아니라, 소득이 높고 낮음에 상관없이 지구촌의 많은 사람들이 그 말을 공감하는 시대가 된 것 같다. 그동안 이런저런 큰 사건들을 겪으면서 사람들의 마음이 많이 무뎌졌을 법도 한데, '여전히 우리가 하나의 공동체로서 서로 슬픔을 나누는구나.' 하는 마음이 들 때가 있다. 그중에서도 제일가는 고통 중의 하나가 가족을 잃었을 때, 특히 생떼 같은 자식을 잃었을 때 가장 슬픈 것이 아닐까 싶다. 멀리는 광주민주항쟁이나 이한열·박종철 군 사망 같은 시국 사건에서 천안함 사건, 최근의 경주 리조트 붕괴 사고 등에 이르기까지 자식을 잃은 부모들이 주위에 상당히 많다. 그런 불의의 사건 말고도 암이나 교통사고 등으로 자식을 잃는 참척의 슬픔을 겪는 경우도 적지 않다. 그런 부모의 슬픔을 위로하는 일은 그야말로 너무나 어려운 일이다. 고통을 삭히고 극복하도록 도와주려는 그 어떤 위로의 말도 큰 도움이 되지 못하는 경우가 대부분이기 때문이다.

몇 년 전, 미국 군인이었던 아들의 친구가 이라크에서 전사했다는 소식에 한동안 눈물을 흘린 적이 있었다. 그 청년과 가족을 생각하는 필자의 마음이 그렇게 아팠으니 그 가족들은 오죽했으랴. 크고 작은 사고와 질병으로, 군대에서, 병상에서, 교통사고로 자녀를 먼저 보낸 부모들을 의사로서 또 개인으로서 만나면, 어떻게 위로의 마음을 전해야 할지 막막해진다. 자식을 잃은 부모들에게 필자는 아들을 군에서 잃은 아버지 김한섭의 『이 세상에서의 마지막 편지』나 백혈병으로 아들을 잃은 어머니 김순규의 『정표 이야기』, 또 작가 박완서의 『한 말씀만 하소서』 같은 책이라도 전해 주고 싶다. 직접 큰 불행을 겪은 이들의 경험이 열 마디의 이론적인 조언보다 더 도움이 될 것 같기 때문이다.

필자의 외할머니 역시 아들 둘을 전쟁과 피란으로 앞세우셨다. 아들들이 세상을 떠난 후, 그 사실을 모르는 사람이 아들에 대해 물어보면 한 몇 년간은 살아 있으면 딱 그 나이쯤에 맞게 "응, 학교 잘 다녀." "응. 군대 갔어."라는 식으로 말씀하신 적도 있었다 한다. 할머니 마음속에서야 그 아들들이 어떻게 죽을 수 있었겠는가. 죽음보다 더한 자식 잃은 슬픔을 할머니는 신앙으로 극복하셨다. 지금까지도 필자는 외할머니보다 더 순수하고 깊은 신앙을 가진 사람이 과연 몇 명이나 될까 생각한다. 그만큼 할머니에게 신앙은 할머니의 중심이자 살아가는 힘이었다.

초등학교를 들어가기 전까지, 몸이 약한 엄마가 거의 연년생으로 동생들을 낳는 바람에 필자는 할머니와 함께한 기억이 훨씬 더 많다. 그래서 다른 사람들에게 "할머니는 내 꺼, 엄마는 동생들 꺼."라고 이야기하기도 했다고 한다. '할머니' 하면 제일 먼저 생각나는 것이 맛있는 음식, 정말 뽀얗고 부드러웠던 피부와 가슴팍 같은 것이지만, 무엇보다 내 머리에 깊이 박힌 것은 할머니의 나직하고도 평화로운 기도 소리였다. 그러나 어린 시절에는 할머니의 기도가 왜 그렇게 아름다운지 알 수 없었다. 단지 기도를 마치고 나면, 할머니의 얼굴에 사랑하는 누군가를 만나고 돌아온 사람처럼 뭔지 모르는 충만함이 가득했던 느낌이 지금도 생생하다. 어린 마음에도 기도를 마친 할머니의 얼굴이 참 따듯하고 빛이 나는 것 같았다. 물론 나이가 어려서 그것이 무엇을 의미하는지 몰랐고 그저 신기할 따름이었다. 나이를 먹고 아들을 둘 낳아 키우면서, 할머니의 기도의 의미를 조금이나마 이해하게 되었다. 할머니의 기도는 어쩌면 예수님이나 성모마리아와의 대화뿐 아니라 먼저 간 두 아들, 할머니의 부모님, 또 먼저 돌아가시거나 전쟁 통에 헤어진 할머니의 언니들과의 대화가 아니었을까. 할머니의 따듯하고 빛나는 얼굴은 사랑하는 사람의 영혼과 만나 깊은 대화를 나눈 사람만이 가질 수 있는 선물 같은 것이 아니었을까.

암에 걸려 자리보전을 하시며 돌아가실 날을 기다리시는 와중에도, 할머니는 항상 미소 짓는 얼굴로 나를 맞곤 하셨다. 의사로서 또 살아오면서 임종을 맞는 여러 환자들을 많이 만나 왔지만, 지금까지 할머니만큼 죽음을 앞두고 평화롭고 행복하게 지내신 분을 본 적이 없다. 할머니의 평화는 하늘나라에 가면 할머니가 사랑하는 예수님, 성모마리아 그리고 누구보다 멋진 아드님 두 분을 만날 수 있을 거라는 기대로 오히려 가슴이 설레셨기 때문이 아니었을까? 깊이 사랑하는 이를 잃는 슬픔, 사랑하는 이들과 이별하고 저세상으로 떠나면서 느끼는 깊은 슬픔은, 신실한 신앙 이외에는 설명하고 위로할 길이 이 세상에는 없는 것 같다.

자녀들에게 서운한 일이 있을 때마다 부모들은 아무렇지도 않게, "무자식이 상팔자."라거나" 자식은 전생의 빚쟁이."라고 하소연한다. 그러나 이런 푸념을 들으며 정말 가슴이 찢어지는 사람들이 있다. 자식을 앞세워야 했던 부모들은 "차라리 내 팔다리가 찢겨 나가고 내 심장이 터지게 하시지, 왜 내 아이를 먼저 데려가신 거냐?"고 자신들의 운명을 원망한다. 그동안 자녀들과 보냈던 즐거웠던 시간은 즐거웠던 대로, 괴로웠고 힘들었던 시간은 그 시간대로, 생각하면 생각할수록 어찌 가슴이 아리고 한스럽지 않겠는가.

성경에도 이처럼 깊은 고통을 겪은 부모들의 이야기가 여럿 있다. 잘 알려져 있다시피 이스라엘도 우리나라처럼 지정학적 위치 때문에 많은 침략과 전쟁을 겪은 나라이다. 그중 한 일화를 소개해 본다. 알렉산더 대왕의 동방 원정 때 그리스에 정복된 시리아는 알렉산더가 죽고 정복지에 대한 분할 통치가 이루어지면서 그리스의 지배를 받게 된다. 그리스인이지만 시리아의 왕이 된 안티오쿠스는 이집트와 예루살렘을 정복한 뒤 그곳에 살고 있는 유대인들에게 조상들의 종교를 버리고 그리스의 종교를 믿으라고 선포한다. 왕은 이교異敎에 제사 지내지 않는 유대인들에게 율법이 금하는 돼지고기를 먹으라며 배교를 강요했다. 그 과정에서 많은 유대인들이 죽임을 당했다. 성경에 나오는 유명한 순교의 원형이 되는 일화 '일곱 형제와 어머니'의 역사적 배경이다. 안티오쿠스왕은 자신의 명령을 거부한 일곱 형제 중 한 아들의 혀를 도려내고 손발을 자른 뒤 머리 가죽을 벗기고 몸을 끓는 냄비에 넣는다. 그 광경을 지켜보던 나머지 형제들도 신앙을 버리느니 죽음을 택하겠다며 어머니 앞에서 차례차례 죽어 갔다. 피를 토하는 심정으로 아들들의 죽음을 지켜보던 어머니도 아들들을 따라 죽음을 택한다. ^{2마카 7}

사고나 질병으로 자식을 잃은 부모들이 읽고 묵상하면 도움이 될 만한 대목이다.

자식을 잃고 나면 모든 부모들의 영혼은 허깨비처럼 텅 비게 된다. 자식은 내 몸보다 본능적으로 더 소중한 존재이기 때문이다. 십여 년 전, 육이오 전쟁 때 남편과 네 아들을 잃고 막내만 겨우 거둔 어머니를 면담한 적이 있었다. 그분의 얼굴에는 표정이 없었다. 전쟁이 끝나고 이미 수십 년이 흘렀지만, 그 어머니에게서는 웃음의 흔적을 찾을 수 없었다. 그 와중에도 어머니는 막내아들을 훌륭하게 키워 사회의 큰 동량으로 만들었다. 어머니의 모성이 위대하게 빛나는 순간이었다. 그러나 안타깝게도 어머니에게는 우울증이 겹친 치매가 일찍 찾아왔다. 아들과 남편을 잃은 후, 감당해야 할 충격이 그녀의 뇌까지 빠르게 망가트린 것은 아니었을까. 성경 속 일곱 형제와 그 어머니의 고통 앞에서 우리가 그저 압도되어 아무 말도 할 수 없는 상황과 비슷하다고나 할까. 약으로 상처를 치료하는 과학주의에 빠진 현대의학에서 더욱 다루기가 힘든 문제다.

성경에 등장하는 인물 가운데 가장 처참한 비극의 주인공, 욥의 끔찍한 불행도 폭풍으로 집이 무너지면서 아들과 그 식구들이 모두 깔려 죽는 사건으로부터 시작된다. 자식을 잃은 참척의 불행을 겪은 직후, 욥 자신도 온몸에 부스럼이 생겨, 가려운 몸을 질그릇 조각으로 긁어야 하는 고통을 겪게 된다. 자식을 잃은 슬픔으로 자신의 출생조차 저주할 만큼 고통 속에서 살아야 했던 것이다.욥 1,18 실제로 화재로, 교통사고로, 자연재해로, 가족들을 한꺼번에 잃고 살아남은 사람들은 어쩌면 삶, 그 자체에 대한 집착을 잃어버릴 수도 있다.

자식을 잃게 된 절망적인 부모들이 신에게 자식을 살려 달라고 청하는 다른 장면들을 보자. 이방인의 병은 고쳐 줄 수 없다는 예수님의 단호한 거절에도 마귀에 들려 죽어 가는 딸을 고쳐 달라고 애원하는 가나안 여자^{마태 15,22-28}가 있다. 간질병으로 물에도 빠지고 불 속에 뛰어들어 죽으려고 하는 아들을 고쳐 달라고 애원하는 사람^{마태 17,15-18}도 있다. 죽어 가는 아들을 살려 달라고 청하는 로마의 왕실 관리^{요한 4,43-54}의 마음도 내가 만난 자식 잃은 부모들의 마음과 다르지 않을 것이다. 성경 속 부모들과 현대의 우리가, 사는 시대나 장소가 서로 다르다고 해도 자식이 아프면 어떻게 하든 자식을 살리려고 애쓰는 안타까운 심정은 시대와 사회가 다르다고 큰 차이가 없는 것 같다.

돈이나 명예를 잃어버리는 것은 시간이 지나면 그 아픔이 사라질 가능성이 높다. 때가 되면 그런 외적인 조건이 나빠졌기 때문에 그동안엔 몰랐던 다른 행복을 찾는 경험을 할 수도 있다. 그러나 자식에게 불행한 일이 생길 경우는 다르다. 시간이 지나도 자식에게 찾아온 고통이나 자식을 잃은 슬픔에 대한 기억은 사라지지 않는다. 어쩌면 사람에게 일어날 수 있는 가장 절망적인 일일 수도 있다. 그래서 그와 같은 힘든 일 앞에선, 누구든 정말로 모든 것을 다 내어놓고 절대자에게 매달리고 의지하게 된다. 일신이 편안하고 별다른 고민거리가 없거나, 승승장구할 때는 그깟 신이나 종교 따위가 무슨 소용이 있냐고 큰소리치던 사람도 마찬가지다. 어쩌면 악마가 영혼을 팔라고 하면 그렇게 할 수도 있을 것이다. 자기 잘난 맛에 살 때 자신 있게 "각자의 운명은 자신의 몫이 아니겠느냐?"고 말하며 달관한 듯, 혹은 호기 있는 척 구는 것이 다 소용없다는 사실도 깨닫게 된다. 그것이 우리 인간의 나약한 속성이다. 자기 아이가 아플 때 "하느님, 부처님, 천지신명님" 하면서 세상의 모든 신들을 다 부르고 싶을 것이다. "제발 우리 아이를 살려 주십시오. 살려만 주신다면 무슨 일이든 다 하겠습니다." 라고 말이다. 성경에서 애원하는 부모들의 모습이 바로 우리의 모습이다.

크고 작은 걱정, 잘못이나 실수들은 과거를 딛고 앞날을 바라보며 고쳐 나가면 되지만, 사람은 한번 잃으면 다시 살릴 수 없다. 그것이 세상이 끝나는 것 같은 절망에 빠지는 이유이다. '그때 내가 이랬으면 그 아이가 죽지는 않았을 텐데, 내가 무엇을 잘못했기에 그 아이가 죽었을까?' 하는 생각들이 꼬리에 꼬리를 물면서 헤어나기 힘든 자책감에 허우적댄다. 그런 부모들에게 "하느님만 열심히 믿으면 내 가족이 건강하고 행복하게 잘 살 수 있다."는 식의 기복적인 신앙을 강요하면서 "당신이 무언가 잘못했고 신앙이 깊지 않았기 때문에 하느님께서 당신을 더 크게 만드시느라고 고통을 내리시는 것이다."라고 조언하는 사람들이 있다. 정말 깊은 상처를 줄 수 있는 무서운 말이다. 열심히 기도하면 복을 받을 것이라는 논리로 "네가 자식을 잃은 것은 열심히 기도하지 않았기 때문"이라고 말하는 사람들도 있다. 그런 말은 그렇지 않아도 죽을 것 같은 사람의 상처에 신앙의 이름으로 칼을 꽂는 비난의 메시지가 되는 것이다. 모든 일들을 단순한 논리로 펼치는 인과응보, 신상필벌식의 신앙은 잘되는 사람을 더욱 으스대게 만들고 고통스러운 상황에 있는 사람을 더욱 위축되게 만든다.

신앙인들 중에는 좋은 일이 있으면 "하느님이(혹은 부처님이) 나를 사랑하시기 때문에 이렇게 많은 것을 주시는 것이다."라고 말한다. 반대로 나쁜 일이 일어나면 "내가 무언가를 잘못했기 때문에 하느님이 (또는 부처님이) 벌을 주시려고 하는 것이다."라고 믿는 이들도 있다. 얼핏 겸손해 보이기 때문에 별 문제가 없는 신앙처럼 보인다. 상벌을 뚜렷하게 갈라 주시는 엄한 부모님처럼 절대자를 생각하는 신앙도 선악을 배워 나가는 어느 시기까지는 물론 필요하다. 하지만 진짜 건강한 종교적 태도는 그런 논리를 벗어나야 한다. 절대자는 시계 수리공처럼 사람들의 불행과 행복에 일일이 개입해서 이걸 잘하면 이런 상을 주고, 저걸 못하면 저런 벌을 주는 식의 즉각적인 반응을 보이는 존재는 아니라고 생각한다. 인과응보의 법칙도, 어쩌면 인간이 그런 논리를 갖고 있어야 세상에서 일어나는 나쁜 일을 잘 참아 내고, 더욱 겸손하고 조심하라고 만들어 낸 마음속의 허상일 수도 있다. 어떤 일이 일어날 때 그것이 어떻게 귀결될지는 사실 누구도 완벽하게 추리해 낼 수가 없다. 다만 추측할 뿐이다. 특히 예상치 못한 사고나 질병으로 인해 자녀를 먼저 앞세워, 세상 누구보다 더 큰 고통을 겪고 있는 사람에게 "도대체 무엇을 잘못해서 이런 일이 벌어진 것인지 반성해 보라."는 조언은 조언하는 사람의 인간성을 의심하게 만든다. 자신이 누린 모든 것이 자기가 잘해서 얻은 것이고, 불행한 사람의 모든 불운은 그 사람의 무능력이라는 태도는 아직 세상 이치를 모르는 유아적 태도일 뿐이다. 자신의 행운을 자신의 공으로 돌리며 거만한 태도로 불행한 사람에게 설교를 하는 이는 아직 어른이 아니다. 예기치 않은 불행은 죄 많고 게으른 사람들에게만 오는 것이 아니다. 오히려 정말 착하고 성실하게 살아온 사람들에게도 얼마든지 찾아올 수 있다. 고통이 우리를 더 깊고 성숙하게 만들기 위한 것이라는 종교의 가르침이 그래서 더 소중하고 가치 있는 것이다.

어쩌면 세상 사람은, 깊은 슬픔과 그로 인한 뼛속 깊은 무력감을 경험해 본 사람과 아직은 그런 좌절감을 경험해 보지 못한 사람으로 나눌 수 있을지 모른다. 아직 그다지 큰 고통을 겪어 본 적이 없어서, 세상 모든 것이 자기를 중심으로 잘 돌아가며, 열심히 하면 이 세상에 못해낼 것은 없다고 생각하는 사람들은 좌절감으로 주저앉아 있는 이들을 패배자로 간주할지 모르겠지만, 바로 그 깊은 절망감 때문에 보다 성숙하고 따뜻해질 수 있다는 사실을 보지 못할 뿐이다. 운명이 누군가에게 깊은 고통을 주는 것은, 어쩌면 고통을 겪는 사람들이 보다 더 성숙해질 수 있도록 기회를 주려는 것이 아닐까. 그러나 그 어떤 제삼자도 사실은 그 고통의 당사자가 겪는 지독한 과정과 그에 따른 비밀스러운 변모의 경험을 모두 이해할 수는 없다. 자식을 앞세워야 했거나 혹은 그와 같은 지독한 아픔을 겪는 이들에게 그 상황에 있지 않은 사람이 말을 함부로 하지 않아야 할 이유다. 그래서 어떤 전문적인 위로의 말이나 항우울제 같은 약보다 성경에 등장하는 자식 잃은 이들의 이야기 자체가 어쩌면 더 큰 도움이 될 수 있다. 똑같은 아픔을 겪고 있기 때문이다.

특히 참을 수 없는 온갖 모욕과 함께 죄 없이 십자가에 매달린 아름다운 아들 예수가 서서히 죽어 가는 것을 지켜보아야 했던 성모마리아의 슬픔은마태 27,56; 요한 19,25-27 우리에게 역사상 가장 큰 의지가 되는 장면이 아닐까 싶다. 성모마리아는 자식을 앞세우며 자식이 죽어 가는 것을 보아야 했던 이들의 마음을 누구보다 잘 알 것이다.

사실 네 복음서마태오복음, 마르코복음, 루카복음, 요한복음에는 사랑하는 아들이 십자가에 매달려 죽는 모습을 지켜봐야 했던 마리아의 개인적인 슬픔에 대한 과장된 언급은 없다. 아들의 참혹한 마지막 순간, 십자가 곁을 떠나지 못하는 마리아의 모습을 상상하는 것은 성경을 읽는 이들의 몫이다. 사랑하는 아들이 사지에 못이 박히고 옆구리를 창으로 찔린 채, 사람들에게 조롱을 받으면서 피를 흘리며 서서히 죽어 가는 모습을 곁에서 바라보아야 했던 어머니의 마음은 그러나 너무 참혹해 오히려 상상하기 힘들다.

죽은 예수를 안고 있는 성모마리아의 모습을 조각한 「피에타」Pietà: 불쌍히 여기소서라는 뜻의 이탈리아어이다. 영어로 Pity, 라틴어는 Pietas가 다른 상징물, 종교 이콘Icon이나 예술품보다도 더 깊은 슬픔으로 다가오는 것은 바로 그런 어머니의 마음을 묘사하고 있기 때문이다. 성모마리아의 중요한 세 가지 이미지는 '피에타'와 '슬픔에 잠긴 어머니라틴어 Mater Dolorosa; 영어 Mother of Sorrow'와 '여기 (자식을 위하여) 서 계시는 어머니라틴어 Stabat Mater, 영어 Here the Mother Stands'이다. 이 세 장면은 슬픔에 잠긴 이 땅의 모든 영혼들에게 말로 할 수 없는 힘이 된다.

마리아는 말없이 죽은 아들 옆에 있지만, 그 침묵은 다른 어떤 언어보다 더 큰 힘으로 우리에게 다가온다. 아들의 시신을 품고 절망에 잠겨 있던 마리아는 그러나 거기서 그냥 사라지는 허무한 존재가 아니다. 그 기억을 증거하고 역사 속에 각인시켰을 뿐만 아니라 예수의 죽음과 부활이라는 거대한 사건의 동참자가 됨으로써 후세의 어머니들이 의지할 수 있는 존재가 된 것이다. 예수는 마리아가 처녀의 몸으로 임신을 해서 보잘것없는 타향의 마구간에서 낳아 어렵게 키워 훌륭하게 자란 아들이다. 그러나 그 멋진 아들이 이번에는 억울하게 모욕 속에서 죽어 가야 했다. 그런 아들을 무력하게 바라보아야 했지만, 그 모든 슬픔을 마음속에 담아냈던 마리아의 숭고한 모성은 그 어떤 권력이나 부유함 또는 고매한 지성보다 인간의 역사에서는 더 강력한 힘을 발휘한다. 마리아의 아들에 대한 믿음을 보고 닮으며, 세상의 모든 고통받는 어머니들이 금강석처럼 더욱 단단하게 거듭나기도 했다.

예수는 세상을 떠나기 직전에 어머니에게 이렇게 말한다. "여인이여 이 사람이 어머니의 아들입니다." 왜 어머니에게 여인이라는 말을 하였을까. 마치 불가에서 말하는 어머니와 아들로서의 인연이 다했다는 말처럼도 들린다. 또, 나의 특별한 어머니라기보다는 어머니라는 보통 명사가 갖는 원형적인 고통을 직시하는 것처럼도 들린다. 하지만 예수님은 제자에게는 "이분이 네 어머니시다."라고 말한다. 자신이 죽은 후 홀로 남게 될 어머니를 당부하는 것처럼 생각할 수도 있으나, 사실은 더 큰 뜻이 담겨 있다. 아들을 잃게 된 깊은 슬픔에 잠겨 있는 마리아와 스승을 잃게 되어 길을 잃은 제자가 성스러운 모자 관계로 연결된 사건은 예수의 어머니이며 목수 요셉의 부인이란 개인적 존재가 성모마리아라는 위대한 종교적 존재로 거듭남을 의미한다. 바로 이 지점에서 마리아는 단순히 예수란 인물의 개인적 어머니가 아니라 위대하고 신비한 종교적 원형상이 된다.

성경뿐 아니라 우리 이웃도 잘 살펴보면 자녀를 잃은 엄청난 슬픔을 개인적으로 끝내지 않고 다른 어려운 아이들에게 장학금을 주는 등의 방식으로 개인의 모성과 부성을 사회적 사랑으로 승화시키는 부모들이 있다. 예를 들어 성수대교 붕괴사고로 숨진 여대생 이승영 씨의 부모가 만든 승영 장학회, 역시 대학생으로 수련회에서 목숨을 잃은 이명훈 씨의 이름을 따서 부모가 만든 명훈 장학회, 일본 지하철에서 사람을 구하다 목숨을 잃은 이수현 씨의 이름을 딴 재단, 천안함에서 목숨을 잃은 정범구 일병의 이름을 딴 정범구 호국장학사업, 사균석 중사 장학금, 이상민 장학금 등등 자식 잃은 아픔을 사회에 사랑으로 되갚은 위대한 부모들이 있다. 그들은 내 핏줄에 대한 폐쇄적이고 맹목적인 사랑보다는 어려운 이웃들에게 깊은 사랑을 실천한다. 모성이란 이름으로 오로지 제 자식이 출세하고 돈 잘 벌기만을 바라는 세속적인 부모들이 그들 앞에서 부끄러운 이유이다. 자기 자식을 잃은 슬픔을 확장된 사랑으로 승화시키는 그들은 어떤 의미에서는 이미 성인聖人의 경지를 맛본 것이다.

가장 사랑하는 이를 어이 없이 잃고 난 후 삶의 의미와 빛이 사라졌을 때, 그래서 그 어떤 미래도 상상조차 할 수 없을 때, 사랑하는 자식을 앞세운 서글프고 초라한 삶의 끈을 힘없이 놓아 버리고 싶을 때, 다음과 같은 구절들은 큰 힘이 될 것이다.

"그러나 사실은 내가(나 예수가) 떠나가는 것이 너희에게는 더 유익하다. 내가 떠나가지 않으면 (정말로 더 큰) 보호자께서 너희에게 오지 않을 것이다. 내가 가면 그분을 보내겠다."요한 16,7 "이와 같이 지금은 너희도 근심에 싸여 있지만 내가 다시 너희와 만나게 될 때에는 너희의 마음은 기쁨에 넘칠 것이며 그 기쁨은 아무도 빼앗아 가지 못할 것이다. …… 구하여라. 받을 것이다. 너희는 기쁨에 넘칠 것이다."요한 16,22-24

고통 속에서 만나는 사랑이
어떻게 축복인가?

**"타인을 진심으로 깊이 이해하면 할수록 결국에는
자신의 고통을 이해하고 극복하는 능력도 깊어진다."**

내게는 사람에게 일어날 수 있는 모든 고난이 일어나고 있습니다. 갑자기 부모님을 잃고 난 뒤 학비를 댈 수가 없어서 학교를 그만두어야 했습니다. 학교를 다니지 못했으니 번듯한 직장을 구할 수도 없어서, 위험한 일을 하다 크게 다치는 사고를 당했습니다. 사고를 겪고 생활비와 병원비를 감당하지 못해 신용 불량자가 되었고 엎친 데 덮친 격으로 약의 부작용으로 병까지 얻었습니다. 정말로 선한 하느님이 계시다면 죄 없는 저에게 어떻게 이런 일이 계속해서 일어나게 내버려 두실까요? 하느님의 섭리 때문에 이런 일이 일어났다면 그 하느님은 정말로 심술궂은 분입니다.

상상하기 싫지만 때론, 마치 악몽 같은 일들이 우리 모두에게 얼마든지 일어날 수가 있다. "왜 하필 나에게 이런 일이 일어나느냐?"고 따지고 싶지만, "왜 나에게는 나쁜 일이 일어나면 안 되느냐?"라는 질문을 해 보면, 역시 답이 없다. 세상의 어떤 사람도 죽기 전까지 완벽하게 불행과 절망을 모두 피해 갈 수는 없다. 심지어는 모든 좋은 것은 다 누린다는 독재자들, 엄청난 부자들, 권력자들도 죽기 직전에는 병마이든, 암살이든, 패배이든, 자기 나름대로는 엄청난 좌절과 분노의 순간을 경험하고 무너진다. 그러나 매우 평범하지만, 우리가 상상하기 힘든 고통 속에도 오히려 더욱 의연하고 묵묵히 고통과 대적하는 이들이 있다. 때로는 그들도 고통에서 벗어나기 위해 삶을 놓아 버리고 싶을 때가 있을 것이다. 마음과 몸을 온통 헤집어 놓는 아픔과 분노와 원망이 깊어지면 스스로를 지탱하기 너무도 힘겨워 차라리 죽는 게 낫다고 생각할 수도 있다. 또한 그렇게 원망과 피로감에 휘둘릴 때는 마음속에 쓰레기와 재만 남은 것 같아 자아 역시 붕괴된다. 그럴 때 마음은 태초의 혼돈보다 더 무섭고 불안하고 모든 것이 무의미해 보인다. 처음부터 가치 있는 것은 아무것도 존재하지 않았던 것도 같다. 마치 세상이 창조되기 직전의 막막하고 어두운 풍경과 같다. "땅은 아직 모양을 갖추지 않고 아무것도 생기지 않았는데 어둠이 깊은 물 위에 뒤덮여"^{창세 1,1} 있는 혼돈의 순간이다.

상담을 하면서 깊은 우울감에 시달리는 사람들은 "마음이 참 혼란스럽다.""머릿속이 모두 흐트러져 버려서 엉망진창인 것 같다.""내

생활 모든 것이 흐트러져 버렸다."라고 말한다. 혼돈은 이렇게 세상 창조의 처음에만 오는 것이 아니라, 힘들어서 모든 것을 놓고 싶은 순간, 해일처럼 누구에게나 예고 없이 찾아온다.

이럴 때 "마음이 가난한 사람들은 행복하다. 하늘나라가 그들의 것이다. …… 기뻐하고 즐거워하여라. 너희가 받을 큰 상이 하늘에 마련되어 있다. 옛 예언자들도 너희에 앞서 같은 박해를 받았다."라는 얼핏 여유 있고 한가한 것처럼 들리는 복음 말씀은 머리에 들어오지 않는다. 갑작스러운 상실, 사람에 대한 실망, 질병과 사고와 경제적 어려움 등으로 터널의 끝이 보이지 않을 때 그래도 희망이 있다고 말하는 누군가의 격려가 가식처럼 들릴 수도 있다. 바닥을 치면 올라간다고? 바닥을 치고 난 후, 땅을 파고 들어가 무덤 속에 묻히는 사람도 있다고 소리치고 싶다. 도대체 내가 무슨 잘못을 했길래 이런 쓴 잔을 마셔야 하는지 원망하면서 신이든, 운명이든, 따지고 싶어진다. 다른 사람들의 고통에는 "인생, 그럴 수도 있지. 인생이 원래 그런 거야."라고 사뭇 대범한 듯 조언을 해 주었던 자신만만한 모습은 간 데 없다. 세상을 원망하고 자신의 신세를 한탄하며 인생에 냉소를 보내며 누군가에게 분노를 터뜨리기도 한다. 평범한 우리들의 민낯이다.

유한한 인간의 육체에는 "하느님의 입김Spirit이 영원히 머물 수 없다."창세 6,3라고 했다. 원래 행복은 순간이고 불행과 고난은 질기고 오래가는 것처럼 우리 뇌와 몸은 느끼게 되어 있다. 불운과 함께 찾아온 회의, 의심, 허무주의 역시 인내, 믿음, 낙관주의보다 힘이 세다. 구약

성경 속의 이스라엘 사람들 역시 예외가 아니었다. 그들은 낙원에서 쫓겨나는 것으로부터 시작해 광야에서 헤매야 했던 긴 시간, 페르시아, 아시리아, 로마 등 이민족과의 전쟁에서 거듭된 패배, 기아와 질병으로 고생했던 힘든 세월들을 보냈다. 그럴 때마다 이스라엘 사람들이 모두 하느님께 열렬한 사랑을 보내면서 신앙심이 깊어지기만 했을 리는 없다. 즉각적인 보상과 행운만을 원하는 조급한 현대인들과 별반 다르지 않게 하느님을 원망하고 자신들의 처지를 불평하는 이들이 더 많았다.

아마 그런 현실적 상황 때문에 구약성경 기자들은 인간이 겪는 고통의 원인을 이스라엘 민족의 잘못에서 찾았을 것이다. 구약의 기자들은 그 이유를 아담과 하와가 하느님의 말씀을 어기고 에덴동산의 과일을 따먹은 데서 비롯된 '하느님을 배반한 징벌'창세 3 이나, 이스라엘 백성에게 약속한 땅을 주겠다는 하느님의 말을 믿고 이집트에서 탈출했으나 쉽게 그 땅에 이르지 못하자 하느님을 원망하고 불평한 데 대한 하느님의 징벌민수 14 로 설명한다. "자기 자식 잘되라고 고생시키듯이 그렇게 너희를 잘되라고 고생시키신 것"신명 8.5 이라는 구절에서는 이스라엘 사람들에게 경각심을 주고 가르치려 했던 성경 기자들의 마음도 엿볼 수 있다.

이는 어쩌면 불교적인 인과응보의 세계관과도 비슷하게 들린다. 그러나 앞서도 말했듯이 단순하게 인과응보의 법칙을 들이대며 무언가 너희가 잘못해서 그런 불행이 닥친 것이라는 식으로 종교적 가르침을 단순화하는 것은 위험하고 폭력적인 일이다. 구약 시대의 이스라엘 민족에게 닥친 고통은 그렇게 설명할 수 있다고 해도, 성경 속에 등장하는 많은 선한 이들의 고통까지 그들이 무언가 잘못 선택을 했기 때문에 고통을 받았던 것이라는 식의 철저히 세속적이고 현실 지향적인 방식으로 종교를 잘못 이해하는 사람들은 때론 주변 사람에게 큰 고통을 주기도 한다. 하느님의 아들이면서 착한 사람의 아들이, 짓지도 않은 죄목으로 말할 수 없는 굴욕과 고통을 겪어야 했던 것처럼, 세상에는 자기가 저지른 죄가 아님에도 누군가를 대신해서 죄값을 치러야하는 사람들이 분명 있다. 아무 잘못도 저지르지 않은 착한 사람들한테 고통과 불운이 많이 닥치기 때문에 "이런 세상을 만든 것이 하느님의 신성한 계획인가?"라고 물을 사람도 적지 않다.

구체적으로 상상해 보자. 가혹한 압제자들에게 핍박받는 사람들을 보고 "그들은 참으로 행복하다."라고 말한다면 압제로 절망하고 있는 사람들에게는 한가한 사람들의 말처럼 들리기 십상이다. 고통스러운 상황에 빠져 죽음보다 못한 하루하루를 간신히 넘기고 있는 사람에게 종교 지도자가 다가가 당신은 많은 보물과 지위를 갖고 있는 사람보다 더 축복받았다고 가르친다면 그 덕담을 기쁘게 덥석 받아들일 사람들은 많지 않다.

이와 같은 질문에 대한 해답은 "마음이 가난하고 옳은 일을 하다가 박해받는 사람이 행복"^{마태 5-7; 루카 6,20-23}하다는 예수님의 간결한 선언을 들여다봄으로써 찾을 수 있다. 산상설교(예수가 갈릴리의 작은 산

위에서 제자들과 군중에게 행한 설교로서, 윤리적 행위에 대한 예수의 가르침을 집약적으로 잘 드러내고 있다. 그 때문에 초대 그리스도교 시대부터 오늘날까지 그리스도 교도들의 윤리 행위의 지침이 되고 있다. 내용은 팔복八福을 서두로 하여 사회적 의무, 자선 행위, 기도, 금식禁食 이웃 사랑에 관한 가르침이 주를 이룬다.)는 인과응보나 신상필벌 같은 세속적이고 논리적인 어조로 고통과 불행을 설명하지 않는다. 아니, 오히려 그 같은 논리를 완전히 뒤집는 단순명료하지만 합리적 태도와는 거리가 먼 머리로는 이해하기 힘든 선언이다.

산상설교가 이스라엘의 다른 곳이 아닌 갈릴리에서 이루어졌다는 역사적 사실은 현대인들 눈에는 불합리해서 이해하기 힘든 선언을 이해하는 하나의 열쇠가 될 수 있겠다. 당시 갈릴리는 여러 가지 사회적 모순으로 가득 찼던 갈등의 지역이었다. 예수가 제자들과 함께 사회적인 활동에 나선 공생활을 시작한 곳인 동시에 부활 이후 마지막으로 제자들에게 나타난 곳요한 21,1의 티베리아 호수는 갈릴리 호수의 일부분이다.이 갈릴리라는 사실은 결코 우연이 아니다. 갈릴리는 비교적 습도가 높아 올리브, 무화과, 밀 등이 많이 나는 풍요로운 지역이었고 교통의 요지로서 부자들이 많았지만 상대적으로 가난한 사람들이 살기는 힘든 지역이었다. 사람들은 대부분은 소작농으로 일하다가 먹고 살 수가 없으면, 근처의 도시로 가서 밑바닥 노동자가 되기도 했다. 사람들이 많이 모여 사는 지역이었던 만큼 질병과 부조리도 많았으며 상대적인 박탈감도 컸을 것이다.

풍요로운 지역에서 소외되어 역설적으로 더욱 몸과 마음이 황폐해져 가는 사람들에게 이 세상은 죽을 때까지 희망이 될 수 없는 것처럼 느껴진다. 영혼이 가난한 사람들이 행복한 것이며 핍박받는 이들이 결국 하느님을 뵙고 큰 상을 받을 수 있다는 예수의 선언을 듣기 전까지 갈릴리의 가난하고 아픈 이들에게는 저세상의 희망 같은 것은 상상할 수도 없었을 터이다. 구약 시대에는 논리를 넘어서는 한없이 자비로운 사랑의 하느님보다는 "옳고 그른 것을 따지고 인간들의 잘못 때문에 노여움을 표시하는 야훼,"^{이사 57,16} 즉 속 좁고 잘잘못을 따지는 하느님의 모습을 가르치기도 했다.

"너희는 하느님과 재물을 함께 섬길 수 없다."^{마태 6,24; 루카 16,13}라는 말은 가난한 이들에게는 일단 위로가 될 수 있다. 당시 갈릴리 지방의 가난한 사람들은 로마와 실질적인 지배자인 헤로데 왕가 양쪽에서 시달리며 살았을 터이니, 상처난 마음을 아물게 해 주고^{이사 57,15} 용기와 생명의 숨결을 불어넣는^{이사 57,16} 야훼의 본모습이 가물가물하던 차에 예수의 이 같은 선언은 큰 힘이 되었을 것이다. 그러나 반대로 자신들이 열심히 신앙생활도 하고 잘사는 것이 하느님에게 복을 받았다고 생각하는 부자들에게는 도저히 받아들일 수 없는 헛소리로 들릴수도 있다. 또한 "나를 믿고 따르면, 고통은 없고, 세상에서 복만 많이 받을 것이다."라는 지도자에게는 혹해서 사람들이 꼬이겠지만, "나를 따르면 더 큰 고통을 받게 될 것이고 바로 그런 고통이 결국에는 당신들을 진실로 자유롭게 할 것"이라는 지도자에게는 실망감을 느겼을 것이다. 저세상에서는 복 받을 것이니 이 세상의 부조리를 신앙으로 적당히 덮어 버리고 적당히 타협하고 살라는 어찌 보면 마약 같은 주문을 한편으로는 의심하는 사람도 있었을 것이다. 옳은 일을 하다가 박해받을 것이라는 경고를 잘못 이해해서 "어차피 박해받을 건데 옳은 일을 왜 해야 하는데?"라는 식의 도덕적 아노미에 빠졌을 수도 있다. 이와 같은 위험한 태도에 대한 예수의 응답은 구체적이고 간결하다. 하느님의 나라는 단순히 고통받았다는 사실만으로는 보장되는 것이 아니라 그 고통을 참을성 있게 견디는 과정 중에 만난다는 것이다.

그렇다면 구체적으로 고통이 어떻게 행복을 가져오는가? 그리고 그 행복이 어떻게 의미가 있는가? 이런 의문에 대해 구체적으로 증거를 대라고 누군가 주문한다면, 전신의 장애를 딛고 화가가 된 윤석인 수녀님, 오랜 투병 생활이 오히려 큰 도움이 되었다고 말하는 한국의 대표적 학승인 무비 스님, 또 갑작스러운 장애를 입고도 오히려 연구와 강의에 더욱 열정을 쏟는 한국의 스티븐 호킹 교수라 일컫는 이상묵 서울대 교수, 또 지금은 고인이 된 장영희 교수 같은 분들을 언급하고 싶다. 멀게는 자신의 몸을 하느님께 바쳤던 성인들, 순교자도 있지만, "빛을 사람들 앞에 비추어……착한 행실을 보고 하늘에 계신 아버지를 찬양"마태 5,16하는 이들이라면 고통 속에서도 행복의 경지를 맛볼 것이다. 필자가 세례명으로 삼은 리드비나 성인 역시 어려서 전신 마비의 장애를 겪은 후 죽을 때까지 자리에서 일어나지 못한 채, 혼자 오두막집에서 살게 되었다. 그러나 마을 사람들이 찾아올 때마다 그들을 행복하게 해주고 평화로운 마음을 되찾게 해주어, 리드비나 성인에게서 오히려 공동체의 사람들이 훨씬 더 큰 위로를 받았다고 한다. 실제로 주위를 살펴보면, 아파 본 사람이 아픈 사람의 마음을 알아주어 의사가 아니더라도 주변 사람을 잘 치유해 주는 것을 볼 수가 있다.

정신과 의사로서 만성 정신분열증 환자들이나 지적 장애자들, 지체 부자유자들이 오히려 자신들의 늙은 부모나 형제들에게 훨씬 더 많은 사랑을 베푸는 것을 많이 보아 왔다. 똑똑하고 능력 있는 자식들은 병든 부모를 외면하는데, 자신이 병을 오래 앓은 자식들이 그 부모의 마음을 더 잘 헤아릴 줄 아는 효자가 되는 것이다. 똑똑한 아들은 나라의 아들, 돈 잘 버는 아들은 장모의 아들, 백수 아들만 내 아들이란 우스갯소리도 있지만, 예전부터 구박해 키운 자식이 효자 된다는 말도 있다. 의사로서 적지 않은 임종을 지켜봤는데, 가진 게 너무 많아서 삶에 대한 집착을 끝내 내려놓지 못하는 사람들의 임종보다, 행려 병자로 만성 정신분열증으로 세상의 끝에서 삶을 마치는 이들의 얼굴에서 뜻밖에도 깊은 평화와 깨달음의 표정을 보게 될 때가 있다. 한 달에 삼사십만 원의 돈으로 생활하면서도 저축을 하고 자신의 삶에 감사하는 이들이 있는가 하면 반대로, 참으로 많은 것을 이루고 가졌음에도 가지지 못한 이들보다 훨씬 더 불행한 이들도 많다. 세속적인 것은 많이 가졌지만 마음의 평화를 느끼지 못하는 이들은 끊임없이 자신의 삶에 대해 불평하고 세상과 주위 사람들에게 불만의 말을 던진다. 이것만 이루면, 저것만 가지면, 이 일만 해결되면, 저 사람만 없어지면…… 하는 식으로 행복을 방해하는 조건들을 한없이 나열하기도 한다. 하지만 모든 걸 잃고 큰 고통을 겪은 사람들은 작은 손실 그리고 소소한 아픔들에 대해서는 관대해진다. 인생에서 바닥까지 떨어져 본 자신의 경험을 통해 힘든 이웃의 마음을 진심으로 헤아리게 되는 것이다. 반대로 물질이나 지위 등, 너무 많은 것을 가지고 누리는 사람은 그런 외적인 편안함 때문에 오히려 삶의 반대편에 있는 것들의 가치를 모른다. 또한 껍질 속에 있는 자신의 속마음을 들여다볼 기회를 갖지 못하니, 자신의 진짜 마음을 제대로 알아차리지 못한다. 남의 마음도 당연히 읽기 힘들다. 고통다운 고통을 한 번도 경험하지 못하다가, 자신의 아주 작은 불운을 어쩌다 만나면 크게 상심하고 좌절하기 때문에 남의 깊은 고통을 헤아리지 못한다. 이렇게 행복과 불행은 당사자들의 주관적인 경험에 의해 그 크기가 결정되고 타인을 이해하는 능력은 고통의 크기와 비례한다. 신비한 것은 타인을 진심으로 깊이 이해하면 할수록 결국에는 자신의 고통을 이해하고 극복하는 능력도 깊어진다는 사실이다 .

욕망과 아집을 버리고 마음을 비우고 주변 사람에게 사랑을 나누려는 사람들에게는 행복할 수 있는 마음의 공간이 넓어진다. 반대로 불만과 분노로 마음이 복잡한 사람들은 행복과 평화를 나누고 받을 마음의 여유가 없다. 큰 고통을 통해 마음을 비우고 극복한 사람들이 웬만한 작은 일에는 크게 흔들리지 않는 이유다. 예컨대 자식을 잃은 사람들, 화마로 한순간에 집과 가족을 잃은 사람들 중에는 보통 사람들 같으면 크게 흔들릴 만한 불행이 닥쳐도 평정심을 잃지 않고 오히려 다른 사람들에게 큰 힘이 되는 이들이 있다. 필자의 외할머니도 그러셨다. 당신께서 가장 아름다운 아들 둘을 잃으셨기 때문인지, 당신의 고통뿐 아니라 딸인 내 어머니의 어려움 앞에서도 참 의연하고 인내하는 모습을 보이셨다. 어쩌면 할머니의 마음속 깊은 곳에는 사람이 살아 있는 한, 어떤 상처도 결국 치유될 것이라는 깨달음이 있었던 것은 아닐까.

가진 것이 없고, 불행이 연속적으로 찾아온 경험을 한 사람들은 작은 물건과 행운에도 감사함을 느낀다. 그것이 육이오 전쟁 후의 그 참담한 잿더미 속에서도 많은 사람들이 미소를 잃지 않을 수 있었던 이유이다. 반대로 그때에 비해 참으로 많이 가진 요즘엔 웬만큼 누리고 즐겨도 행복하다고 느끼지 못한다. 전쟁으로 식구들이 몰살당하고, 집이 모두 불타 버리고, 많은 것이 한순간 사라져 버린 고통을 겪었던 사람들의 눈으로 본다면, 우리의 고통들은 그저 비본질적인 작은 것들일 뿐이다. 고통과 역경을 경험하지 못한 사람들은 역설적으로 스스로가 잘난 줄만 안다. 자신에게 일어난 모든 일들이 자기가 참으로 잘해서라고 생각한다. 그러다 보면 자기도 모르게 탐욕과 거만함의 노예가 될 가능성이 높다. 그 사람들이 꼭 악해서가 아니라, 자신에게 일어난 행운을 감사하고 자신이 잘못한 것에 대해 되돌아볼 수 있는 지혜가 없기 때문이다. 쓴 잔을 삼켜 본 사람만이 고통 속에서도 사라지지 않는 진짜 사랑을 볼 수 있는 눈과, 들을 귀가 생기는 것이다.

특히 자신과 남의 고통을 느끼는 데 결함이 있는 반사회성 인격장애, 경계형 인격장애, 자폐증, 아스퍼거 증후군 환자들은 주변 사람들의 아픈 마음을 공감할 줄 모르기 때문에 가까운 가족들에게 큰 슬픔을 주기도 한다. 김일성, 스탈린, 무솔리니 같은 독재자들은 개인적으로 만나면 매우 행복하고 편안한 얼굴을 하고 있었다고 한다. 자기 때문에 다른 사람들이 고통받고 있다는 사실을 알지만 그것을 느끼지 못했기 때문이다.

인간에게 고통스러운 경험은 타인과 진실한 사랑과 공감을 주고받을 수 있는 가장 중요한 자격을 갖추는 과정이라 할 수 있다. 성경의 표현대로 심장이 굳어져서Hardened Heart 다른 사람들로부터 사랑받을 필요도 없고 사랑할 의향도 없다는 사람이라면 굳이 힘든 고통의 과정을 지나갈 필요가 없다고 끝까지 고집할지도 모르겠다. 그런 삶이 과연 의미가 있는지 여부와 상관없이.

운명의 힘에 휘둘린다면

"숙명론을 극복하고 내게 주어진 소명을 알아차리려 노력하며
운명을 사랑하고 적극적으로 개척하자."

난, 참 팔자가 박복한 여자입니다. 남편 복이 없어서 그 고생을 했더니, 이젠 자식까지 속을 썩이네요. 사주가 참 나쁜 사람인가 봅니다. 내 팔자가 그럼 이렇게 살아야지 할 수 없지요.

피할 수 없는 큰 불운이 닥쳤을 때, 자신이 어찌할 수 없는 무거운 짐이 떨어졌을 때, 사람들은 '팔자소관'이라는 말을 한다. 동양은 태어난 사주에 따라 자신의 운명이 결정된다고 생각하고 서양 사람들은 타고난 별자리에 따라 성격과 행·불행이 좌우된다고 믿었다. 인간과 자연이 서로 긴밀하게 연결되어 있다고 보는 일종의 샤머니즘적 관점이다. 기독교나 불교와 같은 고등 종교가 역사에 등장하기 이전부터 사람들의 마음에 존재했던 운명에 대한 태도라고도 할 수 있겠다. 원시인들과는 사뭇 다른 인생을 살고 훨씬 개명된 존재라 자부하고 사는 현대인들이지만, 막상 어찌할 수 없는 일이 닥치면 이와 같은 운명론적이고 원시적인 세계관에서 완전히 벗어나기가 솔직히 힘들다. 자신의 의지만 갖고는 어찌할 수 없는 행운과 불운이 분명 있는 것 같기 때문이다.

초월적인 절대 신보다는 인간의 이성을 그나마 강조한 그리스 문명에서도 운명Fate은 '영원한 무언가에 의해 미리 결정된 원칙이나 힘'을 의미하고 반대로, 운Fortuna/Chance은 '아무것도 결정되어 있지 않은 우연한 법칙'이라고 생각했다. 라틴어로 운명은 꼭 필요해서 일어나야만 했던 어떤 일Necessitas과 하느님의 의지의 표현Fatum, Expressed Will of God의 의미를 다 갖고 있다. 귀신의 존재를 부정하고 미신을 배격한 유교에서도 천명天命이라는 개념을 통해, 인간이 초월적인 무언가에 좌우된다는 점을 가르치기도 했다. 어떤 종교건 인간의 의지로는 어찌할 수 없는 나쁜 운명이 있다고 본 것이다.

재미있는 것은 좋은 일이 생길 때에는 자신이 그동안 노력했던 대가로 여기지만, 불운이 닥치면 자신이 그동안 어떤 게으름을 피웠는지 혹은 어떤 면에 부주의했는지 반성하기보다는 "그저 나는 잘못한 것 없는데, 참 운이 나빴다."라고 치부하는 이들이 많다는 점이다. 어떤 일에 실패할 때 앞으로는 어떤 쪽을 더 보강해야 하는지 또 어떻게 더 열심히 노력해야 하는지를 반성하는 사람이 있는가 하면, 무조건 운명을 탓하는 사람도 있다. 그들은 무엇이든 자신의 책임은 회피하면서 무조건 남 탓, 사회 탓만 하는 사람이니, 그 사람의 운명은 당연히 칙칙하고 무기력할 수밖에 없다. (그런 의미에서 가톨릭에서 '제 탓'이라고 고백하는 기도를 중요하게 가르치는 것은 아주 가치 있는 전통이다.)

하지만 문제는 열심히 신앙생활을 하는 와중에도 그런 숙명론에 빠질 때가 있다는 것이다. 예컨대 "어차피 하느님은 내게 이런 정도의 삶밖에 주시지 않았어. 이것이 내 운명인데 희망은 무슨 희망……." 하면서 전혀 의지를 발휘하지 않고 열심히 살아 보겠다는 노력도 포기하는 이들이 있다. 또한 "난 하느님을 열심히 믿고 사랑하니까 내게는 항상 행운만 찾아왔고 앞으로도 그럴 거야."라고 마치 하느님과 사업적인 계약을 맺고 있는 양, 경솔하게 우쭐대며 자신의 운명을 과신하는 이들도 있다. 양쪽 다 겉으로는 신앙인인 듯 보이지만 과연 하느님께서 정말로 원하시는 신앙의 태도인가 하는 의문이 든다. 어쩌면 신학사神學史에서 종종 등장하는 자유의지론과 결정론의 대립도 운명을 보는 두 가지 태도가 반영된 것이 아닐까.

운명적으로 주어진 일을 이런저런 핑계를 대고 거부하는 것은 비단 평범한 사람들에게만 일어나는 일은 아니다. 선종하신 김수환 추기경님도 우스갯소리처럼, "젊었을 때는 장사꾼이 되고 싶었고 결혼도 해서 평범한 사람으로 살고 싶었는데, 하느님께서 날 여기까지 끌어오셔서 어쩔 수가 없었어."라는 말씀을 남겼다는데, 의외로 뛰어난 업적을 이룬 훌륭한 사람들 중에는 사실은 "이 일을 꼭 해야만 한다고 어릴 때부터 이를 악물고 뛰어든 것만은 아니다."라는 인간적인 고백을 하는 경우가 많다.

위인들도 그러할진대, 평범한 우리는 대부분 자신에게 주어진 소명을 이런저런 이유를 대며 밀어 놓거나 차일피일 미루거나 아예 부정해 버리기 십상이다. 마치 방학 숙제를 방학 내내 미루다가 개학 전날 마지못해 끝내느라 대충대충 엉터리로 해 버리는 학생처럼, 참 짧은 인생인데도 우리는 모든 것을 그저 미루기만 하고 도망가고 싶어한다. 자신의 일상조차 매일매일 해야 할 일을 '미루는 것으로 시작하고 미루는 것으로 끝내는 것'이 아닐까 싶을 때도 있다. 눈을 떠서 아침 준비를 할 때부터 자기 전 이를 닦는 사소한 일까지 이런저런 핑계를 대며 꽁무니를 빼는데, 특히나 그 일들이 세상 사람들 앞에서 창피를 당하고 고통스러울 때, 인간으로서의 존엄과 생존을 위협할 때, 그 어려운 소명을 피하고 싶은 것은 인간으로서는 어쩌면 아주 당연한 일이라며 위안을 삼아야 할까. 재미있는 것은 이런저런 방식으로 하느님께서 내 앞에 주어진 일들을 이미 명확히 적시하고 계심에도 불구하고 애써 그것을 거부하고는 '다른 쉬운 길이 없을까?' 하고 헤매게 된다는 것이다.

특히 분석심리학에서 꿈을 중시하는 것은 꿈을 통해 우리 무의식에서 신성한 존재Numinose가 가르치는 것이 무엇인지 짐작하고 그 소명을 겸허하게 받아들일 수 있는 하나의 통로가 되기 때문이다. 즉 현실에서는 미처 보지 못하는 것을 꿈을 통해 들여다보는 무의식이 우리의 어려운 소명을 가르쳐 줄 때도 있다는 것이다. 성경에도 그런 성스러운 소명을 꿈속에 만났지만, 오히려 그 때문에 고초를 겪는 예언자들이 여러 명 나온다. 다니엘과 에제키엘이 그런 경우다.

다니엘은 이스라엘 민족이 바빌로니아와의 전쟁에서 져서 바빌론으로 끌려가 유배 생활을 하던 시절에 하느님의 말씀을 전하는 예언자가 된다. 그는 신비한 꿈을 꾸고 난 후, 임금께 바빌로니아인들이 믿는 벨이라는 신이 우상임을 말하고 제사 때 음식을 먹은 것은 벨 신이 아니라 제사장과 그 가족이었음을 밝힌다. 그 결과 사제들은 죽임을 당하고 다니엘은 벨의 신상을 부숴 버린다. 자신들의 신이 우상이라는 다니엘에 분노한 바빌로니아인들은 임금에게 다니엘을 사자 굴에 던져 사자 밥이 되게 하라고 요구한다. 임금이 다니엘을 사자 굴에 던졌으나 하느님의 뜻을 따른 하바쿡이 음식을 가져다주어 다니엘은 무사히 살아난다.다니 14,1-42 에제키엘 역시 이스라엘 민족이 바빌로니아에서 유배 생활을 하던 시절, 하느님의 소명을 받는다. 에제키엘은 하느님의 말씀을 거역하고 우상을 믿으며 죄를 짓던 이스라엘 민족을 '반항의 집안'이라 칭하던 하느님께서 그들에게 벌을 내리실 것이라는 사실을 선포할 임무를 받는다. 그러나 하느님은 오히려 그의 혀를 굳게 해서 벙어리가 되게 하시고 하느님의 말씀대로 예루살렘은 적에게 포위된다.에제 3,22-4,3 앞에서 살펴본 대로 예언자들이 겪는 고난들은, 평범한 사람들이 자기에게 주어진 소명들의 무게가 마치 십자가처럼 무겁게 느꼈을 때 한번쯤 깊이 묵상해야 할 대목이 아닐까도 싶다.

심지어는 매우 영광스러운 소명조차 그 험난한 과정 때문에 감히 받기를 거부하고 싶은 것이 사람의 마음이다. 이스라엘 자손들을 구원하라고 야훼께서 명하셨을 때 모세가 "제가 무엇이라고 감히 파라오에게 가서, 이스라엘 자손들을 이집트에서 이끌어 낼 수 있겠습니까?"^{탈출 3,11}라고 대답하는 장면이나, 요나가 니네베 성읍의 죄악을 지적하라는 말씀을 들었을 때 주님을 피해 타르시스로 가는 배를 타는 장면은^{요나 1,2-3} 주어진 의무를 피하고 싶은 사람의 심리를 잘 드러낸다.

이런 예언자들의 인간적인 고뇌와 달리, "보십시오, 저는 주님의 종입니다. 말씀하신 대로 저에게 이루어지기를 바랍니다."^{루카 1,38}라고 절대적인 순명을 한 성모마리아의 하느님에 대한 무조건적인 사랑과 존재는 특별하다. 부정한 행동을 했다는 표식을 받은 여성은 무자비하게 사형당하는 비인간적인 가부장제의 유대 사회에서 그 부끄럽고 무서운 미혼모의 처지를 아무 저항 없이 받아들일 수 있었던 성모님의 존재는 자신에게 주어진 순명을 거역하면서 요리조리 빠져나갈 궁리만 하는 계산적인 우리에게 큰 힘이자 가르침이 되는 이유이기도 하다.

한 걸음 더 나아가 예수님께서는 도대체 어떻게 당신의 장례를 준비하고^{마태 26,12; 마르 14, 9; 요한 12,7-8} 믿었던 제자들의 배신을 예측하면서도 ^{마태 26,21-35; 마르 14,17-21; 루카 22,21-23; 요한 13,21-30} 어리석은 대중과 탐욕스러운 권력자들에게 무참하게 능멸당하고, 참혹한 육체적인 고문을 당하는 상황을 그대로 기다리고 받아들일 수 있었을까. 예수가 "아버지, 제 영을 아버지 손에 맡깁니다."루카 23,46 라고 말씀하신 부분을 우리가 신비의 차원으로 그저 막연히 상상할 수밖에 없는 대목이 아닐 수 없다.

그저 세속의 평범한 마음은 자신에게 주어진 이런저런 소명들이 내게 주어졌을 때

"내 무거운 짐들이 꽃으로 피어날 수 있었으면 좋겠네

……

아무리 버려도 뒤따라와 내 등에 걸터앉아 비시시 웃고 있는……

내 평생의 짐들이 이제는 꽃으로 피어나

그래도 길가에 꽃향기 가득했으면 좋겠네."

— 정호승, 「꽃향기」

라고 말한 시인처럼 언젠가는 그 인생의 무게가 막연히 좋은 쪽으로 해소되거나 승화되어 담담한 목소리로 자신의 고단한 역정을 회상할 수 있기를 감히 희망해 본다.

분석심리학에서는 앞서 이야기한 대로 욕망과 계산으로 위축되어 있는 작은 자아Ego와는 달리 자신의 의지로는 어쩔 수 없는 보다 큰 정신의 영역인 '참 자기Self'가 있다고 강조한다. 기독교에서 말하는 소명을 인식하고 그를 따르는 것은 아집에 가득한 자아가 아닌, 무의식과 신비스러운 영적 세계까지도 포함하는 자기Self가 추구하는 것이라

고 보는 것이다. 기독교뿐 아니라 불교 역시, 주어진 치욕과 고통을 거부하고 소명을 받아들이지 않는 것은 아상我相 인상人相 중생상衆生相 수자상壽者相의 단계이고 그런 차원을 넘어 심지어 왕에게 신체를 갈가리 찢길 때에도 청정심을 잃지 않고 해탈할 수 있는 부처님의 경지(금강경 제 14품 이상적멸분離相寂滅分)[1]는 따로 있다고 설명하기도 한다. 예수님이 자신의 몸과 피를 우리에게 희생한 것과 너무나 유사하지 않은가. 어쩌면 잔혹하고 포악한 가리왕은 헤로데왕이나 바리새파나 사두가이파 사람들의 인도 판이 아닌가 싶을 정도로 근본정신과 상황은 비슷하다.

불운이 겹치고 안팎으로 극심한 고통을 맛보게 되면, 예수님이나 부처님, 성모님과는 달리 우리 마음은 마치 악마와 같은 무리들에게 둘러싸여 있는 것처럼 괴롭다. 그래서 자신에게 주어진 고통스러운 쓴 잔을 어떡하든 모면하고 도망치려고만 한다. 그것이 본능에 좌우되는 자아의 적나라한 모습이다. 그러나 다행히 우리 마음에는 본능과 욕망에만 충실하지 않은 더 큰 영역이 숨어 있다. 눈에 잡히지 않고 쉽게 이해할 수는 없지만, 나를 초월하는 그 무언가가 이 세상에 있다는 희미한 인식을 도와 자아가 치졸한 선택을 하지 않도록 나름

----

[1] 부처님의 설법 내용 중, 자신이 가리왕에게 찢겨 죽임을 당하는 동안, 부처님은 '나'란 생각도, '중생을 구제하려는 생각'조차도 없었다고 말씀하신다. 즉 무언가를 의도적으로 하려고 하고 그 공을 자신에게 돌리는 것이 자아(Ego)에 대한 집착이라면, 그 자아를 넘어서는 자기(Self)와의 만남을 예수님이나 부처님과의 만남으로 이해해도 될 것 같다. 예수님 역시, 십자가에 매달려 죽어 갈 때 '나'를 버리면서 하느님께 돌아가는 신비한 체험을 하신 게 아닐까 싶다.

대로의 제동을 거는 것이 자아보다는 더 큰 세계인 자기Self이며, 무의식의 힘이다.

분석심리학의 대가 에딘저E. F. Edinger는 예수님이 그런 자기 원형Self Archetype을 현실에서 실천하고 주위 사람들에게 보여 준 모범이라고 해석하기도 한다. "나는 이러이러해서 어려운 일은 못해. 골치 아픈 일은 딱 질색이야. 내가 어떻게 그런 위험한 일을 해……."라며 끊임없이 '나'를 숭배하고 '나'만 강조하는 자아와는 달리, 더 큰 무언가를 위해 나를 희생할 수도 있고 굴욕스러운 상황도 참아 낼 수 있는 '참 자기'가 우리에게는 숨어 있다. 우리는 다만 그것이 어떤 모습을 하고 어떤 경계까지 닿아 있는지 우리 의식의 활동이 끝나는 그날까지 정확하게 파악할 수가 없을 뿐이다. 그저 상상하고, 유추하고, 짐작하면서, 겸손하게 자아의 영역을 확장하여 '참 자기'를 제대로 만날 수 있기만을 바라는 것이다. 성경의 많은 예언자들과 예수님의 뛰어난 생애가 우리에게 주는 가장 큰 가르침 중 하나이기도 하다. "숙명론Fatalism을 극복하고, 내게 주어진 소명을 알아차리려 노력하며 운명을 사랑하고 적극적으로 개척하자!Amor Fati"라는 구호를 내 책상 앞에 붙여 보면 어떨까?

내가 만난 장애물,
그 숨은 뜻은 무엇인가?

"비천한 이들이 삶의 고갱이에서 눈물과 힘든 생활 그 자체로 얻은 지혜는
고상한 학문, 높은 지위, 어마어마한 재산보다 훨씬 더 위대하고 아름답다."

살면서 모아 놓은 전 재산을 투자하라고 꾀는 사기꾼에게 몽땅 털렸습니다. 이젠 더 이상 일어날 힘이 없습니다. 자식들도 이런 제 모습이 싫다고 모두 등을 돌렸습니다. 마누라도 돈 벌어 온다는 핑계로 걸핏하면 집에 들어오지 않습니다. 이제 앞으로 남은 생을 어떻게 살아야 할지 감감합니다.

살다 보면 더 이상 앞으로 나갈 힘이 전혀 없어 주저앉고 싶을 때가 있다. 수십 년 동안 모아 둔 재산을 사기를 당해 한꺼번에 다 잃거나, 든든한 버팀목인 줄 알았던 남편이 빚만 남긴 채 세상을 떠났을 때, 혹은 나를 도와줄 줄 알았던 부모나 배우자가 오히려 내 발목을

잡고 앞길을 막을 때, 승승장구하던 사업을 방해하는 이들에게 결국 무릎을 꿇어야 할 때 등등 내 앞에 놓인 장애물이 너무 크고 험해 보여 자포자기하고 싶을 때가 있다. 극단적으로는 노숙자, 알코올 중독자로 전락하거나 가출이나 자살을 기도하기도 한다. 인생의 밑바닥을 치는 이 같은 경험을 할 때, 주님께서 왜 내 인생에 이렇게 큰 시련을 주시는지 혼란스러울 뿐 아니라 원망도 하고 분노에 사로잡히기도 한다. 특히 한 점 부끄럼 없이 떳떳하게 살아왔다고 믿는 이들은 죄 없는 자신에게 시련과 고통을 주는 주님에게 일종의 배신감(?)을 느끼고 이런 시련을 주시는 주님 따위는 믿지 않겠다는 완악^{頑惡}한 생각이 들기도 할 것이다. 이럴 때, 우리에게 다시 힘을 줄 만한 성경 구절은 어떤 것일까?

하느님께서는 모세가 "당신의 영광을 보여 주십시오."라고 청하자 당신의 이름을 엘로힘^{Elohim}에서 야훼로 바꿔 선포하며, 모세에게 "내 얼굴을 보지 못한다. 나를 본 사람은 아무도 살 수 없다."라며 얼굴을 보여 주지 않는다. 대신 모세를 바위굴에 넣고 모세를 당신의 손바닥으로 덮은 다음, 당신의 등만 보여 주신다. 얼굴을 보여 달라는 모세에게 얼굴을 보면 죽을 터이니 존재를 확인하는 수단으로 뒷모습만이라도 보여 주신 것이다. 이 수수께끼 같은 사건^{탈출 33.18-25}은 내 뿌리 전체가 송두리째 흔들릴 때 상징적으로 이해하며 묵상할 만한 좋은 구절이다. 당시 이스라엘 백성들은 이집트를 떠나 젖과 꿀이 흐르는 약속의 땅으로 올라가는 중이었지만 아론이 만든 수송아지 때문에 주님께서는 목이나 뻣뻣하게 세우며 패물을 몸에 주렁주렁 달기를 좋아하는 이스라엘 백성과 더는 함께하지 않으리라는 선포를 하게 된다.[탈출 33,3] 이스라엘 사람들은 주님이 자신들에게 등을 돌리고 떠나갔다고 생각한다. 주님을 찾을 일이 있으면 모세가 주님의 천막만 찾으면 되었던 과거의 좋은 시절[탈출 33,7-9]과는 달리 이제는 죽기 전에 주님을 직접적으로 만나 뵐 수 있는 길이 영원히 사라진 것이다.

바로 그 버림의 순간, 하느님은 '바위굴'에 모세를 넣는다. 그리고 석판에 주님의 말씀을 새겨 넣게 하여 주님을 직접 알현하는 대신, 삶의 나침반으로 삼게 한다. 바위굴과 석판은 주님의 품과 말씀을 상징하는 대상들이다. 하느님의 얼굴을 직접 만나지 못하는 대신 추위와 무서운 짐승에게서 내 몸을 보호해 주는 바위굴과, 하느님의 목소리를 직접 듣는 대신 주님의 말씀이 새겨진 석판이 주어진 것이다.

하느님은 "불 뱀과 전갈이 있는 크고 무서운 광야, 물 없이 메마른 땅에서 너희를 인도하시고 너희를 위하여 차돌 바위에서 물이 솟아나게 하는 분"[신명 8,15]이라는 말은 살아 있는 영혼이 존재하지 않는 죽음의 공간에서 샘솟는 바위처럼 갈증을 해소시켜 주는 생명수를 만들어 내는 분이란 뜻이다. 해충과 독사가 있는 사막은 장애물로 가득한 우리 인생을, 샘이 솟는 바위는 그런 세상에서 겪는 우리의 고통을 치유해 주는 원천으로서 신앙을 비유한다.

이렇듯 바위와 돌의 이미지는 신앙을 설명하는 데 매우 유용하다. '우박과 물이 거짓 피신처를 쓸어 가도 견딜' 수 있도록 쌓은 튼튼

한 모퉁잇돌The Corner Stone의 상징을 보자. 새롭고 멋진 돌을 어디서 구해 오는 대신 미리 써 보았던 돌Tried Stone, 이사 28,16이나, 심지어는 집 짓는 사람들이 내버린 돌Rejected Stone을 모퉁이의 머릿돌로 쓰고자 한시편 118,22; 마태 21,42; 마르 12,10; 루카 20,17 이유는 무엇일까.

융 심리학에서는 굴러다니거나 버림받은 돌이 힘든 과정을 오랫동안 거쳐 신비하게도 황금으로 변하는 연금술적 상징을 아주 중요하게 생각한다. 하찮고 불쾌한 경험들, 혹은 끔찍하고 고통스러운 경험들이 충분한 상담 과정을 통해 내적인 성장으로 변환하면, 아름다운 빛을 발하는 좋은 결실을 보게 되기 때문이다. 버림받은 비루한 돌, 혹은 자기 앞을 가로막는 못생긴 바위들, 그리고 내가 이미 갖고 있지만 소중함을 몰랐던 하찮은 돌이 내가 잘 간직해야 할 소중한 보물이 되는 경험은 고통을 어렵지만 잘 극복해 낸 사람들에게 주어지는 선물이다.

물론 장애물인 돌이나 바위가 우리 앞에 놓여 있을 때, 혹은 자신이 마치 비천하게 이리저리 굴러다니는 돌처럼 버림받았다고 생각할 때, 우리는 하느님의 섭리를 정반대로 이해하기 쉽다. 민수기의 예언자 발라암 이야기는 단순하고 명확한 우화 형식으로 주님의 신비한 계획에 대해 설명한다. 모압 임금 발락은 원수를 저주해 달라고 예언자인 발라암에게 부탁한다. 그러나 예언자 발라암은 주님께서 무엇을 원하는지 먼저 알아야겠다고 신탁을 기다린다. 그날 밤, 하느님은 발라암에게 일단 모압과 같이 가 보라고 말씀하신다. 그러나 다음 날, 하느님께서는 발라암이 모압인들과 함께 아무 생각 없이 가는 것을 보고 진노하신다. (어. 왜 이랬다 저랬다 하시는가? 하고 이쯤에서 질문하고 싶을 사람도 많을 것 같다.)

주님은 천사를 시켜 칼을 빼어 손에 들고 길에 서 있게 하지만 천사를 볼 수 있는 것은 나귀뿐이었다. 나귀는 천사를 피해 밭으로 들어갔지만 발라암의 매를 맞고는 다시 억지로 길로 들어선다. 그러자 또다시 천사가 나타나 포도밭들 사이의 담이 있는 좁은 길을 막는다. 이때도 나귀만이 천사를 보고 벽 쪽으로 몸을 붙이는 바람에 발라암의 발까지 벽에 붙게 되니 화가 난 그는 나귀를 때린다. 그러나 또다시 주님의 천사가 나타나 완전히 길을 막자 어쩔 수 없이 나귀는 완전히 길에 주저앉아 버린다. 화가 난 발라암은 지팡이로 나귀를 마구 때린다. 이때서야 주님은 나귀의 입을 열어 하느님의 계획을 말하게 하고 발라암의 눈을 열어 천사를 보게 한다. 이에 발라암은 잘못을 빌고 당신의 눈에 거슬리면 돌아가겠다고 순명한다. 주님은 발라암으로 하여금 모압 사람들과 함께 가되 다만, 주님이 시키는 말만 하도록 다시 한번 명한다. 결국 발라암은 주님의 신탁을 모두 전하고는 고향으로 돌아간다.민수 23,11-25 즉, 장애물이 되는 대상을 무조건 피하기만 할 것이 아니라, 내가 꼭 해야 할 일을 그 장애물과 함께하며 풀어나가라는 뜻이다.

흑백론과 논리적 인과관계에 젖어 있는 현대인들의 눈에 주님에 의해 우왕좌왕하는 발라암의 경험은 황당하게 비칠 수도 있다. 분명 길

을 떠나라는 신탁을 받았는데 그다음 날 낮에는 세 번이나 멈추어야
했다. 나귀는 하느님의 천사를 알아보았는데 왜 발라암은 그것을 보
지 못했는가. 더구나 주님의 명령을 결국에는 그대로 실천한 발라암
이 나중에 미디안과의 전쟁 중에 모세의 군대에 의해 어이없이 죽임
을 당하기도 한다.민수 31,8 이는 하느님의 소명이 장애물을 물리쳐 세속
적으로 성공해서 그 후로도 오랫동안 잘 먹고 잘살았다는 것과는 또
많이 다르다는 점을 넌지시 시사한다. (발라암이란 이름이 당시 흔하다
해도, 브오르의 아들이란 점을 성서 기자들이 23장과 31장에서 명시한 것
을 보면 동일인일 가능성이 매우 높기 때문에 발라암이 과연 이스라엘의
예언자인지 아니면 모압의 예언자인지 확실하지 않다는 점을 고려해도 말
이다.)

얼핏 불합리해 보이는 발라암의 이야기는 역설적으로 불운과 장애
물 앞에서 절망하고 있는 이들에게 지혜를 주기도 한다. 자기중심적
혹은 물질 중심의 기복 신앙의 입장은 '하느님의 말씀대로 실천만 잘
하면 항상 행운만이 앞에 있어야 한다.'고 생각하고 반대로 나쁜 일
이 거듭될 때는 신의 존재에 대해 부정하게 만든다. 예상치 못한 인생
의 장애물과 무거운 짐 안에 숨어 있는 하느님의 진정한 뜻을 이해하
지 못한 채, 그저 임기응변으로 장애를 모면하려고만 한다면 인간으
로 한 걸음 더 성숙할 수 있는 기회를 놓치고 만다. 그런 의미에서 나
귀를 때려 일단 장애물을 피하려고 했던 발라암은 바로 우리 자신의
모습이다.

특히 비천한 나귀의 눈과 입을 빌려, 하느님께서 놓아둔 장애물의 의미를 알게 한 대목도 깊이 생각해 볼 필요가 있다. 이는 '가장 낮은 데에 임하여 우리를 성숙하게 만드는 주님'의 정신과 통하기 때문이다. 예언자들은 그리스도가 겸손하게 짐승 중 가장 비천한 암나귀를 타고^{즈카 9,9; 이사 62,11}왔고, 실제로 많은 군중들은 겉옷을 길에 깔아 나귀를 탄 예수님을 지나가게도 했다.^{마태 21,1-10; 마르 11,1-11; 루카 19,28-38; 요한 12,12-19}

옷을 벗어 길에 깔았던 사건은 심리학적으로 중요한 의미를 지닌다. 예수님을 진정으로 만나자면 자신의 가면인 옷, 즉 페르소나를 벗어서, 주님을 싣고 가는 영광스러운 역할을 하는 가장 비천하고 노동에 찌든 동물, 즉 나귀의 발밑에 깔아야 한다. 수고로움과 고통과 겸손의 과정에 자신을 온전히 맡겨야 된다는 뜻이 아닌가. 주님을 섬기기 위해서는 쓸데없는 옷과 치장을 벗고 어린아이처럼 맨몸으로 만나야 한다는 뜻이다.

사실 "바위이신 그분의 일은 완전하고, 그분의 모든 길은 올바르다."^{신명 32,3}라는 구절을 보고 그분을 모상으로 만든 피조물인 우리 인생도 완전하고 그 역정^{歷程}이 모두 흠결이 없어야 논리적으로 맞지 않느냐고 하는 이들도 있을 것이다. 하지만 우리가 주님을 정말로 필요하고 그 존재를 찾게 될 때는, 세속적인 관점으로 성공해서 많은 것을 향수할 때가 아니라, "폭우로 흠뻑 젖은 채 피할 데 없이 바위에 매달릴"^{욥 24,8} 절체절명의 시기가 아닐까. 장애물에 걸려 넘어지고 지쳐 쓰러져 문득 모든 것을 포기하고만 싶을 때, 든든한 반석이신 그분께 피신하여 그분을 방패 삼아 힘을 다시 되돌리려는시편 18.31-2 이들의 수고로움이 성공과 행복에 겨워 부르는 영광송보다 절대자에 대한 진정한 헌사가 될 것이다. 혹독한 시기를 미리 예상해 열심히 일하고(개미), 높은 지위도 돈도 없지만 신앙의 내공을 쌓을 줄 알며(오소리), 스스로 질서를 만들어 지키고(메뚜기), 적에게 둘러싸여도 당당할 수 있는(도마뱀) 잠언 30.25-28[2] 비천한 이들이 삶의 고갱이에서 눈물과 힘든 생활 그 자체로 얻은 지혜는 고상한 학문, 높은 지위, 어마어마한 재산보다 훨씬 더 위대하고 아름답다. 욕망의 노예가 되면 항상 무언가를 얻지 못해 초조하고 불안하지만, 반석이고 산성이자 구원자2사무 22.2이신 주님에게 어려움을 맡기면 어떤 상황에서도 마음에 고요한 평화가 온다.

생존경쟁과 적자생존의 논리로 가득한 삶이라는 전쟁의 와중에서도, 오롯이 나와 하느님의 관계를 되돌리는 작업에 깊이 들어간다면 그 영혼은 푸른 풀밭과 잔잔한 물가를 되찾을 수 있을 것이다. 되풀이되는 말이지만 분석심리학에서는 이런 작업을 나와 진정한 자기 사이의 끊어진 축Ego-Self Axis을 되돌리는 것이라고 이해한다. 사회적 성공, 혹은 거짓 자아Ego에 대한 집착을 버리고 원래의 '참 자기Self'를 되찾아 가는 의미 있는 내적 작업이, 완고한 장애물을 만나 사소한 일상

---

2) 성경 구절을 그대로 소개하자면, "세상에서 가장 작으면서도 더없이 지혜로운 것이 넷 있다. 힘없는 족속이지만 여름 동안 먹이를 장만하는 개미/ 힘이 세지 않은 종자이지만 바위에 집을 마련하는 오소리/ 임금이 없지만 모두 질서 정연하게 나아가는 메뚜기/ 사람 손으로 잡을 수 있지만 임금의 궁궐에 사는 도마뱀이다." 재미있는 비유다.

을 통해 비로소 영글어 간다는 것은 우리들을 겸손하게 만드는 또 하나의 인생의 신비가 아닐 수 없다.

Part 2

가족 때문에 상처가 깊다면

대가족의 미로에서
길을 잃었을 때

**"역지사지易地思之의 마음은, 일방적이고 무조건 자기 입장만 생각하고
상대방을 배려할 줄 모르는 이기적인 심성과는 다르다."**

주말마다 시댁에 찾아가고 밥을 하는 것까지는 참겠습니다. 하지만 남편이 나 몰래 그동안 어렵게 모은 적금을 깨서 시숙에게 드린 것은 정말 이해하기 힘듭니다. 더구나 친정에서 받은 유산을 시아버지 빚을 갚는 데 다 써 버린 지 불과 몇 달밖에 안 됩니다. 아내와 자식에 대한 책임감 없이 언제까지 자기 부모와 형제들과 엉켜 살려는지 모르겠습니다.

아내는 결혼을 했지만, 여전히 친정에 가서 삽니다. 저와 말다툼한 것을 금방 처갓집 식구들에게 다 까발려, 부부 싸움을 한 후에는 처가 식구들의 전화 세례로 정신을 못 차릴 정도입니다. 장인 장모도 사위

입장은 생각하지 않고 무조건 "우리 딸이 어떤 딸인데……" 하는 말씀만 하십니다. 자기 부모에게 끝없이 어리광을 부리는 아내보다 그런 딸을 무조건 감싸고 도는 장인 장모가 더 밉습니다.

오늘날 우리의 가족 제도를 보면 겉으로는 핵가족 제도가 자리 잡은 듯 보이지만 실제로는 예전의 대가족일 때보다, 과연 더 독립적으로 사는지 의구심이 들 때가 많다. 멀쩡한 지식인이나 세련된 부인들이 "아이가 공부를 잘하려면 할아버지와 할머니의 재력이 기본이다."라는 말을 강조하면서 부모나 조부모의 돈을 쓰는 것에 대해 전혀 부끄러워하지 않고, 오히려 자랑스러워하는 태도를 보면 말문이 막힌다. 중년이 넘어서도 여전히 자신의 부모에게 의지하는 아이 같은 자신들을 운 좋은 상속자, 혹은 귀족 집안의 피를 타고난 특별한 종족쯤으로 여기는지도 모른다. 재벌 2세나 3세의 어리광과 생떼를 상당히 아름답게 보여 주는 「상속자들」이나 「꽃보다 남자」 같은 드라마의 시청자 중에는 의외로 중년 이상이 많다고 한다. 다 자란 성인이 되어서도 부모에게 손을 벌리며 어리광을 하는 어른 아이들만 나무랄 일도 아니다. 자식들이 결혼을 했으면 독립적인 성인이 된 것을 인정하고 각자의 길을 갈 수 있도록 배려하는 시부모나 장인 장모 또한 많지 않다. 요즘 식으로 말하자면 무늬만 핵가족이지, 실제로는 원칙 없이 혼란스러운 대가족처럼 살면서 상대방을 퇴행시키는 폐해를 자주 관찰하게 된다. 부부 생활도 성숙하게 꾸려 나가지 못하는 미숙한 성인들이 많은 사회에서, 대가족끼리 엉겨 붙어 이런저런 심리적 갈등을 겪는 경우가 많다는 것이다.

성공적인 가정을 일구는 일은, 출세하고 돈을 잘 버는 것보다 훨씬 더 어려운 일이다. 그중에서도 시집, 처갓집 스트레스는 부부 둘만의 문제보다 더 복잡한 여러 가지 변수가 많다. 한쪽의 일방적인 희생을 효도 이데올로기로 미화시키던 시절이나 약자인 노인을 학대하고도 별로 죄의식조차 느끼지 않는 요즘의 이기적인 세태, 모두 건강하지는 않다. 이 같은 가족 관계에 얽혀 고통스러운 상황이 구약성경 시대에도 있었다.

우선 모세 집안을 보자. 모세는 잘 알려져 있다시피, 파라오의 박해를 피해 강물에 버려졌지만 아이러니하게도 이집트의 공주에게 보살핌을 받는다. 요즘으로 치면 팔레스타인이 기른 이스라엘 고아, 나치가 기른 유대인, 이라크인이 기른 쿠르드족의 아이인 셈이다. 처음에는 자신이 이스라엘 사람이라는 것을 몰랐지만 나중에 그 사실을 알고 모세는 당연히 극심한 정체성의 혼란을 겪는다. 모세가 동족인 히브리인을 때리는 이집트인을 쳐 죽여 모래 속에 묻어 버리는 사건은 단순한 사고가 아니라 모세의 방황과 맞물려 있는 필연이었다.^{탈출 2,11} 이는 자신의 정체성과 관련된 혼란스러운 마음에서 나온 극단적인 선택인 셈이다. 모세는 이집트인을 죽임으로써 이제는 더 이상 이집트 사람이 아니라는 사실을 확인한다. 그러나 모세는 이스라엘인에게 즉각적으로 인정받지 못하고 오히려 "당신이 뭔데 우리 히브리인들 일에 참견하느냐.'는 핀잔만 듣는다.탈출 2,13 모세가 이집트인을 죽인 자신을 죽이려는 파라오의 손을 피해 미디안 땅으로 간 것은 이집트인에게도 동족인 히브리인들에게도 속하지 못하는 모세의 자발적인 선택이었다.

　모세는 이방인인 미디안 사람 이트로(르우엘이라고도 불린다.)의 딸 시뽀라와 결혼했지만 그것이 모세의 안정된 삶을 보장한 것은 아니었다. 모세의 장인 이름인 이트로Jethro 는 각하His Excellency 라는 뜻이고 르우엘Reuel 은 신의 친구Friend of God 라는 뜻이므로 비록 이방인이지만 모세의 장인은 사제로서의 권위를 갖고 있던 사람이었다. 이제 모세는 비교적 좋은 집안의 사위가 되어 그곳에 자리 잡고 편히 살 수 있는 기회가 생겼다. 그러나 모세의 선택은 이번에도 험한 곳으로 향했다. 다시 본래의 고향으로 돌아가겠다고 결심한 것이다. 우선은 딸이 편안하게만 살면 된다고 믿는 보통의 장인과는 달리, 이트로는 조용히 딸과 사위를 험한 사지로 보내 준다. 다만 사위가 후일 판관이 되어 너무 막중한 사명에 외롭게 부대끼자, 모세를 만나러 온다. 그러나 간섭을 하거나 딸을 데리고 가려는 것이 아니라, 현명한 조언만을 하고는 다시 사라진다. 요즘 한국의 장인 장모들 중에는 이트로와는 많이 다른 이들이 점점 많아지고 있는 것 같다. 사위가 어떤 가치관을 갖고 목표를 갖고 있건 간에 일단 딸이 고생하면 무조건 사위를 비난하며 예전의 시부모 못지 않은 처갓집 스트레스를 만드는 장인 장모들도 적지 않다. 그와 달리 고생하는 모세를 향한 장인 이트로의 조언은 따뜻하고 현명했다. "자네뿐 아니라 자네가 거느린 이 백성도 아주 지쳐 버리고 말겠네. 이렇게 힘겨운 일을 어떻게 혼자서 해내겠는가? ……자네는 (혼자 판관 노릇을 하느라 동분서주할 게 아니라) 백성의 대변인이 되어…… 그들이 지켜야 할 규칙을 알려 어떻게 살아야 하며, 무엇을 해야 할지를 가르쳐 주게……(그 대신) 유능한 사람을 찾아내어…… 언제나 그들을 시켜 백성을 다스리게 하고 큰 사건만 자네에게 가져오도록 하게."^{탈출 18,19-22} 모세의 장인은 간섭은 않되, 현명한 방안을 제시해 주는 지혜로운 노인^{Wise Old Man}의 원형인 셈이다.

이트로와는 전혀 다른 장인의 모습도 물론 창세기에는 등장한다. 야곱의 장인 라반은 사윗감에게 십여 년 동안 고된 일을 시키고 끝까지 그의 청을 들어주지 않으려 꾀를 쓴다.^{창세 31} 라반은 자기 딸 라헬과 혼인하고자 하는 야곱에게 7년 동안 일을 시키고도 큰딸이 먼저 혼인을 해야 한다는 원칙을 내세워서 야곱이 원하지도 않는 큰딸 레아와 혼인하게 만든다. 이를 따지고 자기주장을 하는 젊은 야곱에게 다시 7년을 일하면 둘째 딸 라헬을 주겠다고 약속한다. 야곱은 결국 14년 동안 라반의 집에서 머슴살이를 한다. 물론 이런 과정을 통해 야곱이 역설적으로 큰 사람으로 거듭나긴 했지만, 이런 장인이나 장모 밑에서 살자면 정말 힘들었을 것이다. 사위 사랑은 장모고, 사위는 영원한 손님이라는 조선 시대와는 달리, 요즘 적지 않은 한국 사위들이 받는 스트레스는 야곱의 절망 못지않아 보일 때가 많다. 야곱 부부에게는 또 다른 재미있는 역동이 있다. 즉 부부간에 문제가 생기면 부모를 자기편으로 삼아 한꺼번에 남편을 공격하는 아직 독립적이지 않은 요즘 아내들과는 달리 야곱의 아내인 라헬은 아버지 라반과 야곱이 대립하는 시점에 확실하게 남편 편을 든다.^{창세 31; 33-36} 그녀는 라반이 자신을 못마땅하게 여긴다는 것을 안 야곱이 고향으로 돌아가겠다고 선언하자, 선뜻 남편 뜻을 헤아려 길을 나선다.

모세의 아내 시뽀라 역시 이트로 못지않게 남편 모세를 잘 이해하고 보조해 준다. 훌륭한 집안에서 성장해 데릴사위가 된 남편과 함께 평생을 편하게 살 수도 있는 조건이었지만, 민족을 위해 광야로 떠난 모세를 따라간 시뽀라 역시, 편안한 친정 생활을 포기하고 남편에게 인생을 건 여성이다. 그럼에도 모세의 형제인 아론과 미리암은 시뽀라가 단순히 이방인이란 이유로 모세와 시뽀라를 공격한다. 일종의 시집살이다. 이에 대한 하느님의 응답은 미리암을 나병 환자처럼 하얗게 만든 것이었다.^{민수 12} 얄미운 시누이 노릇을 하다가 단단히 혼이 난 셈이다. 일부 여성 신학자들은 이러한 과정을 미리암이라는 여성 지도자를 모세라는 가부장적 남성 지도자가 억압한 것이라 해석하기도 한다. 필자의 생각은 조금 다르다. 미리암은 자기 핏줄, 자기 집안만 챙긴다는 점에서 모성적 초자아^{Maternal Superego}를 지나치게 좁은 범위에 한정하는 여성이다. 즉 자기 가족, 자기 부족만 생각하고 공평한 정의를 생각하지 못한 것이고, 종족과 종교를 떠난 인간 자체에 대한 사랑은 부족했다. 배타적이고 융통성이 없다는 점에서 지도자로서의 자격은 물론 이기적인 가족주의도 극복하지 못한 것이다.

모세의 누이 미리암을 다윗 시대의 요나탄과 비교해 보자. 요나탄은 사울왕의 아들이지만, 친구 다윗을 진심으로 존경하고 사랑했다. 절친한 친구인 동시에 매부가 된 다윗을 아버지 사울왕이 죽이려 한다는 사실을 알고 요나탄은 아마 많이 고민했을 것이다. 친구냐, 아버지냐의 선택인 것이다. 그는 "피는 물보다 진하다."는 한국 속담과는 달리 아버지의 입장에 서지 않았다. 대신 아버지에 맞서 가족애와 형제애를 발휘하여 다윗을 구출했다.[1사무 19-20]

성경에 등장하는 또다른 훌륭한 여성 나오미를 보자. 나오미는 아마 가장 이상적인 시어머니일 것이다. 아들이 죽은 참척의 슬픔에도 불구하고 그녀는 자신의 외로움이나 슬픔보다는 혼자 살아남은 젊은 며느리를 먼저 챙겼다. 가족 이기주의, 아들과 남편에게 집착하는 사랑을 넘어서는 나오미와 그 며느리 룻의 아름다운 동지적 관계는 아들을 사이에 두고 서로 앙숙이 되는 고부 관계를 해결할 수 있는 아주 좋은 영감을 준다.

나오미와 룻의 이야기를 꼼꼼하게 살펴보자. 기근으로 고향을 떠나야 했던 나오미는 타향에서 남편과 아들 둘을 모두 잃게 된다. 남편과 아들을 잃고 먹고 살길이 막막해지자 나오미는 굶어도 고향에서 굶는 게 낫다는 마음으로 고향으로 발길을 돌렸을 것이다. 그러나 젊은 며느리의 앞길까지 막을 마음은 없어서 사정이 나은 친정으로 돌려보내려 한다. 그러나 룻은 늙은 시어머니 곁에 남아서 함께 고생스러운 삶을 겪어 보겠다고 버틴다. 젊은 여자로서 자신의 삶을 접고 시어머니 곁에 남은 룻의 행동은 단순한 효도 이데올로기가 아닌, 과부로서의 동질감과 연대 의식이었을 것도 같다.

그러나 시어머니 나오미는 자신을 봉양하느라 젊은 룻이 혼자 늙어 가는 것을 원하지 않았다. 오히려 새로운 가정을 갖고 새 출발하기를 바랐다. 그래서 부유하고 마음 좋은 보아즈에게 며느리를 시집보낸다. 이에 대한 화답으로 양 사위인 보아즈는 넓은 아량으로 자신의 아들을 나오미에게 양자로 보내 가문을 보전하여 결국 다윗의 집안을 이루게 도와준다.룻기

이와 반대의 경우도 성경에는 등장한다. 아들 둘이 모두 죽자 며느리 다말을 친정에 보내고는 그 존재를 잊어버리고 다시 되찾아 돌보겠다는 약속을 저버린 시아버지 유다가 창녀로 변장한 며느리에게 모욕을 당하는 장면도 나온다.창세 38 사위를 속이고 그의 아내를 다른 사람에게 시집보낸 삼손의 장인과 그에 대한 삼손의 복수가 발단이 되어 종국에는 삼손의 눈을 뽑고 청동 사슬로 묶고 감옥에서 연자매를 돌리게까지 한 필리스티아 사람들도 있다.판관 16 또 딸을 줄 터이니 전장에서 앞장을 서라고 말하며 은근히 블레셋 사람들에게 사위 다윗이 살해되기를 바란 사울도 있다.1사무 18,17-29 그들은 모두 핏줄에 연연하는 자신의 이기심 때문에 부족의 사랑과 평화를 깨어 버린 예가 될 것이다.

실제로 시부모와 장인 장모들이 자신의 이기심 때문에 며느리와 사위는 물론 아들과 딸을 파멸에 이르게 하는 상황은 우리 주위에서

얼마든지 볼 수 있다. 자녀들의 진정한 사랑보다는 가문과 체면을 앞세우며 계산적인 결혼을 강요하는 부모들, 며느리와 사위가 자신의 아들이나 딸과 행복한 것을 은근히 질투해서 사사건건 자녀 부부 사이에 끼어들어 간섭하고 훼방을 놓는 부모들도 있다. 이렇게 올케와 시누이의 경쟁, 고부간의 반목, 장모와 사위의 팽팽한 긴장 등등 서로 이해하고 보듬어야 할 가족이 모여, 지옥보다 더한 불행을 연출하는 장면들은 그리 드문 일이 아니다.

성숙하고도 힘든 선택을 한 이트로, 나오미, 룻, 보아즈, 요나탄 등 인물들의 행적을 자세히 들여다보면 핏줄은 섞이지 않았지만 결혼이란 계약으로 이루어진 가족 구성원들이 과연 서로에게 어떤 태도를 가져야 하는지 해답을 준다.

우선은 자신의 감정, 같은 핏줄인지의 여부를 떠나 넓은 의미에서 가족이 된 모든 가족 구성원들이 과연 무엇을 원하고 무엇을 추구하는지에 대한 역지사지易地思之의 마음을 다지고 또 다질 필요가 있다. 역지사지의 마음은 일방적이고 권위적인 효 사상이나, 무조건 자기 입장만 생각하고 상대방을 배려할 줄 모르는 이기적인 심성과는 다르다.

존경받는 사제였던 이트로는 모세가 데릴사위가 되어 자기의 뒤를 이어 주었으면 하고 바랄 수도 있었지만 사위의 뜻을 믿고 그를 더 넓은 세상으로 주저 없이 보냈다. 나오미 역시 젊은 룻이 자신을 봉양하면서 같이 지내면 더 편할 수도 있었지만 적극적으로 며느리를 재혼시키기 위해 노력했다. 룻, 보아즈, 요나탄 역시 자기와 피붙이의 몸이 편한 선택을 할 수도 있었지만 한번 맺은 가족들의 진정한 행복을 위해 자신을 희생하는 데 망설임이 없었다.

아담과 하와가 한 몸이 되어 가족을 이룰 때 "이리하여 남자는 어버이를 떠나Leave/Cleave 아내와 어울려 한 몸이 되게 되었다."창세 2.24라고 표현하였다. 이에 대해 지금도 많은 논의와 의문이 있다. 부부 관계가 부모 자식 관계보다 우선한다는 뜻인가? 일단 결혼하면 독립하여야 한다는 뜻인가? 성경에서 떠남Leave/Cleave : Azab/Dabaq은 모두 야훼와의 계약Covenant과 관련될 때 사용되는 단어들이다. 즉 결혼이라는 계약은 의존적인 부모 자식 간의 미숙한 공생 관계 또는 본능적인 관계를 넘어서는 신적 관계여야 한다는 뜻으로 해석하면 될 것이다. 결혼이라는 사회적 약속은 야훼와 인간과의 계약을 모상 혹은 본보기Template로 삼는 인생의 중요한 계약 중 하나로 신성하게 지켜야 한다는 것 그리고 세속적인 혈연관계를 넘어서는 보다 승화된 관계를 추구하여야 한다는 뜻으로 여겨진다.

남성 위주의 가부장제적 가치관이 담겨져 있다고 많은 이들에게 비판받는 성경이지만 잘 읽어 보면 이처럼 현대인들보다 오히려 더 민주적이고 인간적인 가족 관계를 강조하는 구절들이 많다. "그리스도께서 교회를 사랑하셔서 당신의 몸을 바치신 것처럼 자기 아내를 사랑하십시오. …… 자기 아내를 사랑하는 것은 자기 자신을 사랑하는 것이 아니겠습니까?"에페 5.25-28 "남편 된 사람들도 이와 같이 자기 아내가 자기보다 연약한 여성이라는 것을 잘 이해하고 함께 살아가며 생명의

은총을 함께 상속받을 사람으로 여기고 존경하십시오."¹베드 3,7 "아내
된 사람은 남편에게 순종하십시오. 이것이 주님을 믿는 사람으로서
해야 할 본분입니다. 남편 된 사람들은 자기 아내를 사랑하십시오. 아
내를 모질게 대해서는 안 됩니다."골로 18-19 같은 구절들이 그것이다.

그러나 궁극적으로는 "부활한 다음에는 누구도 장가드는 일도 시
집가는 일도 없이 하늘에 있는 천사들처럼 된다."마태 22,30라는 구절은
가족 제도에서 받는 모든 스트레스를 해결해 주는 답이 될 수도 있
을 것이다. 시집이든 처갓집이든 자식이든 지지고 볶고 살 때는 그 관
계가 영원히 끝나지 않을 것처럼 괴로울 때도 많지만, 지나고 보면 모
두 꿈처럼 허무한 것이다. 연속극 대사 같지만 따지고 보면 사랑도, 결
혼도, 자식도, 우리가 끝까지 집착해야 할 대상은 아니다. 세상의 어
떤 관계도 영원하지 않기 때문이다. 불교식으로 말하자면 어떤 대상
에 대한 집착도 우리를 깨닫지 못하게 방해하는 일종의 무명無明일 뿐
이다.

허상들에서 받는 상처를 잊고 앞으로 나아가게 하는 신성한 영역
Numinose에 대한 희망은 세속적인 삶으로부터 너무나 동떨어져 있다. 그
래서 평범한 우리의 마음은 눈앞의 대상에게만 매달린다. 어리석게도
습관처럼 핏줄에, 주변의 친밀한 관계에 집착하고 그 때문에 절망하
는 것이다.

시집도 장가도 필요 없는 천사들처럼 세상의 단맛 쓴맛 다 잊어버
리고 하느님만 오롯이 사랑하는 경지 혹은 그 모든 인연의 끈 때문에

생긴 모든 고통들이 내 눈에 생긴 눈병에서 말미암는다는 사실을 아는 경지는 보통 사람에게는 맛보기 힘든 차원이다. 그러나 적어도 그런 경지를 지향해야 한다는 태도를 갖고 있다면 지금 자신을 옥죄는 가족이라는 대상 때문에 상처받는 데서 머물지 않고 진짜 자기를 찾아 떠나는 외롭고 힘든 여정을 다시 시작할 수 있을 것이다. 그리고 성경 속에 파노라마처럼 펼쳐지는 대가족들의 어쩌면 상투적이기까지 한 드라마는 우리의 그와 같은 여정이 먼 옛날부터 지금까지 계속되고 있다는 사실을 말해 준다. 그것이 바로 인간을 지배하는 가족 콤플렉스의 원형적 상황이다.

부모로부터 받은 상처,
부모로부터 받은 선물

**"자발적인 태도를 키워 주고 의견을 수용해 주면,
아이는 자기 길을 간다."**

어려서 어머니가 정신병에 걸렸습니다. 그 뒤, 어머니는 '어머니 노릇'을
전혀 하지 못했죠. 아버지는 알코올 중독이었습니다. 당연히 어머니나
우리 가족에게 상처를 많이 주었죠.

지금의 아내를 대하는 제 모습은 아버지와는 전혀 다릅니다. 그러나
아내나 제가 서로 깊이 사랑하고 행복해하고 있는지는 잘 모르겠습니
다. 제 마음에는 부부간 혹은 부모와 자녀 간에 어떻게 사랑하며 사는
지에 대한 개념이 없는 것 같습니다.

나는 부모님으로부터 참 많은 상처를 받았습니다. 이혼하기 전에는 서
로 너무 많이 싸우고 미워해서 우리 형제들을 힘들게 하더니, 이혼하

고 나서는 양육비 문제로 또 다투더군요. 나는 절대로 우리 부모님처럼 되지는 않겠다고 맹세했습니다. 그런데 막상 내가 부모가 되어 보니, 우리 부모님과 별반 다르지 않게 또 싸우게 되네요. 당연히 아이들에게도 잘해 주지 못합니다. 아이 키우는 것이 이렇게 힘든 줄 알았으면, 차라리 결혼을 아예 하지 말걸 그랬습니다. 사랑을 받아 본 적이 없어서 베풀 줄도 모르나 봅니다.

위의 사례 모두, 부모에게 받은 상처가 어떻게 수십 년 후에도 영향을 미치는지에 대한 내용이지만, 비슷한 사례는 무수히 많다. 우울증으로 필자에게 상담을 받은 외국인 A씨는 일곱 살 때 어머니를 잃었다. 오랜 투병 기간, 어린 그는 어머니를 꼭 살려 달라고 하느님께 빌었지만, 결국 어머니는 돌아가시고 말았다. A씨는 하느님과 세상에 대해 너무 화가 나서 어찌 할 수가 없었다고 말한다. 친구들과 싸우고, 아버지에게 반항하고 물건을 훔치는 등, 어떤 식으로든 자신의 분노를 풀어야 했다고 말했다. 이제 서른이 훌쩍 넘어 먼 타향에 와 있건만 어린 마음에 깊이 새겨진 상실감은 쉽게 지워지지 않고 여전히 그를 우울하게 한다.

역시 몇 년 전 내게 상담을 받았던 B씨는 고아원에서 자라 남들보다 몇 배의 노력으로 완벽한 사회인이자 가장이 되었지만, 어려서 부모를 잃은 기억 때문에 역시 남모르게 불현듯 찾아오는 우울감, 공허감을 어쩔 수가 없었다. 사업에 문제가 생기면서 우울감에 빠졌지만,

그를 뒷받침해 줄 부모님상이 없어 정신과 의사인 필자에게 도움을 청하러 오게 된 것이었다.

초등학교에 다니는 C군은 부모가 이혼한 후 어머니와 살게 되었는데, 과잉행동 증후군을 앓고 있던 터라, 어머니가 몹시 힘들어했다. 남편과 이혼한 후 자기 한 몸 추스르기 힘들다 생각했던 젊은 어머니는 결국 C군을 아버지에게 보내기로 결정했고, 그 아이가 자신을 잊어버리는 것이 오히려 좋을 것이라며 다시는 연락조차 않겠다고 했다. 아이가 받을 상처를 생각해서 그러지 말도록 한참을 설득했지만 소용이 없었다. 아이가 문제를 일으키는 것은 어머니가 자신을 버리고 말것이라는 사실에 대한 불안과도 관련이 있었다.

"아이 하나를 낳고 대학까지 키우는 데 2억 원 넘게 들어간다."는 기사가 아니더라도 요즘 능력도 없고 자신도 없는 많은 부부들이 아이를 과연 낳고 잘 키울 수 있을지 불안해한다. 이혼이라도 하게 되면 혼자 아이를 맡아 키우는 것이 현실적으로 큰 짐이 되고 실제로 편부·편모의 자녀들은 심리적인 것뿐 아니라 경제적으로 양부모 가정에서 자라는 상황보다 훨씬 힘든 경우가 많다. 힘도 없고 돈도 없는 조부모가 아이를 맡는 조손 가정 역시 가족 구성원들이 심각한 스트레스를 받기도 한다. 아이를 낳아 키우는 일은 사람의 자연스러운 본능이련만, 사회가 복잡해질수록 오히려 자연스러운 양육이 더 힘들어지는 면도 없지 않다. 그러나 더 깊이 들여다보면 원시 시대부터 지금까지, 가장 가치 있고 아름답고 보람은 있지만, 가장 힘든 일 중 하나가

'부모 되기'일 것이다.

그래서인가. 성경 기자들은 자식을 낳아 기르는 일 자체를 우리의 존재 깊은 곳에 숨어 있는 어두운 부분, 즉 원죄와 관련을 짓는다. "네가 임신하여 커다란 고통을 겪게 하리라. 너는 괴로움 속에서 자식들을 낳으리라. …… 너는 살아 있는 동안 줄곧 고통 속에서 땅을 부쳐 먹으리라."창세 3.16-7라는 구절은 아이 낳고 키우는 일의 수고로움이 최초의 인간들이 저지른 죄로 인한 우리 존재의 고통스럽고 근원적 조건이라는 사실을 말해 준다. 인간이 태어나서 병들고 죽을 때까지, 기쁠 때보다는 힘들고 견디기 힘든 순간이 더 많다. 그러면서도 과연 무엇 때문에 사는지, 삶이 우리에게 무엇을 의미하는지를 모르는 채, 생을 마감하는 것이 우리들 보통 사람이다. 자신의 삶이 어떤 것인지 모르는 채, 다시 자식을 낳아 키우고 있으니, 부모가 되는 것이 당연히 힘들고 무서울 수 있다. 아이를 낳고 키우는 것이 과거에는 보통 사람이면 당연히 겪어야 할 과정이었지만, 급속히 인구가 노령화되고 있는 요즘엔, 선택 중 하나가 되었다. 하지 않아도 될 인생의 과제가 되면서 오히려 주관적인 마음의 부담은 더 커진 것 같다. 이런 문제를 성경은 어떻게 풀어 나갈까.

이스라엘의 조상인 아브라함의 첩, 하가르의 이야기가 아마 좋은 답이 될 것이다. 구약의 시대 이스라엘에서는 여자가 아이를 갖지 못하면 자신의 여종을 남편에게 주어 아이를 낳게 하고 그 아이를 자기 아이로 삼았다. 아브라함의 아내 사라도 아이를 낳지 못하자, 여종인 하가르를 남편에게 주었다. 사라를 대신해서 임신하게 된 이집트 출신의 여종 하가르는 임신을 빌미로 여주인과 겨루다가 주인의 구박을 받자 광야로 몸을 피했다. 그때 주님의 천사가 나타난 장면은 대책 없이 아이를 가졌을 때 부모들이 느끼는 공포와 망연자실함을 탁월하게 묘사하고 있다. 하가르는 아이를 가졌지만 본처의 질투로 사막으로 내쫓기고 살아남는 것 자체가 불가능해 보이는 절박한 상황에 빠진다. 이런 하가르에게 야훼는 "너는 임신한 몸 …… 네가 고통 속에서 부르짖는 소리를 주님께서 들으셨다. 그는(네 아이는) 들나귀 같은 사람이 되리라. …… 그는 자기의 모든 형제들에게 맞서 혼자 살아가리라."^{창세 16,11-12}라고 말하며 하가르의 불안을 달랜다.

　물론 모든 어머니들이 그와 같은 체험을 할 수는 없다. 아이와 함께 끼니 걱정을 하고, 난방비가 모자라 오돌오돌 떨면서, 언젠가는 이 아이가 위대한 사람이 되어 그동안의 신산한 모자의 삶을 모두 보상해 주리라고 상상할 수 있는 가능성은 점점 더 희박해졌다. 전쟁이나 혁명 등 격변의 시기가 아니면 목숨을 부지하기도 힘든 사람들에게 영광스러운 미래가 도래하리란 보장은 거의 없어 보이기 때문이다. 자기 목숨 하나도 제대로 건사하기 힘든 절박한 상황에서 자식이란 존재는 하나의 혹일 뿐, 큰 희망이 되지 못한다고 생각하는 이들이 점점 늘어나고 있다. 빚더미에 몰린 부모, 건강이 나쁜 부모가 자신의 처지를 비관해 아이들을 죽이고 동반 자살하려는 심리의 기저다. 이스라엘의 시대라고 그런 불안이 없었겠는가.

반대로, 간절히 아이와 함께하고 싶은데도, 권력의 횡포가 부모 자식이라는 하늘의 인연을 끊어 놓으려 하는 경우도 많다. 예컨대 히브리인들의 숫자가 늘어나자 이들을 두려워한 파라오가 히브리 여인이 사내아이를 낳으면 모두 죽여 버리라는 명령을 내린다. 당시 파라오의 명령을 어기면 끔찍한 벌을 받아야 했다. 아이를 몰래 키우다 결국 버려야 했던 모세의 친어머니탈출 2,1-3처럼 어쩔 수 없는 상황에서 피눈물을 흘리며 아이를 떠나보내야 하는 부모들의 마음은 아이들 중 하나를 먼저 가스실로 보내라고 나치에게 선택을 강요받았던 영화 「소피의 선택」에서처럼 찢어지고 또 찢어졌을 것이다. 제 자식이 번제물이 될 줄 모르고 주님께 서원한 대로 자식을 바쳐야 했던 입타판관 11,30-40처럼 나라나 대의를 위해 자식을 사지에 내몰면서 피눈물을 흘려야 했던 가슴 아픈 부모들도 있었다. 육이오 전쟁, 베트남 전쟁, 이라크 전쟁, 아프가니스탄 전쟁에 자식을 보내고 잃어야 했던 모든 부모들이 아마 그런 경우에 속할 것이다.

그러나, 이렇게 신산한 세상에서도 상상하기 힘든 상황에서 많은 상처를 받았지만 훌륭하게 성장하는 자식들도 있다. 때론 그런 상황이 오히려 더 자립심 강하고 멋진 동량이 되는 기적이 오늘날에도 가끔은 일어난다. 하가르가 "당신은 저를 돌보시는 하느님이십니다."창세 16,13라고 고백하면서 광야의 굶주림과 공포를 견뎠던 것처럼, 건강한 사회적 도움망Social Network 없이 혼자 아이를 키워 내야 하는 외로운 홀어머니, 혹은 홀아버지 들도 있다. 돈도 없고 주위에서 도와주는 사람도 없는 어려운 상황이지만, 자녀를 잘 키우는 부모들을 자세히 보면 자녀에 대해 지나친 기대를 하기보다는 반듯하게 잘 자라 주는 것 하나만으로도 감사하게 생각하는 태도를 갖고 있다. 자신에게 자녀가 있는 것 자체가 기쁘고 감사한 일이니, 무언가를 잘해서 부모에게 보답하고, 특별히 잘 해내야 한다는 생각을 하지 않는 것이다.

신약 시대에, 오랫동안 아이를 갖지 못했던 엘리사벳은 아이를 갖자 "내가 사람들 사이에서 겪어야 했던 치욕을 없애 주시려고 주님께서 굽어보시어 나에게 이 일을 해 주셨구나."루카 1.25라고 말한다. 집단의 박해에 맞서 어렵게 가진 뱃속의 아이는 그녀에게 그 자체로 축복인 것이다. 이런 아이들은 자라면서, 자신의 존재 그 자체가 축복이고 행복이라는 생각이 뿌리 깊기 때문에 엇나가지 않는다.

한 걸음 더 나아가 동정녀로 아이를 잉태하였던 마리아는 "저는 주님의 종입니다. 말씀하신 대로 저에게 이루어지기를 바랍니다."루카 1.38 라며 아이를 낳고 키우는 모든 근심 걱정을 하느님에게 맡긴다. 이렇게 자신의 집착을 버리는 태도는 좋은 부모 되기의 가장 중요한 조건이다. 매사가 불안해서 오히려 아이를 제대로 키우지 못하는 부모들은 대부분 자녀의 성장 과정에서 하나하나 세세하게 계획을 짜고 이런저런 일들을 자녀에게 강요한다. 아이들의 감정, 사회성, 도덕성, 체력 등 정상적인 발달 과제보다는 자신의 욕심에 따른 수행 과제를 자식들에게 강요하는 것이다. 당연히 아이들은 숨이 막히고 자신들에게는 맞지 않는 것을 강요하는 부모님들과 사이가 나빠진다.

반대로 아이에 대한 개인적인 소유욕을 버리고, 더 큰 무언가를 위해 자녀를 놓아 줄 때 오히려 자녀는 더 크게 자랄 수 있다. 아브라함은 하느님과의 약속에 따라 아들 이사악을 제물로 바칠 결심을 하고 아들을 묶어 제단에 바쳤지만, 오히려 하느님의 축복을 받는다. 이 장면을 실제로 아이를 속죄양으로 삼았던 당시 중동 지방의 풍속과 확실하게 차이를 둔 인류학적 사건으로 파악할 수도 있지만, 상징적으로 자식에 대한 소유권을 포기하는 심리로 해석할 수도 있다. 이처럼 아들을 기꺼이 바치는 믿음으로 오히려 축복을 받았던 아브라함^{창세} ^{22,9-17}은 자식에 대한 집착을 하느님에 대한 믿음으로 극복한 하나의 원형적 인물이다.

물론 그 반대의 경우도 성경에는 많이 기록되어 있다. 이기적인 생존 본능에만 기대어, 이스라엘과의 싸움이 자기에게 벅차다는 것을 알고는 맏아들을 데려다 성벽 위에서 번제물로 바친 경우도 있다. 신앙심이라기보다는 하늘에게 자신의 아이마저 얼마든지 죽일 수 있다는 세속적인 계산으로 이스라엘을 물리친 모압 임금^{2열왕 3,27}이나, 전쟁으로 굶주림에 허덕이게 되자 아이들을 이웃과 함께 잡아먹은 사마리아의 여인들^{2열왕 6,24-31}은 바람직하지 않은 부모상으로 등장한다. 가난이나 이혼 같은 외적인 조건을 이유로 자기 아이를 방치하여 죽게 하거나 영혼을 병들게 하는 무서운 부모들의 고대 모습인 셈이다.

사실, 인생의 바닥까지 떨어졌다는 절망에 빠져 아이를 버릴 수밖에 없다고 말하는 처절한 부모들도 세상에는 있다. 안타깝기 짝이 없는 절박한 상황을 주변의 이웃이 함께 도와주는 것이 먼저이다. 하느님을 경외하던 남편이 죽자 남편의 빚잔치로 두 아들마저 빼앗기게 된 처지의 과부에게 준 엘리사의 지혜도 그들에게 힘이 될 수 있을 것 같다. 남편을 잃고 이제 두 아들마저 잃을 위기에 처해 아예 모든 삶의 끈을 놓아 버리고 싶은 과부에게 엘리사는 "이웃 사람들에게 그릇을 가능한 많이 빌려 와서 집 안에 있는 기름 한 병을 나누어 담아 팔아 빚을 갚고 그것을 종자로 해서 아들들과 함께 살아가라."고 일러 준다.2열왕 4,1-7 빌려 온 그릇들이 상징하는 것은 불쌍한 처지에 있는 과부에 대한 이웃의 작은 사랑일 것이고, 그 배려를 종잣돈 삼아 자신의 노동력으로 빚을 갚아 독립적으로 살라는 주문일 터이다. 어려운 처지에 있는 자녀들이 그들의 부모와 함께 안전하게 살아갈 수 있으려면, 가진 이들은 자신의 것을 이웃에게 좀 더 나누어 주어야 하고 없는 이들은 또 남의 도움만 바라지 말고 스스로 일어설 수 있는 독립심을 키워야 한다는 주문이다.

사실 누구의 배에서 나왔다고 해서 아이가 그 부모만의 의무이자 소유물이라고 할 수는 없다. "태를 열고 나온 사내아이는 모두 주님께 봉헌해야 한다."탈출 13,2; 12,15는 구절처럼, 생명은 처음부터 인간이 만든 것도 인간이 거두는 것도 아니다. 부모라 해서 특별한 소유권을 주장할 수 없다는 뜻이다. 모든 아이들이 독립할 때까지는 집과 안식처를 마련해 주어야 하는 의무가 있다고 해서, 독립된 인격인 자녀의 인생에 처음부터 끝까지 개입할 권리가 부모에게 무한정 주어지는 것은 아니다.

성경은 무한정의 효를 강조하는 유교와 달리 자녀에 대한 부모의 주장과 개입에는 한계가 있으므로 자제해야 한다고 주문한다. 성모마리아나 요셉의 성 가족 이콘을 문제 삼아, 가톨릭은 성모마리아를 신처럼 간주한다고 오해하는 이들도 있는데, 신약 어디에도, 마리아와 요셉을 신적인 존재로 우상화하거나, 예수도 부모에게 무조건적으로 복종했다는 기록은 없다. 예를 들어 보자. 유대인의 이집트 탈출을 기념하는 종교 행사인 파스카 축제를 지내러 예루살렘에 들렀다 돌아가는 길에 마리아와 요셉은 아들 예수를 잃어버렸다는 것을 뒤늦게 알아차리게 된다. 애타는 마음으로 예루살렘으로 돌아가 혼자 남은 소년 예수를 찾아 헤맨 어머니 마리아는 사뭇 차가운 예수의 반응을 접해야 했다. "왜 저를 찾으셨습니까? 저는 제 아버지의 집에 있어야 하는 줄을 모르셨습니까?"^{루카 2,49} 예수를 닮고 싶어 하는 후세 사람들에게 이 같은 뜻밖의 선언은 매우 의미심장하다. 예수는 자신의 부모에게 오히려 상당히 차갑게 대하는 것 같기 때문이다. 부모는 자신의 배를 빌어 자식을 낳았지만, 그들에게 소유권을 주장하거나, 갈 길을 함부로 정해 주지 못한다는 것을 강조하는 구절이다. 성경은 핏줄인 부모의 그늘에 머물지 말고, 더 높은 곳에 계신 진짜 아버지의 집을 구하라고 요구한다. 즉 진짜 자기의 길을 찾아가기 위해서는 때론, 부모의 따뜻한 품을 떠나는 것도 필요하다. 예수뿐 아니라, 부처도 깨닫기 위해 편안한 궁궐을 떠나 위험하고 고생스러운 험하고 깊은 숲에서 고행을 했다. 공자 역시 일찍 부모를 여의지 않았다면 구도의 길을 떠나지 않고, 평범한 관리의 길을 걸었을 수도 있다.

물론 그렇다고 자녀가 부모에 대한 의무를 아예 무시하고 진리를 구하기 위해 구도 여행을 떠나는 것만이 좋다는 뜻은 아니다. 오히려 큰 깨달음을 얻기 위해서는 작은 실천부터 차근차근 배워 나가야 할 것이다. "자녀 여러분, 주님 안에서 부모에게 순종하십시오. 그것이 옳은 일입니다. 아버지와 어머니를 공경하여라. 이는 약속이 딸린 첫 계명입니다."탈출 20,12; 에페 6, 1-2라는 구절처럼, 부모에 대한 의무는 성숙한 인간으로서의 책임을 지게 되는 시발점이다. 예수도 부모를 남기고 먼저 죽는 마지막 순간까지 자신의 아픔을 뒤로 한 채, 슬픔에 빠진 마리아를 걱정하고 배려한다. "예수님께서는 (십자가 곁에 계신) 당신의 어머니와 그 곁에 선 사랑하시는 제자를 보시고 어머니에게 말씀하셨다. '여인이시여, 이 사람이 어머니의 아들입니다.' 이어서 그 제자에게 '이분이 네 어머니이시다.' 하고 말씀하셨다. 그때부터 그 제자가 그분을 자기 집에 모셨다."요한 19,26-27 죽음을 바로 코앞에 둔 고통의 순간까지, 자신의 아픔보다 자식을 잃고 슬픔에 빠져 있을 어머니에 대한 배려를 했다는 것은 예수가 사람의 아들이었지만, 동시에 하느님의 아들인 증거가 될 수 있겠다.

예수님께서 마리아를 '여인이시여'라고 부르셨다는 사실에는 우리가 알지 못하는 큰 의미가 숨어 있다. 자랑스럽고 뛰어난 아들이 억울하게 십자가에 매달려 죽어 가는 것을 보면서 하느님 뜻에 온전히 순명하는 일은 쉬운 일이 아니다. 내 몸에서 나온 자식이 흘리는 핏방울과 절규는 세상 모든 어미의 심장을 후벼 파는 고통이다. 마리아 역시 사람이기에, 고통 속에서 정신을 놓고 있었을 수도 있다. 이때, 죽어 가는 예수는 어머니에게 "여인이시여"라고 부른다. 아마 마리아는 이런 예수님의 목소리를 듣는 순간, 정신이 번쩍 들었을 것이다. 예수는 내 뱃속에서 나온 내 아들이 아니라 하느님의 아들이라는 점을, 그의 고통과 죽음이 모두 하느님의 성스러운 계획의 하나였음을 깨닫게 되지 않았을까.

이렇게 고통 속에서도 제자들과 마리아가 하느님의 섭리에 더 가까이 갈 수 있도록 마음을 썼던 예수님의 마지막 모습과 닮은 풍경들이 있다. 암 병동, 호스피스 병동에 머무는 아이들을 가만 관찰해 보라. 어린 나이에 질병으로 세상을 먼저 떠나야 하는 아이들 중에는 정말로 놀랍게도 살아남을 부모님과, 친구들을 오히려 위로하고, 의료진들에게 감사하는 마음을 표현하는 아이들이 있다. 그들의 순수한 영혼은 죽기 전에 이미 하늘의 큰 사랑을 마음으로 만나고 있는 것이다. 유한한 인간으로 우리가 과연 어떻게 살아야 하는지 그들이 우리에게 몸으로 가르쳐 주는 것이다.

부모와 자식끼리의 만남과 헤어짐은 사람의 의지나 뜻에 의해 결정되는 것이 아니라, 더 큰 우주의 큰 섭리 안에서 이루어지는 기적 같은 인연이다. 태어난 아이를 처음 보는 순간, 창조의 섭리가 바로 거기 있음을 모든 부모가 느끼듯, 부모와 자녀가 만나 부대끼다가 인연이

다하면 죽음으로 헤어지는 순간까지, 인간의 논리를 넘어서는 성스러운 영역이 존재한다. 시작과 끝뿐 아니라, 생활의 소소한 일상에서도 우리는 성스러움을 만난다. 자녀를 키우다 보면 지식과 논리로는 해결하지 못하는 부분, 그래서 더욱 나 자신을 겸손하게 낮추어야 하는 순간이 많기 때문이다. 계산이 앞서는 합리성의 눈으로 보면, 자식에게 대가 없이 희생하는 부모들은 모두 바보다. 더더구나 하느님의 뜻에 따라 자식을 희생양으로 바칠 생각까지 한 아브라함의 부성이나 누구보다 훌륭하게 키웠으나 죄인의 처지로 조롱과 모욕 속에 아들을 보내야 했던 마리아의 모성은 논리적으로는 이해하기 어렵다. 탄생과 죽음, 또 생명을 이어 주고 인생의 유한함을 극복하게 해 주는 부모와 자녀라는, 머리로는 이해하기도 설명하기도 힘든 이런 불가해한 비밀들이 어쩌면 신앙과 종교의 시작이었을 것이다.

잉태의 순간부터 시작해서 부모와 자녀가 죽음으로 서로를 놓아 주어야 할 때까지 부모 자녀가 만드는 드라마는 어렵고 또 어렵다. 어찌 보면, 과연 어떻게 자녀를 키워야 할지 혼란스럽고 불안한 마음이 드는 것이 우리들 보통 부모이다. 그렇기 때문에 더욱 자녀에 대한 집착과 욕심을 버리고 자녀의 존재 그 자체에 감사해야 한다. 잘 알지도 못하면서 아이를 낳았고, 생각해 보면 실수투성이에 잘한 것도 없는데, 부모라고 대접받는다. 또 거꾸로, 부모에게 받은 것을 끝내 되돌려 주지도 못하는데, 부모가 살아 있는 그날까지 대부분의 자녀들은 많은 사랑을 받는다. 부모와 자녀, 얼마나 불합리하고 불공평한 관계인가.

그래서 아주 더 단순하게 스스로가 좋은 부모일지 겸손한 태도로 자신을 돌아보기만 해도 좋은 부모가 될 수 있다. "내가 널 어떻게 키웠는데……." 하면서 자신이 매우 희생적이고 이상적인 부모라고 생각하는 사람일수록 실제로는 정반대인 경우도 적지 않다. 아이를 가진 그 순간부터 완벽하게 좋은 부모로서 준비된 사람은 이 세상에 없다. 부모 역시 아이가 자라면서 함께 성장하고 성숙한다. 부모는 자식을 키우며 불안과 고통과 회의 속에서 '좋은 부모가 되어 가는 것'이지, 완벽한 부모로서 아이를 낳고 키우는 것은 아니다. 그런 만큼, 자신이 시행착오를 겪는 것에 대해 인정할 것은 인정하면서 자녀들과 머리를 맞대고 의논해 가며 중요한 결정을 하는 것이 좋다. 과연 어떤 방향으로 자녀 교육을 해야 하는지 고민하는 부모들이 많다. 요즘 들어, 좋은 학원을 찾아 제일 좋은 선생에게 아이를 맡기고 완벽하게 시간표를 짜 주며, 많은 돈을 들여서 일찍부터 외국에 보내고 좋다는 특기 교육은 다 시키고…… 아이를 위해 무언가를 하느라 몸과 마음이 바쁜 부모들이 참 많다. 하지만 그렇게 많은 것을 해 주려고 먼저 나서는 부모들은 오히려 좋은 부모가 아니다. 자녀들이 원하는 것이 무엇인지, 자녀들이 과연 어떤 능력을 가지고 있는지, 무엇을 원하는지, 무엇 때문에 불행하고 행복한지, 파악할 여지가 없기 때문이다. 자식이 원하는 것은 "부모인 나보다는 오히려 네 자신이 더 잘 알지 않겠느냐?"고 자세를 낮추어 주는 것이다. 자발적인 태도를 키워 주고 의견을 수용해 주면 아이는 자기 길을 간다.

성경을 보면 마리아는 예수를 잉태하는 그 순간부터 하느님이 시키시는 것, 어린 예수가 하고자 하는 것을 전폭적으로 받아들였다. 고집스럽게 자기주장을 하면서 아들을 이리저리 휘두르거나, 자기 의견을 앞세워 하느님과 맞서지 않았다. 누구나 부모에게 받은 것이 없다고 생각해 원망의 마음을 품을 수 있으며, 자기 자신은 또 부모 노릇하기가 너무 힘들어 죽겠다고 느낄 수 있다. 그것이 사람이다. 오히려 부족한 자신을 한번 돌아보고 하느님의 뜻이 무엇인지 또는 상대인 부모나 자녀의 뜻이 무엇인지 마음을 열고 소통하는 사람이라면, 세속적으로는 많이 부족해도, 신성한 눈으로 보자면, 참 좋은 부모이자 자녀가 된다.

아버지와 화해하기

**"아버지는 자식들이 때가 되면 더 큰 세상으로 떠나도록 도와줄 뿐 아니라,
큰 대의를 위해서는 작은 본능이나 즐거움을 희생하도록 가르치는 존재이다."**

아버지는 항상 날 힘들게 하셨습니다. 이런저런 일을 잔뜩 시키면서 한
번도 '수고한다.' '고맙다.' 말한 적 없습니다. 어머니에게도 마찬가지고
요. 큰소리만 치실 줄 알았지, 고생하는 어머니에게 따뜻한 말씀 한번
하지 않았지요. 돈만 갖다 주면 할 일 다한 줄 압니다.

우리 아버지는 무능력합니다. 남들처럼 번듯하게 교육시키고 재산은
물려주지 못할망정, 오히려 평생 어머니에게서 돈만 뜯어 갑니다. 젊어
서는 바람도 많이 피우셨습니다. 이제는 도박까지 하십니다. 아버지를
보면 화만 납니다. 나도 저런 아버지처럼 될까 봐 겁이 납니다.

아버지를 깊이 존경하고 충분히 사랑을 받으며 성장할 수만 있으면 물론 좋겠지만 현실에서 자애롭고 따뜻한 아버지와 좋은 추억을 간직하고 있는 이들은 생각보다 그리 많지 않다. 특히 경쟁이 심한 산업사회에서 아버지는 대개 집을 떠나 바깥으로 돌고 어쩌다 집에 있어도 주로 쉬거나 잠자는 모습으로 마음에 남아 있다. 드물게 공부하라고 닦달을 하는 아버지도 있지만, 아이들에게 별로 도움이 되지 않는 주문들이 태반이다. 오죽하면 아이가 좋은 대학을 가는 조건 중 하나가 아버지의 무관심이라는 말이 떠돌까.

그러나 좋은 대학을 가는 것이 꼭 아이가 잘 자랐다는 증거는 아니다. 좋은 대학에 보내기 위해 아버지의 가르침과 영향력을 배제하는 요즘의 가정교육은 아이가 점수는 잘 받을지 모르지만, 권위와 조직에 적응하지 못하고, 초자아나 양심 부분에 문제가 있는 잠재적 엘리트 범죄 집단 양산과 분명 관계가 있다. 우선 아이의 인성과 윤리, 근로 의욕 함양 등, 한 인간으로서의 덕성은 모두 배제한 채, 공부 잘하는 기계로 키우면서 사회와 가정이 모두 아버지의 역할을 배제한 면도 있다. 자녀들도 아버지 사랑을 받지 못하지만, 아버지들도 그만큼 소외감을 느낀다는 뜻이다. 이렇게 되면 아버지와 자녀들은 서로 무관심 속에서 오해의 악순환으로 빠진다. 특히 어머니와 아버지가 사이가 나쁠 경우엔, 어머니가 아버지를 의도적으로 가족들로부터 떼어 놓는 경우도 있다.

그렇다면 성경에서의 아버지상은 어떠했을까. 우선 구약 시대의 중동 지역의 아버지들은 아브라함처럼 자식을 번제의 제물로도 바칠 만큼 절대 불가침의 권위가 있었다는 점을 읽을 수 있다. 자식이 잘못하면 법에 기대지 않고 목숨까지 좌지우지할 정도였다. 중동 지역뿐 아니라, 고대에는 힘과 권위가 있는 아버지, 혹은 남편은 아이들과 아내에겐 거의 군주와도 같은 권력이 있었다 심지어는 아버지 노아가 술에 취해 벌거벗고 있는 모습을 본 함이 다른 형제들인 셈과 야펫에게 이야기한 것 정도로도 큰 불효이자 도덕적 일탈이 되었다. 노아가 자기 아들에게 "형제 중에서 가장 천한 종이 되리라."며 그 아들을 저주하는 장면은 그래서 현대인들은 고개를 갸웃할지 모르겠지만, 당시에는 충분히 있을 수도 있는 일이었다.창세 9,21-25 하지만 흥미롭게도 성경의 아버지들이 장자상속의 원칙을 깨면서 유대 가족의 위계질서도 조금씩 흔들리는 모습을 보인다.

카인과 아벨을 비롯하여 이사악은 둘째 야곱에게 장자의 축복을 내리고, 둘째인 야곱은 요셉의 차남 에프라임을 장자의 위치에 놓고 축복한다.창세 48,14 또한 자신의 침상을 더럽힌 맏아들 르우벤의 약점을 부각하면서 열한 번째인 요셉에게는 크게 복을 내린다.창세 49, 26 나중에야 요셉 때문에 온 형제들이 기아에서 벗어날 수 있었으나, 당시 요셉의 형제들의 눈으로 보자면 그간의 전통을 깬 아버지의 행동을 이해하기 힘들었을 것이다. 당연히 아버지의 권위에 대해 무조건적으로 복종하지 않았을 것이다.

우연인지 필연인지, 이집트를 탈출시킨 모세 역시 아론의 동생으로서 장자가 아니다. (이는 심리학적으로 보자면 전통에서 탈피하지 못하는 보수적인 맏아들보다는 상대적으로 자유로운 차남이 더 진취적이라는 뜻도 될 것이다.) 모세의 뒤를 이어 이스라엘 민족의 이집트 탈출을 마무리한 여호수아도 요셉의 작은 아들인 에프라임 부족 출신인 눈^{Nun}의 아들이다. 같은 가부장제지만, 아주 오랫동안 장자상속의 전통을 유지했던 유교적 동양인들의 분위기와는 조금 다른 점이 있었을 것이다.

어느 쪽이건 강력한 부성적 권위는 옳고 그름을 구분하고 조직을 바로 세우는 긍정적인 기능도 있지만 여러 가지 심리적 갈등 즉 권위 콤플렉스를 유발시키기도 한다. 유대인인 프로이트가 종교를 아버지와의 오이디푸스 콤플렉스의 연장선상에서 이해하여 "신앙이란 결국 아버지 콤플렉스의 투사에 불과하다."고 말한 것도 그런 임상 경험에서 우러나온 이야기가 아닐까 싶다.

실제로 하느님의 이미지에 대한 이야기를 하는 내담자들의 말을 듣다 보면 유아기에 경험한 아버지의 이미지와 참 많이 닮아 놀랄 때가 있다. 어린 시절, 일찍 돌아가신 아버지와의 아름다웠던 짧은 기억을 일생 동안 마음에 담고 살았던 한 나이 든 여성이 마음속에 그렸던 하느님은 자신을 무릎에 놓고 끔찍이 사랑해 주셨던 아버지의 모습이었다. 반대로, 어린 시절 무서운 아버지에게 꾸중 듣지 않기 위해 전전긍긍하며 자랐던 이들은 아버지처럼 무서운 신에 대한 두려움 또는 신에게 벌을 받을지 모른다는 죄의식과 끊임없이 씨름하며 살아가는 경우도 적지 않다. 아버지와 크고 작은 문제를 일으키며 반항하던 자녀들이 신앙의 힘으로, 아버지의 미숙함을 나름대로 용서하고 받아들이면서 보다 완전한 아버지상을 가슴속에 품게 되는 경우도 있다.

그러나 신앙심을 단순히 아버지와의 갈등 혹은 아버지 콤플렉스로 환원시키면, 내담자들의 신앙 체험을 한 차원 높은 영성 세계로 연결시키는 길을 찾지 못한다. 과거의 상처로 회귀하는 퇴행적 태도로 모든 것을 설명하고 거기서 멈추기 때문이다. 설령 아버지에 대한 원형적 이미지가 신에 대한 태도와 유사한 점이 있다 하더라도, 진정한 자기를 찾기 위해서는 아버지 콤플렉스를 뛰어넘는 인간의 의식이 닿을 수 없는 존재에 대한 경외와 탐구가 겸손하게 계속되어야 한다는 뜻이다. 그런 태도를 가지고 있어야 상처와 문제를 많이 가진 현실의 자아를 넘어서는 보다 큰 자기를 찾을 수 있게 되기 때문이다.

감히 야훼의 이름조차 직접 부르지 못하지만 언제든 하느님을 만나려면 계약의 궤를 경배하면 되었던 구약의 비합리적인 시대가 아예 절대자의 존재에 대한 관심조차 없는 현대의 아노미 상태보다는 어떤 면에서는 훨씬 더 훌륭할 수도 있다는 것이다.

신약 시대에 이르러 예수님이 자신을 하느님의 아들이라고 칭한 것에 대해 반발한 유대인들이 많았지만 이미 구약의 신명기 시절, 모세는 주님을 하느님이자 창조주이지만 아버지로 부른 바 있다.신명 32,6 이후 하느님은 다윗에게도 아버님이 되어 주셨고시편 2,7 이사야에게도 평화를 주는 아버지이셨으며이사 9,6 예레미야도 주님이 이스라엘의 남편이자 아버지와 같은 존재라 기록한 바 있다.예레 31,9 물론 하느님을 아버지의 모습이라 부른 것을 가부장제의 이스라엘 문화 탓이라고 이해할 수도 있겠지만, 한 걸음 너 나아가 아버지와 관련된 심리적인 상징과 이미지로 이해해 보는 것도 좋을 것 같다.

한없이 따뜻하고 자식의 입장을 먼저 배려하는 어머니상과 달리, 아버지는 단호할 때는 단호하게 원칙과 법을 가르치며 자녀가 용감하게 무언가를 추진할 때 도와주는 역할을 한다.[3] 또한 품 안의 자식이 언제까지나 곁에 머물렀으면 하는 어머니와 달리, 아버지는 자식들이 때가 되면 더 큰 세상으로 떠나도록 도와줄 뿐 아니라, 큰 대의를 위해서는 작은 본능이나 즐거움을 희생하도록 가르치는 존재이다. 성경에서 때가 되면 아버지와 어머니를 떠나 부인과 한 몸이 되어 가정을 이루라는 구절이 '아버지'란 단어가 맨 처음 등장하는 대목^{창세 2,24}과 겹치는 것은 우연이 아니다. 즉 아버지는 자식의 독립을 위해 때론 냉정한 태도를 보일 수도 있다.

예수도 열두 살이 되어서 과월절^{파스카}을 지내려 예루살렘에 갔다가 홀로 성전에 머물면서 랍비들과 토론을 하게 된다. 자식을 잃어버린 줄 안 요셉과 마리아가 자신을 찾아 성전으로 오자, "내가 아버지의

---

3) 정신분석학에서는 부모의 이런 차이와 관련해서 양심, 죄의식, 윤리의식 등과 관련된 초자아(Super-ego)를 모성적 초자아(Maternal Superego)와 부성적 초자아(Paternal Superego)로 나눈다. 구체적으로 예를 들면, 아들이 군대에 갈 때 모성적 초자아는 "네가 부모와 우리 가문을 생각한다면, 어떻게 하든 살아 돌아와라."라고 말할 것이고 부성적 초자아는 "집안보다는 국가가 먼저이니, 네 본분을 다해서 싸워라."라고 말할 것이다. 반드시 어머니만이 모성적 초자아를 갖고 있거나, 아버지만이 부성적 초자아를 갖고 있는 것은 아니지만, 대체로 한국 문화에서는 어머니와 아버지의 역할이 관습적으로 나뉘는 경향이 있다.

집에 머물러야 한다는" 사실을 알지 못하냐고 반문한 바 있다.루카 2,41-50 이미 정신적으로 이때 예수는 부모의 곁을 떠났고 부모 자식 간의 인연을 뛰어넘는 신앙을 몸소 보여 주기 시작한 셈이다.

즉 아버지는 현실의 한계를 초월하여 세상 저 너머를 만날 수 있게 하고 그런 체험을 현실에서 구체화할 수 있게 도와주는 다리 같은 존재다. 단순히 세상 밖으로 나가게만 하는 것이 아니라, 어딜 가든 새로운 법과 질서와 구조를 만들어 올바른 사회를 만들 수 있게 논리적으로 교육시켜 주는 대상이 될 수 있다는 뜻이다. 실제로 자신의 마음 안에 건강하고 합리적인 아버지의 이미지를 가진 사람일수록 사회생활을 잘한다.

반대로 아버지와 나눈 시간도 터무니없이 적고 아버지에게 별다른 교훈도 얻지 못하는 아이들이 사회에 나가면 여러 가지 문제를 안고 살게 되는 것을 종종 관찰할 수가 있다. 특히 최근 수십 년간, 가장은 열심히 돈만 벌어 오면 된다고 착각해 가정교육에는 도통 나 몰라라 하면서 아내나 자녀들과는 심정적인 교류를 하지 않는 아버지들이 참 많았다. 그러다 보니 어머니들은 어머니들대로 아버지에 대한 불만을 자녀들에게 풀어내면서 비정상적으로 자녀 교육에 집착하게 되고, 아이들은 아이들대로 엄하고 합리적인 아버지상의 결핍으로 도덕심과 자기 훈육의 원칙 없이 제멋대로 인생을 살게 된 면도 있었다.

다행히 성격도 좋고 능력도 있으면서 시간도 많은 이상적인 아버지를 만나 완벽한 환경에서 자녀들이 자란다면 좋겠지만, 현실에서는 어쩔 수 없이 불완전할 수밖에 없는 아버지와 어머니 밑에서 성장하게 되는 것이 보통 사람들의 삶이다. 어쩌면 현실의 그런 한계를 알기 때문에, 실제로는 존재하지 않는 보다 완전한 아버지와 어머니상인 절대자의 이미지를 가슴에 품고 닮는 과정 중에 현실에서는 받을 수 없는 힘과 에너지를 얻기도 한다. 하느님 닮기Imitatio Dei 혹은 예수님 닮기Imitatio Christi도 심리적으로는 그런 맥락으로 이해할 수 있겠다. 완벽한 신성에 대한 지향성은 본능적으로 자식의 안위를 우선 걱정하는 이기적인 부성이나 모성 혹은 가족 이기주의와는 다르게, 이웃에 대한 사랑Fellowship; Koinonia으로 확장된다.

실제로 아시리아가 이스라엘을 침범했을 때 예언자 미카가 사마리아와 유다의 붕괴를 예언하면서 아들이 아버지에게 불경하고, 딸이 어머니에 반대할 것이라 서술한 부분을미카 7.6 예수도 직접 인용한 바 있다.마태 10,35; 루카 12,53 이는 개인적인 가정Familia을 넘어서는 기존의 관습적인 사랑과는 차원이 다른, 사회에 대한 열린 사랑을 지향하라는 의도라 할 수 있다. 이에 따라 초기 기독교도들은 완전히 새로운 공동체를 형성해서 선교의 밑거름이 되기도 했다.

현대에도 아버지 없이 홀어머니 밑에 자랐지만 깊은 신앙심으로 다른 사람들에게 정말 좋은 아버지와 같은 역할을 하는 훌륭한 성직자, 정신적 지도자가 되신 분들, 아름다운 봉사를 하고 계시는 분들이 있다. 예수님이 자신을 따르기 위해서 먼저 자신의 돌아가신 아버님의 장례를 치르겠다고 하는 제자에게, 단호하게 돌아가신 아버지 장례에 집착하지 말고 먼저 자기를 따르라고 말한다.루카 9,59; 마태 8,21-22 또 "세상 누구도 아버지라 부르지 말라."고 한 구절마태 23,10은 예수의 상을 효나 가족 이데올로기를 뛰어넘는 존재로 삼으라는 뜻이다. 이는 세속의 아버지를 뛰어넘는 절대자에 대한 차원 높은 사랑을 지칭하는 것이다. 결국 현실의 아버지에 대한 집착, 원망, 상실감 등등 여러 가지 긍정적인 혹은 부정적인 경험들을 뛰어넘어 더 큰 아버지상을 만나는 것이 '참 자기'를 찾아가는 가장 중요한 단계라는 뜻으로 이해하면 어떨까.

과거에 '세상에 믿을 놈 하나 없다.'는 주제를 변주해 만든 우스갯소리 중에 '아들을 잡아먹는 식인종 아버지 시리즈', 아버지를 희화하는 '최불암 시리즈'가 유행한 적이 있었는데, 이는 아버지라는 무서운 존재에 자신의 자아가 송두리째 흔들리게 될지 모른다는 아버지 콤플렉스를 유머로 승화시킨 셈이다. 어쨌거나 아버지의 권위를 여지없이 무너뜨리고 부모 자식 사이의 믿음과 사랑에 대한 회의와 냉소가 그 주제였기에 서글픈 현실의 일면이기도 했다. 하지만 한편으로는 일리가 있는 농담들이었다. 따지고 보면, 세속에서 정말로 완벽하게 존경하고 믿을 수 있는 아버지는 없기 때문이다. 다만 우리 아버지들의 외로운 시행착오와 퇴장을 멀리서 혹은 가깝게 지켜보면서, 우리는 우리 아버지들과 어떤 면에서는 비슷하고 어떤 면에서는 다른 행보를 걸어가면서 불완전한 우리의 가계를 이어 가는 것이다. 그러나 전통과 혈통의 보전은 현실의 부모 자식 관계에만 국한된 효도나 자식 사랑이 아니라, 더 큰 틀에서 보다 장엄하고 위대한 아버지를 만나기 위한 밑거름으로 작용할 때 비로소 완성되는 것이다. 하느님에게 아버지의 모습을 투사하는 우리의 심리는 그래서 꼭 병적인 것으로만 생각할 필요는 없다. 아버지라는 작은 개인에서 시작해 보다 큰 우주의 질서와 권위를 배워 나가기 때문이다.

어머니를 넘어서

"임신과 출산, 양육의 시간들은 결코 쉽지 않다. 그러나 이 힘든 과정을 견디다 보면
'어머니 되기'를 통해 아이로부터 얼마나 많이 받았는지,
또 아이를 통해 내가 얼마나 성장했는지 알게 되고 감사함을 느끼는 순간이 온다."

어떤 때는 엄마를 죽이고 싶어요. 뭐든 자기 멋대로 강요하고, 내가 정말 뭘 원하는지는 관심이 없어요. 내가 공부 잘하면 남들에게 자랑하고 싶어 공부하라는 것이지, 정말로 내가 행복해지길 바라는 것은 아니죠. 자기 허영심 때문에 나를 이용하는 것 아니에요?

난 엄마 될 준비가 되어 있지 않아요. 사실은 엄마가 된다는 사실 자체가 끔찍해요. 우리 엄마가 나한테 끔찍한 엄마였듯이 나도 그런 끔찍한 엄마가 될까 봐 두려워요. 내가 성장한 과정을 돌이켜 보면 너무 슬픈데, 내 아이까지 그렇게 될까 봐 두려워요.

백수 아들에게 맞아 가면서도 세끼 밥을 꼬박 차려 주고 용돈까지 주는 어머니, 심각한 우울증 환자인 자녀에게 고액 과외를 들이밀며 공부를 강요하는 어머니, 밑 빠진 독인 줄 뻔히 알면서도 사치스러운 자녀들의 빚을 대신 갚아 주는 어머니……. 자세히 들여다보면 요즘에는 자애로우면서도 엄격할 땐 엄격하고, 자식을 존중해 주면서도 나눔을 가르칠 줄 아는 이상적인 어머니보다는 어리석고 욕심 사나운 어머니들이 더 많다. 지식이나 돈의 많고 적음, 지위가 높고 낮음을 떠나, 어머니 노릇을 잘하는 이들이 그리 많지 않다는 이야기다. 특히 어머니의 역할은 인간의 근원적인 경험과 관련되어 있어서 잘못 교육을 시키면 때론 매우 위험하고 어두운 쪽으로 자녀들을 몰고 갈 수도 있다. 실제로 임상에서 보면 적지 않은 어머니들이 심각한 문제를 갖고 있는 상태로 자녀들을 낳고 키운다. 본인 상처도 상처지만, 자신의 상처로 인해 자식에게도 많은 상처를 주는 경우가 많다는 뜻이다. 그런 어머니들을 과연 어떻게 이해하고 보듬을 수 있을까. 그들의 속사정을 모르는 채, 무조건 나쁘다고만 할 수는 없지만 자녀들의 입장에서 그들을 바라보는 마음은 복잡할 수밖에 없다.

　사실 의도적으로 자식을 괴롭히고 미치게 하는 악마와 같은 어머니나, 조건 없는 사랑을 무한정 베푸는 한없이 선하기만 한, 양극단의 어머니는 이 세상에는 존재하지 않는다. 세상의 모든 인간들이 그러하듯이 어머니들 역시 모두 조금씩, 차갑고 따뜻하고 선하고 악한 면을 다 갖고 있다. 다만 자녀들이나 주변 사람들이 어머니에게 투사하는 이미지, 혹은 기대치가 조금 다를 뿐이다. 잘못된 신념과 행동 양식 혹은 자신이 어떤 일을 하는지도 모른 채, 자녀들의 정신적·육체적 건강을 해치는 경우, 그래서 자녀들을 포함해 많은 사람들이 더욱 분노하기도 한다. 따지고 보면 양육 방식은 자신의 부모가 가르친 대로 되풀이하게 되므로, 어린 시절 자기의 경험에 기대어, 자신의 의지와 상관없이 나쁜 부모가 되기도 한다. 또한 본인 삶이 너무나 고단할 경우, 아직 스스로를 보호하지 못하는 어린 자녀를 희생양으로 삼아 가학적인 태도로 자신의 분노와 열등감을 푸는 부모들도 있다.

그렇다면 성경에는 어떤 어머니들이 등장하고 있으며 그 인물들로부터 우리는 어떤 심리적인 통찰을 얻을 수 있을까. 중동 문화권에 속하는 이스라엘도 강한 가부장제적 영향하에 있었기 때문에 성경 전체를 통해 어머니들의 목소리나 영향력이 아버지만큼 상대적으로 크게 부각되지는 않는다. 아주 예민하고 섬세한 시각으로 행간을 읽어야만 숨은 조연인 어머니들의 역할을 이해할 수 있다. 초점을 제대로 맞추지 못하면 그런 어머니들의 역할은 무시한 채, 성경을 온전히 남자에 의한 남자를 위한 가부장적 경전으로 오해할 수도 있다.

예컨대 창세기 시작부터 여자의 임신과 출산을 고통과 괴로움으로 표현한 부분창세 16이나 하느님의 아들들과 사람의 딸들의 결혼에 대해 "사람들(사람의 딸들)은 살덩어리일 따름이니 나의 영이 그들 안에 영원히 머물러서는 안 된다. 그들은 백이십 년밖에 살지 못한다."창세 6,2-3 라는 구절을 보자. 당시 하느님의 아들로 묘사된 남성과 사람의 딸들로 묘사된 여성의 자리를 짐작할 수도 있겠다. 다만 같은 창조 이야기에서 "우리와 비슷하게 우리 모습으로 사람을 만들자. ……하느님의 모습으로 사람을 창조하시되 남자와 여자로 그들을 창조하셨다."^{창세 1,26-27}라는 구절은 남자와 여자를 동급으로 둔다. 그러나 전반적으로는 성경에 등장하는 하느님의 상^{image}에서 모성이나 여성성의 원형을 찾는 일은 쉽지 않다.

예를 들면 구약은 물론 마태오복음, 루카복음, 요한복음 등 여러 복음서에서 예수님도 하느님을 일러 "하늘에 계신 너희 아버지"라고 부르셨다. 따라서 소수의 여성주의 신학자들을 제외하고는 하느님을 어머니로 부르는 경우는 거의 없다. 그만큼 기독교에서 하느님의 사랑을 모성성과 관련시키는 작업이 최근 시작되었다는 뜻이다. 기독교의 이런 경향은 관세음보살이나 칼리,^{Kali} 락시미,^{Lakshmi} 두르가^{Durga} 등 여성신의 존재를 강하게 부각시키는 불교나 힌두교, 바리데기, 삼신할미, 자청비 등 샤머니즘에도 다양한 여성 신들이 등장하는 것과는 사뭇 다르다. 다만 우리가 흔히 성경이라 부르는 구약·신약이 아닌 사해사본[4]이나 초기 교부들의 비판적 저술로 간접적으로 짐작해 볼 수 있는 영지주의^{Gnosticism}의 경전들을 보면 여성이나 모성을 비교적 중요하게 다룬다. 영지주의에서는 창조신 역할을 하는 소피아나 예수의 어

---

4) 1947년 요르단 강과 예루살렘 사이의 쿰란이라는 구릉지대에서 발견된 고대 경전들이다. 감사의 시편, 빛의 자녀와 어둠의 자녀의 싸움, 에녹서 등의 문서가 있는데, 특히 칼 구스타프 융은 이 사본 내용에 각별한 관심을 기울였다.

머니인 마리아나 지혜로운 막달라 여자 마리아가 우리가 흔히 성경으로 알고 있는 정경正經보다 훨씬 더 크게 부각되는 것이다. 하지만 초대교부 시대 이후에는 하느님에게서 어머니나 여성의 이미지가 서서히 축소된다. 영적인 특성Spirituality은 남성성 혹은 부성과 통한다고 믿었고 영성의 하위 개념인 신체성이나 자연성Physicality/Nature이 어머니나 여성의 특성과 연결시켜 생각하였기 때문이다. 성경을 기록한 기자들도 당시의 가부장적 상황에서 사는 사람들이었기 때문에 부성과 신성을 자기도 모르게 동일시했을 가능성도 있다. 꼭 기독교가 아니더라도 모성은 인간적이고 육체적이며 현실적인 영역에 가깝게 그려진다. 실제 가정에서 아버지가 보다 차원 높은 국가, 양심, 도덕, 이상 등을 상징하는 역할을 한다면 어머니는 가족, 먹고 자는 일, 현실 등의 일들과 관련이 있다.

성경의 주인공들도 예외는 아니다. 이스라엘의 조상인 아브라함의 부인 사라와 그의 여종 하가르의 사연부터 여느 어머니들의 모성이 갖는 한계를 보여 준다. 사라는 오랫동안 불임을 겪다가 여종 하가르를 통해 아들을 얻고자 했다. 하지만 하가르는 아브라함의 아이를 임신하고도 노예의 신분이라 본부인에게 쫓겨나 어린아이와 함께 광야를 헤매야 했다. 자기 땅의 주인으로 아내까지 여럿 거느린 아브라함의 처지와는 사뭇 다르다. 하느님이 보호하지 않으셨다면 하나는 중동의 다른 여인들처럼 쫓겨나 걸인이 되었을 것이고 다른 하나는 사막에서 짐승의 밥이 되었을 것이다. 현대에도 사라나 하가르와 같은 어머니들이 우리 이웃에 얼마든지 있다. 오로지 남편과 자식을 위해서만 존재하는 여성들, 집안이나 경제적 격차 때문에 남편이나 시집 식구들에게 인정받지 못하고 절망적으로 자식에게 매달리는 불행한 어머니들, 국가와 조직과 사회로부터 보호받지 못하는 이들이다. 그래서 이상이나 이념보다는 당장의 생존이 더 급한 어머니들이다. 당연히 어머니로서의 본능적인 역할이라도 매달릴 수밖에 없는 상황이다.

아브라함의 며느리이자 이사악의 부인 레베카 역시 원칙 없는 본능적인 모성을 보여 준다. 레베카는 둘째 야곱을 편애하여 장남인 에사우가 받을 축복을 가로채도록 돕는다. 구약 시대의 유대 민족에게도 장자상속의 원칙이 지켜졌기 때문에 이사악은 나이가 들자, 맏아들 에사우를 불러 하느님의 축복을 내리려고 한다. 이사악은 에사우에게 사냥을 해서 자신이 좋아하는 별미를 만들어 오라고 시키면서 그걸 먹은 뒤, 그를 축복하겠다고 한다. 그 말을 엿들은 레베카는 야곱을 불러 새끼 염소를 잡아오게 해서 남편이 좋아하는 별미를 만들고 야곱에게 에사우의 옷을 입힌 다음, 음식을 아버지에게 가져가게 한다. 눈이 어두운 이사악은 야곱의 목소리를 듣고 의심했으나 거듭 야곱이 에사우라고 대답하자 그가 가져온 별미를 먹고 야곱이 형제들의 지배자가 되고 그의 땅은 풍성하게 되리라고 축복한다. 뒤늦게 사냥에서 돌아온 에사우가 이 사실을 알고 야곱을 죽이겠다고 다짐한다. 어머니로 인해 형제간에 불화가 생긴 것이다. 임상에서도 레베카처럼 공평하지 못한 어머니들이 집안을 시끄럽게 하는 경우가 많다. 특히 재산 상속 문제가 걸려 있을 경우, 부모들이 현명하게 처신하지 않으면 형제끼리 원수가 되기도 한다. 레베카는 야곱의 결혼에도 마음대로 관여한다. 가나안 히타이트 여자들 중에서는 절대로 아내를 고르지 말라 주문하며 야곱의 외숙 즉 레베카의 오빠에게로 야곱을 보내서 아내를 얻기 위한 14년간의 종살이 같은 고난의 행군을 하게 한다. 지금도 얼마나 많은 어머니들이 자녀들의 결혼이나 생활에 지나치게 관여해서 자녀들끼리, 혹은 자녀들과 갈등을 일으켜 스스로도 불행감에 빠지는지 돌아보자.

레베카나 하가르와는 달리 남의 자식인 모세를 거둬 기른 파라오의 딸이 모세를 어떻게 키웠고 어떤 영향력을 주었는지 성경은 기록하지 않는다. 이집트인을 죽이고 파라오에게 쫓기는 신세가 될 때 파라오의 딸이 자신의 의견을 내세워 모세를 보호했다는 대목도 없다. 이집트의 공주가 버려진 아이를 잘 돌보아 주어 장차 유대인들을 이끌고 이집트를 탈출할 지도자로 길러 낸 것은 그러나 예사로운 상황이 아니다. 보다 넓은 의미의 모성 본능이 발동해 국가와 민족 내 핏줄과 상관없이 무기력하고 연약한 아이를 돌보는 데 발휘된 셈이다. 그러나 파라오의 딸은 모세가 이스라엘 민족을 이끌고 이집트를 떠날 때 어떤 영향력도 미치지 않았다. 모세를 어른으로 성장시키는 시점까지가 어쩌면 그 여인의 몫이었을 것이다.

평범한 어머니들도 어쩌면 이 이집트 여인처럼 자식에게 자신의 배와 환경을 잠시 빌려 주는 것뿐이다. 내가 희생하고 헌신했다고 해서 자식의 인생을 멋대로 좌우할 권리는 없다. 품 안의 자식이란 말처럼 자식이란 어느 날 갑자기 어머니의 인생에 들어와 때가 되면 자기 길을 떠나 부모의 품으로부터 벗어나게 마련이다. 그럼에도 불구하고 과거 부모들은 자식들이 출세해서 경제적으로도 윤택하고 노후의 부모까지 돌보기를 바란다. 그게 평범한 부모의 욕심이었다. 그 욕심 때문에 나름대로는 최선을 다하지만 자식의 앞길을 막기도 했을 것이다. 아들 솔로몬을 임금 자리에 오르게 하기 위해 모든 위험을 감수했던 밧세바도 아마 그런 어머니였을 것이다. 솔로몬을 왕좌에 오르게 하기 위해 예언자 나탄과 손잡고 동분서주 하던 밧세바는 이윽고 아들 솔로몬을 왕위에 오르게 만든다. 이방인 여자로서 자신의 아들이 왕이 되자 밧세바는 아마 이 세상 모든 것을 가진 듯했을 것이다. 그래서 왕위를 빼앗긴 솔로몬의 배다른 형 아도니야가 아버지의 여자였던 수넴 여자 아비삭을 달라는 반윤리적인 청을 함에도 밧세바는 아들 솔로몬에게 그것을 들어 달라고 요구한다. 우리 식으로 말하자면, 법과 윤리를 넘어서는 수렴청정을 시도한 것이다. 그러나 꼭 밧세바만 비난할 것은 아니다. 요즘 어머니들도 자녀들에게 뭔가 억지를 쓰고 자기 좋을 대로 고집을 피울 때 가족의 평화를 위해서라는 허울 좋은 명분을 곧장 내세우지 않는가.

여느 아들 같으면 왕위에 오르기까지 지대한 영향을 끼친 어머니의 부탁이므로 적당히 들어주었을 수도 있었다. 하지만 솔로몬은 뒤에 닥칠 후환을 고려해, 어머니의 부탁과는 반대로 이복형제인 아도니야를 죽인다.1열왕 2,20-25 이복형제를 죽인 것에 대한 윤리적 판단은 별개의 문제이지만, 어쨌거나 어머니의 부탁과는 반대되는 어려운 결정을 내렸다는 점에서 맹목적인 효도의 강요나 어머니의 월권 행위를 어떻게 대처해야 하는지에 대한 교훈으로 읽어도 무방한 대목이다.

수넴이라는 곳에 사는 부유한 한 부인은 예언자인 엘리사가 자기 고장을 지나다니는 것을 알고 그를 위해 방을 마련하고 머물도록 청한다. 자신에게 베푼 친절에 보답하고자 했던 엘리사는 나이 든 그녀에게 아들을 낳도록 도와준다. 하지만 그 아들을 얼마 가지 않아 잃게 된 수넴 여자는 엘리사를 찾아가 자기 아들이 죽었음을 알리고 원망한다. 엘리사는 종을 보내 살리고자 했으나 사정이 여의치 않자 자신이 직접 가서 그 아이를 살려 낸다.2열왕 4,8-37 이 이야기에 등장하는 수넴 여자도 모성과 관련해 생각해 볼 점이 많다. 하느님의 선물로 얻은 아들이 죽자 여자는 "언제 어르신께(엘리사에게) 아들을 달라고 하였습니까?"2열왕 4,28라며 엘리사를 원망한다. 자식을 앞세운 어머니의 절통한 마음이다. 그러나 성경에서는 그 모든 것을 하느님께 맡기라는 한 걸음 더 성숙한 태도를 수넴 여자에게 요구한다. 아직은 하느님의 계획을 모르는 수넴 여자를 위해 엘리사가 기적을 베풀어 아이를 살리는 장면은 모성과 관련된 신약의 다른 치유 기적과 일맥상통한다.

신약에서 비슷한 상황에 처한 다른 어머니의 경우를 보자. 페니키아 여자는 예수님의 발 앞에 엎드려 스스로를 "상 아래에 있는 강아지"마태 15,27; 마르 7,28라 자칭하며 마귀 들린 딸의 치유를 청한다. 예수가 이방인들에게는 기적을 베풀지 않는다고 거절하자 잔칫집의 강아지도 상 아래로 떨어지는 부스러기는 주워 먹는다며 사신의 딸을 살려 달라고 무조건 청하는 것이다. 많은 어머니들이 자신이 개나 돼지처럼 취급되더라도 죽어 가는 자식이 살아날 수 있다면 그렇게 하고 싶을 것이다. 어머니들이 자식들을 위해 희생하면서 험한 막일도 불사할 때의 마음이다. 사실 어머니가 되면 자신의 능력보다 훨씬 많은 것을 희생하고 견디기 힘든 고통을 감수해야 할 때가 많다. 창세기 시절부터 자식을 낳아 키우는 수고로움이란 표현을 썼던 것은 다 이유가 있는 것이다. 그래서 아이를 낳고 키우기가 힘들다며 아예 출산을 거부하고 배 아파 낳은 아이를 버리고 떠나는 어머니들도 물론 있다. 또한 아이를 어쩔 수 없이 옆에 두고 살기는 하지만, 마음은 다른 곳에 가 있어 어머니로서의 최소한의 의무를 못하는 경우도 점점 증가한다. 겉으로는 어머니로서 가장 좋은 일을 하고 있다며 아이들을 닦달하지만, 결과적으로는 차라리 없는 것보다 못하게 자식을 불행하게 만드는 어머니들도 있다. 열심히 노력은 하지만, 어머니 노릇이 고통이자 괴로움에 불과한 경우들이다.

그렇다면 성경에서는 이상적인 모성을 어떤 방식으로 우리에게 보여 주고 있을까. 신약성경에서 마리아와 엘리사벳의 임신과 출산 그리고 양육의 장면들을 생각해 보자. 아마 많은 어머니들에게 좋은 영감을 줄 수 있을 것 같다. 엘리사벳은 늙은 나이에 임신한 여성이다. 오랫동안 아이가 들어서지 않아 "아이를 낳지 못하는 여자"루카 1,16라 불리던 이다. 그녀는 자신이 임신한 것을 알고 기쁜 마음이 우선이었겠지만 한편으로는 걱정이 앞섰을 것이다. 하지만 하느님께 순종하는 마음으로 일관한 엘리사벳은 세례자 요한을 무사히 낳아 훌륭하게 키우게 된다.

한편 마리아는 요셉과 약혼하여 같이 살기도 전에 성령으로 말미암아 잉태하게 된다. 이에 요셉은 남모르게 마리아와 파혼하기로 작정하지만, 꿈에 천사가 나타나 마리아의 몸에 있는 아기는 성령으로 잉태된 것이라고 말한다. 예언자들이 동정녀에게 잉태하여 아들을 낳아 그 이름을 임마누엘이라고 한다는 예언이 실현된 것이다.마태 1,18-23 '하느님께서 우리와 함께 계시다'라는 '임마누엘'이라는 이름이 예수에게 붙여진 것은 예수의 잉태와 탄생이 바로 우주의 창조와 맞닿는다는 뜻일 것이다. 또한 앞으로 마구간의 구유에서 태어나 십자가에 못 박혀 죽을 때까지 어떤 일이 있어도 하느님이 함께한다는 뜻이다.

예수를 임신한 마리아와 엘리사벳이 만나는 장면은 모성이 신성과 만나는 장면이 아닐까 싶다. 특히 엘리사벳이 성령의 힘으로 마리아에게 "당신은 여인들 가운데에서 가장 복되시며 당신 태중의 아기도 복되십니다."루카 1,42 라고 말하는 부분은 부끄러움과 고통, 그리고 괴로움창세 3,16이었던 하와의 잉태와 대비가 된다.

마리아나 엘리사벳뿐만 아니라 다른 평범한 모든 어머니들도 아이를 임신하고 출산하면서 나름대로는 기적을 경험한다. 아이를 가질 때, 어머니 노릇을 충분히 이해하고 완벽하게 준비하는 이들은 없다.

시행착오와 후회의 시간을 거치면서 어머니로 만들어지고 다시 태어나는 것뿐이다. 임신과 출산, 양육의 시간들은 결코 쉽지 않다. 그러나 이 힘든 과정들을 견디다 보면, '어머니 되기'를 통해 아이로부터 얼마나 많이 받았는지, 또 아이를 통해 내가 얼마나 많이 성장했는지 알게 되고 감사함을 느끼는 순간이 온다. 바로 그 체험이 기적이다. 내가 계획했던 것과는 전혀 다르게, 아이를 통해 자신이 변해 가는 과정 중에 여성들은 성숙한 인간으로 한 걸음을 내딛는 것이다.

만약 모든 사람이 엘리사벳이나 마리아와 같은 태도로 세상을 살며 감사할 수 있다면 어쩌면 이 세상에는 피비린내 나는 갈등이나 전쟁은 없을 것이다. 물론 좋은 어머니가 되는 것이나, 좋은 어머니를 만나는 행운이 누구에게나 오는 것은 아니다. 우리는 무의식적으로 어머니에게 붙는 '좋은'이라는 형용사와 '완벽한'이라는 형용사를 혼동하는 것은 아닌지 생각해 볼 필요가 있다. 여성들이 자식을 키울 때, 시행착오를 거듭하면서 좋은 어머니가 되고자 노력하고, 또 반대로 자신에게 완벽하지 못했던 어머니에게 감사하고 그 잘못까지 용서하는 과정이 그 자체로 중요한 것이지, 완벽하지 못한 것에 대해 자책하거나 비난할 필요까지는 없다.

'모성'은 분명 위대하지만, 완벽하지 않다. 어머니와 자식은 서로를 깊이 사랑하지만, 또 그래서 때로는 큰 상처를 주는 것이 현실이다. 그러나 그 상처를 통해 어머니와 자식이 함께 성장하는 것이 어쩌면 진짜 위대한 기적일 수 있다.

행복한 결혼 생활의 비밀

**"부부가 자기들에게 맞는 결혼 생활의 방식을 찾으려는 노력이 결실을 이루려면,
자아에 대한 집착, 고집, 오만함을 버려야 한다."**

정말 이 사람과는 못 살겠습니다. 남을 배려하는 마음이 손톱만큼도 없습니다. 이런 사람과 사느니 차라리 헤어지는 게 낫겠습니다. 이런 게 결혼 생활이라면 혼인을 하지 않았을 텐데, 정말 후회스럽습니다.

살다 보면 배우자 아닌 다른 사람을 사랑하게 되는 경우도 있고 혹은 어쩔 수 없이 이혼과 재혼을 경험하게 되는 경우도 적지 않다. 특히 혼인 서약과 관련된 종교적 도덕률과 자신의 선택이 충돌할 때 삶의 방향을 잃어버리는 이들의 정신적 혼란 또한 심각해진다. 사랑하는 사람을 만나 결혼에 성공해 무난하게 사는 꿈은 평범한 듯 보이지만 저절로 주어지는 복은 아닌 것 같다. 혼전 동거, 이혼, 재혼 등은

이제 특별한 이야깃거리도 아니고 초·중·고 여학생들 중 꼭 결혼을 해야 한다는 비율도 불과 10%가 되지 않는다는 세상이다. 결혼 생활을 지옥처럼 괴로워하는 부부들을 만날 때마다, 일생 한 사람만을 사랑해야 한다는 맹세가 일종의 허상이 아닐까 하는 의구심이 들기도 한다.

사실, 자신의 반쪽인 내 영혼의 짝^{Soul Mate}을 만나 낭만적인 사랑을 거쳐 결혼에 이르게 되는 과정 자체가 근대 이후에야 생긴 개념이라고 주장하는 이들도 있다. 유럽에서 연애의 기원이라고 간주되는 트리스탄과 이졸데의 사랑[5], 아서왕의 왕비 귀네비어와 신하 랜슬롯[6]의 사랑은 요즘의 잣대로 보면 애초부터 불륜 관계라고도 할 수 있다. 우리나라에도 조신 설화[7]나 수로부인 설화[8] 등에서 부부가 아닌 이들의 연애담의 원형을 짐작해 볼 수가 있다. 엄격한 윤리를 강조하는 주자학이나 기독교가 사회의 이데올로기로 자리 잡기 이전에는 어쩌면

---

5) 켈트족의 전설을 프랑스어로 다시 윤색해서 만든 소설이다. 왕자 트리스탄은 백부의 부인이 될 이졸데를 데리고 오다 사랑과 죽음의 묘약을 실수로 함께 마시고 서로 사랑에 빠진다. 둘은 이루어질 수 없는 사랑에 괴로워하다 비극적인 죽음을 맞는다.

6) 아서왕은 5세기에서 6세기쯤의 전설적인 왕이다. 레오데그란스왕은 아서왕이 전쟁에서 승리하자 딸 귀네비어와 결혼시킨다. 그러나 귀네비어는 아서왕을 따르는 원탁의 기사 중 하나인 랜슬롯과 사랑에 빠지고, 아서왕과 기사들이 전쟁에서 차례로 전사한 이후 귀네비어는 혼자 수녀원에서 여생을 마치게 된다.

7) 『삼국유사』 권 3 조신조(調信條)에 실린 전설로 조신은 태수의 딸, 김랑에 반했으나 김랑이 다른 남자에게 시집가자 매우 실망하게 되는데, 꿈에 김랑이 나타나 당신과 결혼하려고 남편을 떠났다고 말한다. 그래서 김랑과 결혼해 40년을 살지만, 갖은 고생을 다해 마침내 헤어지려고 하는 찰나 깨어나니 꿈이었다고 한다.

8) 역시 『삼국유사』에 기록된 전설로 순정공의 부인 수로는 매우 미색이 뛰어났는데, 왕과 같이 강릉에 갔다가 꽃을 따 주는 노인을 만난 후, 동해의 용에게 잡혀 갔다가 돌아와 용궁에서 있었던 일에 대해 이야기해 준다. 이후에도 수로부인은 호수나 강 등 아름다운 자연이 있는 곳을 지나갈 때마다 영물에게 납치당하곤 했다.

지금 상상하는 것 이상으로 매우 자유로운 연애와 결혼이 가능했을지 모른다.

조선 시대에 들어서는 부모끼리 자녀들의 결혼을 결정하여 혼인날이 되어서야 신랑 신부가 서로의 얼굴을 볼 수 있었다. 반가의 가정에서는 결혼이 사랑의 결과물이 아닌 집안 간에 이루어지는 계약의 산물이었다. 또 원나라의 침공 이래 과부와 혼자 사는 여자들의 숫자가 많아지면서 첩을 두는 것을 제도화 했으니, 돈과 권력이 있는 남성이 첩을 둘 때 크게 죄의식을 느끼지 않았을 것이다. 후세에 청빈하다고 존경받는 황희 정승도 첩이 있었고 율곡도 아들을 보겠다고 여러 번 결혼했다. 그러니 현대의 일부일처제의 윤리학은 어디까지나 현대에 국한되는 것 일 수도 있다.

어떤 생물학자들은 본래 우리 인간은 일부일처제가 아니었다고 주장하기도 한다. 영장류에서도 관찰되는 매춘, 은밀한 혼외정사, 일부다처제의 존속들을 그 증거로 드는 것이다. 잉여 생산물이 증가하면서 자신의 소유물과 영역을 지키려는 남자들의 욕구가 결혼이라는 제도를 만든 것이라고 주장하는 사회인류학자들도 있다. 실제로 인류와 비슷한 영장류들이 배타적인 사랑을 하는 것 같지만, 사랑을 받지 못하는 첩 암컷이 두목 수컷보다는 힘이 약해 짝을 찾지 못하는 수컷과 몰래 불륜(?) 관계를 맺기도 한다. 또 교접을 하기 위해 수컷이 암컷에게 먹을 것을 가져다 주는 것도 관찰된다. 일종의 매춘 행위를 영장류의 삶에서도 관찰할 수 있다.

부여와 옥저의 형사취수제Levirate Marriage는 형이 죽은 다음 형수를 시동생이나 가문의 다른 사람들이 거두는 제도로 그 시대에는 그것이 오히려 의무였다. 즉, 일종의 변형된 일처다부제인 것이다. 창세기 38장에도 역시 형이 죽으면 시동생이 그 형수를 부인으로 삼는 것이 의무인 것으로 기록되어 있다. 인구학적으로 불안정한 중근동 지역의 인류학적 배경을 생각해 보면, 성경 기자들이 일부일처제를 하느님과 맺은 계약 중 하나로 명명백백하게 문자화 하지는 못했다는 점을 짐작해 본다.

불교, 이슬람교, 힌두교 등과 비교하면 성경은 남녀 관계를 일대일로 확실하게 규정하고 있는 편이다. 남자와 여자의 짝을 창조하셔서 둘이 한 몸이 된다창세 1,27; 2,24는 구절과 임금은 아내를 늘려 마음이 빗나가는 일이 있어서는 안 된다신명 17,17는 구절, 또 예수께서 "불륜을 저지른 경우를 제외하고 아내를 버리는 자는 누구나 그 여자가 간음하게 만드는 것이다. 또 버림받은 여자와 혼인하는 자도 간음하는 것이다."마태 19,9; 마르 10,11-12; 루카 16,18라고 하신 내용을 보면, 결혼 서약에 대해 성경이 보다 엄격했음을 알 수 있다. 그래서 이를 일부일처제의 신학적 근거로 생각하는 견해도 있다. 그러나 한편으로는 아브라함, 에사오, 야곱, 다윗, 솔로몬, 르하브암까지 구약 시대의 주인공들은 많게는 칠백 명의 아내와 후궁 삼백 명을 거느렸고 창녀들은 물론 남창들까지 있었다는1열왕 14,24 구절도 있다. 이 때문에 미국의 유타에 살고 있는 일부 기독교인들은 오히려 일부다처가 하느님의 뜻이라고 주장하기도 한다.

역사적 사실이나 인간의 생리학적 특징이 어찌되었건 간에, 오로지 한 사람만을 사랑하면서 죽는 그날까지 변함없는 부부애를 보이는 이들은 복 받은 사람들이다. 부부로서 온갖 어려움을 참아 내는 과정이 쉽지 않은 만큼 더 숭고해 보이기도 한다. 때론 자기 자신도 정말 싫어서 그냥 포기해 버리고 완전히 새로 시작할 수만 있으면 하고 꿈꿀 때가 있지 않은가. 피 한 방울 섞이지 않은 남인 배우자에게 실망감 한번 느끼지 않고 일생을 산다는 것은 사실 불가능하다. 물론 우리 부부는 완벽하게 일치한 채로 항상 살아왔다고 주장하는 이들도 있다. 그러나 그 실상을 자세히 들여다보면 무심해서 상대방의 감정은 생각하지 않고 제멋대로 하며 살아온 쪽의 일방적인 기억인 경우도 적지 않다. 겉으로는 평화롭게 오랫동안 해로한 부부도, 심층 면담을 해 보면 이혼을 해도 몇 번은 했을 거라고 이야기하는 게 다반사이다. 다시 태어나면 다른 사람과 결혼하고 싶다고 솔직히 고백하는 이들도 적지 않다. 결혼 생활을 하면서 겪는 크고 작은 갈등을 극복해내며 오래 견디는 부부에게는 확실히 특별한 무언가가 있을 것이다.

그렇다면 어딘가에 있는 내 진짜 마음의 짝을 알아내는 일, 또 그소중한 인연을 끝까지 지켜 내는 비법은 과연 무엇일까. 성경 속에 그런 비법이 혹시 숨어 있지 않을까. 구약에는 많은 남녀 주인공들이 등장하지만 특히 시바 여왕과 솔로몬의 사랑이 흥미롭다. 시바 여왕은 솔로몬이 지혜롭다는 소문을 전해 듣고 많은 수행원들을 거느리고 선물을 바리바리 싸들고 솔로몬을 찾아와 마음속에 품고 있던 질문들을 모두 풀어낸다. 솔로몬이 시바 여왕의 질문에 대답하지 못하는 것은 하나도 없었고 시바 여왕은 솔로몬의 건축물, 정치 제도, 제사를 지내는 관습 등 모든 것에 감동을 받고는 가져온 진귀한 선물들을 바치면서 솔로몬의 하느님을 찬미한다. 이에 솔로몬 역시 시바 여왕이 바친 선물 이상의 선물을 주었고 여왕은 시종들을 데리고 기쁜 마음으로 자기 나라로 돌아간다.2역대 9

성경은 시바 여왕과 솔로몬이 과연 사랑을 했는지 또 어떻게 이별을 했는지에 대한 언급이 없다. 아름다운 여성 술람밋과 솔로몬의 열렬한 사랑을 노래한 아가아가 7.1와는 사뭇 다른 사무적인 분위기이다. 특히 솔로몬은 파라오의 딸뿐 아니라 많은 외국 여자들을 사랑해서 주님의 경고를 어기고 우상들을 섬겨 주님의 진노를 샀던 사람이니 시바 여왕과도 정략적으로 결혼해서 영토를 넓힐 수도 있었다. 그러나 솔로몬과 시바는 서로 지혜를 견주고 선물을 주고받는 외교 관례 정도로만 끝냈다. 왜일까. 과연 솔로몬은 어떤 마음으로 아낌없이 많은 것을 주었던 시바 여왕이 자기 나라로 그냥 돌아가도록 내버려 두었을까. 또 시바 여왕 역시 솔로몬의 지혜에 그렇게 감탄하면서 어떻게 솔로몬과 헤어질 수 있었을까. 성경은 이와 같은 궁금증을 명쾌하게 풀어 주지는 않는다. 그래서 이들의 만남을 역사적 고증의 렌즈로 들여다보면 그 실체에 대한 해석만 분분하고 객관적인 진실이 무엇인지 결론을 내리기가 매우 어렵다. 역사적 사실을 따지는 대신, 시바 여왕과 솔로몬의 사랑을 심리학적으로 이해한다면, 오히려 후세 사람들이 배울 것이 더 많을 것 같다.

우선, 시바 여왕의 솔로몬의 지혜에 대한 호기심과 솔로몬의 시바 여왕에 대한 진심 어린 환대를 생각해 보자. 시바 여왕도 솔로몬 왕도 이 세상에서 부러울 것도 모자랄 것도 없는 이들이다. 어쩌면 자신들이 이 세상에서 가장 잘난 사람이라는 자기애적 상태에 빠질 수도 있었다. 그들은 다른 이가 나보다 더 지혜롭거나 더 많이 가졌다는 사실을 인정하지 않을 수도 있는 사람들이다. 사실 많은 젊은이들이 어떤 시점에서는 시바나 솔로몬이 서로를 만나기 전처럼 자기만 사랑하는 왕자와 공주의 단계에 머물 수도 있다. 처녀 총각 적에는 '어떤 역경도 다 잘 해낼 수 있다.' '남들에 비해 내가 특별히 빠지는 것이 없다.' '결혼 생활을 시작할 만큼 나는 충분히 어른스럽고 지혜롭다.'라는 자신감을 갖는 이들도 있다. 물론 짬짬이 과연 혼인 생활을 잘 해낼 수 있을까 하는 두려움과 회의가 생길 수 있겠으나 대체적으로는 결혼해도 되겠다는 낙관적인 생각이 있을 때 결혼을 결정하게 된다. 물론 아닌 경우도 있다. 그런 자신감이나 걸기는 전혀 없이 남들이 하라고 하니까, 그냥 어쩌다 보니, 결혼을 하게 되었다는 이들도 적지 않다. 사랑과 결혼에 대한 지나친 낙관주의 혹은 자기애나 아집에 빠져 자신과 다른 상대방의 인생을 존중하지 못한다면 오히려 결혼 생활이 순탄치 않을 것이다. 자신과는 다른 가치관, 자기의 성장 과정과는 다른 가족 문화에 대한 호기심과 포용적 태도는 자신의 신념과 가치관이 결코 '절대적으로' 옳지 않다는 겸손함에서 나온다. 상대방의 다름에 대한 포용적 태도가 없다면, 행복한 결혼 생활도 오래 지속할 수가 없다. 다른 관계도 마찬가지지만, 상대방을 자신의 동반자이지만 동시에 내가 모르는 것을 가르쳐 주는 스승으로 존중할 때 결혼 관계가 건강하게 유지된다.

그러나 실제 현실에서는 알게 모르게 상대방에 실망해서 "과연 내가 이 결혼을 유지할 수 있을까?"하고 좌절감을 느낄 때가 누구에게나 온다. 포기할 것은 빨리 포기할 수도 있겠지만 그렇지 못할 때면 과연 이 결혼 생활을 계속해야 하나 회의할 수도 있을 것이다. 인내심 있게 이런 과정을 거쳐서 성숙한 사랑을 끝까지 끌고 가는 이들은 상대방을 지배하거나 집착하지 않으면서도, 신뢰와 믿음을 잃지 않는다. "지금은 좀 헤매지만 결국엔 잘 해낼 것이다. 나와는 다른 점이 많지만 그래서 더 배울 점이 많다."라고 참을성 있게 차이를 인정하는 것이다.

그렇다면 시바 여왕과 솔로몬이 서로 선물을 교환하고 사랑을 나눈 후, 다시 각자의 길로 갔다는 사실은 어떤 의미일까. 사실 누군가를 사랑하게 되면 처음에는 무엇이든 다 좋아 보이고 무엇이든 같이하면 다 잘될 것 같다. 물론 그런 낭만적인 열정의 단계가 없는 사랑은 뭔가 부족한 듯 보인다. 그러나 시간이 지나 그 같은 정열이 식으면서 사랑의 관계가 권력 다툼의 관계로 변질되면 매혹이 큰 만큼 증오와 실망감도 크다. 주도권 다툼에 빠져 사랑과 존경 없이 날마다 극단적인 부부 싸움을 하느라 아까운 세월과 에너지를 낭비하는 부부들이 의외로 많다. 성경 기자가 묘사하는 시바와 솔로몬은 적절한 시기에 다시 자기의 길을 감으로써 그와 같은 함정을 확실하게 피했던 것 같다. 물론 그렇다고 모든 부부들이 언젠가는 인위적으로 헤어져야 한다는 뜻이 아니다. 그보다는 만나서 헤어지기까지 서로 집착하지 않고 상대방이 자기의 길을 가도록 도와주자는 상징적인 의미로 해석해 보자는 말이다.

아무리 없으면 죽고 못 산다는 부부도, 언젠가는 둘 중 하나가 먼저 죽기 때문에 헤어지기 마련이다. 지구상의 어떤 존재나 관계도 영원하지 못하다는 사실을 염두에 두고, 과연 상대와 내가 얼마나 앞으로 함께 시간을 보낼 수 있는가 셈해 본다면, 한참 치열하게 싸우다도 조금 여유를 갖고 상대를 바라보게 되지 않을까?

결혼의 심리적인 의미를 압축해서 보다 구체적으로 보여 주는 대목은 신약성경의 가나의 혼인 잔치이다. 가나의 혼인 잔치 속에 숨어 있는 심리적 상징은 결혼의 심리를 이해하는 데 매우 도움이 될 것 같다. 예수가 공생활을 하면서 처음으로 남긴 기적의 공간이 결혼식장이라는 점 또한 의미심장하다. 어쩌면, 결혼 생활이 성공적으로 수행되는 것 역시 하나의 기적이라고 할 수 있을 만큼 사실은 매우 어렵다. 예수의 가족들이 초대받은 결혼식에 포도주가 떨어진다는 설정은 결혼을 하게 되면 언제든 당황스럽고 힘든 상황에 처할 수 있다는 사실을 상징적으로 보여 준다. 당연히 사람들이 우왕좌왕했겠지만, 마리아는 의연하게 일꾼들에게 예수님께서 시키는 대로 하라고 말한다. 이에 예수님은 정결례에 쓰는 물독의 물을 포도주로 바꾸어 놓는다.요한 2,5-10 물을 포도주로 변환시키는 기적은 우리가 기적을 어떻게 이해해야 할지에 대한 설명이 될 수 있다. 포도주는 포도를 수확해서 발효될 때까지 많은 수고로움이 필요하다. 즉 참을성을 갖고 포도나무가 자라 포도가 열릴 때까지 기다려야 한다. 거기에서 그치지 않고, 수확한 포도를 적당한 온도와 조건에 두어, 화학적으로 변화하는 과정을 거친다. 만약 포도가 끝까지 원래의 물리적 성질을 포기하지 않고 포도로 남아 있다면 절대로 맛 좋은 포도주가 될 수 없다. 또, 적당한 환경이 주어지지 않는다면, 부패하든지 시어 빠진 식초가 될 것이다. 이처럼 결혼 생활도 사랑이 담긴 세심한 노력과 참을성 없이는 부패하거나 시어 버릴 수도 있다.

결혼 생활을 시작할 때 많은 사람들이 나름대로의 계획을 세우고, 이런저런 희망을 품게 된다. 그래서 상대방이 자신의 그런 생각에 맞추어 주었으면 하고 바란다. 자신이 그렇게 희망하는 만큼 상대방 역시 전혀 다른 바람을 갖고 있다는 것을 미처 생각하지 못하는 것이다. 아내는 남편이 자신이 원하는 모든 것을 편하게 해 줄 수 있는 왕자님 같은 존재라 생각하고, 남편도 아내가 마치 우렁각시처럼 자신이 원하는 대로 자신의 뒷바라지를 해 줄 것이라 기대한다면, 그 커플은 행복하지 못할 것이다. 이렇게 결혼이란 자신이 생각하는 이상과 믿음을 일관성 있게 구현하는 기회가 아니라, 오히려 자신이 가졌던 이상, 믿음, 결혼에 대한 기대를 결국 끊임없이 깨고, 포도가 포도주가 되듯 새롭게 변화하는 힘들고 때론 아픈 과정을 거쳐야 한다.

"아내의 몸은 아내가 아니라 남편의 것이고, 마찬가지로 남편의 몸은 남편이 아니라 아내의 것입니다. 서로 상대방의 요구를 물리치지 마십시오."1코린 7,4라는 구절을 상대의 인격을 무시하고 맘대로 휘두를 때 잘못 인용하는 사람들이 있다. 그러나 여기서 상대방에게 내 몸이 속한다는 말은 한쪽이 일방적으로 종으로 살라는 말이 아니라 서로를 더 소중하게 보듬으라는 뜻이다. 특히 권위적인 사도 바오로가 "…… 그러나 그렇게 합의해도 괜찮다는 뜻이지 명령하는 것은 아닙니다. …… 이 사람은 이런 은사, 저 사람은 저런 은사, 저마다 하느님에게서 고유한 은사를 받습니다."1코린 7,7라고 융통성을 보이면서 결혼 생활의 방식에 대한 개성을 인정한 것 역시 의미심장하다.

불륜 문제 때문에 골머리를 앓던 초기 기독교 사회뿐 아니라 현대에도 결혼과 관련된 큰 이슈 중 하나가 외도 문제이다. "남을 심판하지 마라. 그래야 너희도 심판받지 않는다."마태 7,1; 루카 6,37 같은 구절이나 죄 많은 여자가 예수님의 발치에 앉아 눈물로 예수님의 발을 적시고 자신의 머리카락으로 발을 닦고 입을 맞추고 향유를 발라 드리자 그 여자가 큰 사랑을 드러낸 것이라 여기고 용서하신 장면루카 7,36 역시 외도와 관련되어 이런저런 죄의식을 안고 가는 이들에게 큰 위로가 되지 않을까 싶다. 이미 언급했듯이 정신과 의사들 중에는 일부일처제가 반드시 생리적으로 합목적적인지에 대해 의문을 갖는 이들도 있다. 또 문화에 따라 여러 가지 가족 형태가 있다. 하지만 우리가 현대의 한국에서 살고 있는 이상, 공동체의 합의에 따라 서로 약속한 계약은 가능한 파기하지 않는 것이 불필요한 사회적 혼란을 예방하는데 도움이 될 것이다. 그러나 선진국에선 이미 혼외 자녀의 비율이 50%가 넘고, 프랑스에서는 대통령조차 동거녀를 두고 또 다른 애인을 만나기도 하는 걸 보면, 우리나라 역시 좀 더 개방적인 혼인 관계로 변하지 않을까 하는 생각을 해 본다.

  세상에 똑같은 사람이 없듯이, 부부라고 해서 두 사람이 결코 같을 수가 없다. 부부가 자기들에게 맞는 결혼 생활의 방식을 머리를 맞대고 끊임없이 찾으려는 노력이 결실을 이루려면, 제일 중요한 것은 자아에 대한 집착, 고집, 오만함을 버려야 한다는 점이다. 즉 미숙한 자아 콤플렉스에 사로잡혀 있는 한, 숙성된 결혼의 과실을 맛볼 수는 없다.

새로운 가정의
대안으로서 친구 관계

**"나를 불편하고 불행하게 만드는 친구들이 역설적으로 내게는 좋은 스승이다.
그들이 내 무의식을 건드리면서,
내가 애써 외면했던 부분들이 의식으로 드러나기 때문이다."**

말이 분가이지, 제 부모님과 아내는 항상 신경을 곤두세우며 서로 으르렁거리며 살고 있습니다. 부모님들은 며느리가 손 하나 까딱 안 한다고 서운해하시고 며느리는 시부모가 보태 주는 것 없이 잔소리만 한다고 싫다 하네요. 중간에서 정말 괴롭습니다. 그래서 저는 점점 더 바깥으로 돌게 됩니다. 친구들과 이야기를 나누면 속이 훨씬 편해지지요.

이혼과 별거로 가정이 붕괴되거나 아예 성인이 되어도 결혼을 하지 않는 젊은이들이 늘어나면서 전통적인 가족 구조에도 큰 변화가 일어나고 있다. 임상뿐 아니라, 일상에서도 혼자 살면서 필요할 때만 친지나 부모 형제를 만나는 이들이 많은데, 그들 대부분은 가족들과 얽혀 사는 것보다 혼자일 때가 오히려 편하다고 말한다. 간섭받는 것이 싫고 자기 공간과 시간을 엄격하게 지키고 싶어 하는 이들에게는 가족이라는 제도가 오히려 억압으로 작용할 수도 있다. 보수적인 관점으로 보자면, 전통적인 의미의 가정을 이루지 않는 사람들이 이상해 보인다. 하지만 당사자 입장을 자세히 들어 보면 왜 가정을 꾸리기를 망설이는지 충분히 이해가 되는 경우가 대부분이다. 예컨대 어려서 부모님이 너무 자주 싸우고 불행했기 때문에 행복한 부부 관계를 상상도 할 수 없다고 하는 이들, 대가족끼리 엉켜 붙어 싸우는 속에서 자라 결혼이란 제도 자체에 대해 회의를 하는 이들이다. 가족이라면 지긋지긋해서 차라리 혼자 살겠다는 것이다. 이혼한 부모님들이 서로 헤어지는 과정을 보면서 나도 그렇게 될까 봐 결혼을 미루는 이들도 있다. 그래서 아예 결혼을 하지 않겠다는 것이다. 남들은 알 수도 없고 차마 말할 수 없는 결혼하지 않는 속사정들이 있는 것이다. 하지만, '나 홀로 가정'은 건강할 때는 괜찮은데 질병이나 사고 등으로 예측할 수 없는 일이 벌어질 때 문제가 된다. 기러기 아빠, 이혼해서 혼자 사는 사람, 독거노인 등이 죽은 후 한참 만에 시신이 발견되었다는 기사들이 종종 등장하는 것도 일인 가족이 증가하는 추세와 맞물린다.

그러면 결혼하지 않은 이들에게는 과연 가족이 없는 것일까? "불행할 때 형제의 집으로 가지 마라. 가까운 이웃이 먼 형제보다 낫다." ^{잠언 27,10}라는 조언처럼 혼자 사는 이들에게는 친구나 다른 공동체의 구성원이 대체 가족이 될 수 있다. 끈끈한 혈연관계와는 달리 상대방에 대한 기대치가 그리 높지 않으니 조금만 잘해 주어도 훨씬 더 고마운 마음이 든다. 혹시라도 사이가 틀어지면 안 보면 그만이니 아주 큰 상처를 오래 받지 않아도 된다. 위계질서 안에서 누가 더 위고 누가 아래인가를 따지며 예의에 얽매일 필요가 없으니 동등하고 민주적으로 잘 지낼 수도 있다. 하지만, 현실에서는 일단 이해관계가 얽히면서 철저히 원수가 되는 경우도 적지 않다. 특히 요즘과 같이 경제가 안 좋아 인심도 팍팍하고 서로 시비가 붙기 쉬울 때는 더욱 그렇다. 혈연이나 부부는 미우나 고우나 내 핏줄이라며, 결코 용서할 수 없는 것들도 잊어버리고 살을 맞대고 살지만, 친구끼리는 그렇게 서로를 용서하기가 참 어렵다.

하느님과의 관계가 가장 중요한 주제인 성경에는 친구를 어떻게 사귀느냐에 대한 구체적인 조언들이 자주 등장한다. 예컨대 구약성경의 집회서는 좋은 친구를 만드는 방법, 또 좋은 친구인지 아닌지를 가려내는 방법 등을 자세하게 알려 준다. "부드러운 말씨는 친구들을 많게 하고……. 너와 화목하게 지내는 친구들을 많이 만들되 조언자는 천 명 가운데 하나만을 골라라. 친구를 얻으려거든 시험해 보고 얻되 서둘러 그를 신뢰하지 마라. 제 좋을 때에만 친구가 되는 이가 있는데 그는 네 고난의 날에 함께 있어 주지 않으리라. 원수로 변하는 친구도 있으니 그는 너의 수치스러운 말다툼을 폭로하리라. …… 그는 네가 잘될 때에는 너 자신인 양 행세하고…… 네가 비천하게 되면 그는 너를 배반하고 네 앞에서 자취를 감추리라. …… 원수들을 멀리하고 친구들도 조심하여라. …… 성실한 친구는 생명을 살리는 명약이니 주님을 경외하는 이들은 그런 친구를 얻으리라."집회 6,5-16

그러나 실제로 신앙심이 깊고 사람이 좋다고 나쁜 친구가 파 놓은 함정이나 친구 때문에 느끼는 실망감, 모멸감으로부터 완전히 자유로울 수는 없다. 신앙심이 깊고 착하게 산 욥 같은 이도 막상 곤경에 빠지니 친구들이 찾아와 도움을 주기는커녕 설교만 잔뜩 늘어놓아 가뜩이나 힘든 욥의 마음을 할퀴기만 한다.욥 3장-32장 비탄에 빠진 욥에게 필요한 것은 비난과 훈계가 아니라, 고통을 함께하는 사랑이었건만, 잘나고 고귀한 욥의 친구들은 고난에 처한 욥을 보면서 오히려 자신들의 우월함만을 확인하려고 한 것이다.

반면에 요나탄과 다윗의 우정은 비장하리만큼 아름답게 빛난다. 사울의 아들 요나탄은 다윗의 인간됨을 믿고 사랑하였기 때문에 다윗을 죽이려는 사울의 계획을 미리 알려 주고 몸을 피하게 도와준다. 아들이 다윗의 편에 섰다고 생각한 사울은 심지어 요나탄을 죽이려고 창을 던지기도 한다. 요나탄은 자신의 목숨을 걸면서까지 아버지에 반대해 친구의 편에 선 것이다.1사무 19,1-7; 20,1-42 우선은 부모와 가정을 최우선으로 생각하는 유교적 입장에서 보면 요나탄의 태도는 문제가 있다. 특히 다윗이 아무리 훌륭한 사람이고 아버지 사울이 아무리 사악한 사람이라 해도, 아버지를 배신하면서까지 친구를 도와준다는 것은 상식적인 선에서는 이해가 되지 않는 일이다. 요나탄이 다윗의 편에 선 것은 다윗이라는 사람 그 자체를 좋아하고 우정에 목숨을 걸었기 때문이 아니다. "주님께서 나와 자네 사이에, 내 후손과 자네 후손 사이에 언제까지나 증인이 되실 것이네."[1사무 4,2]라고 말한 것처럼, 집안의 운명, 친구 사이의 우정을 넘어서는 '주님과의 성스러운 계약'에 삶의 중심을 두지 않았다면 생명을 잃고 가문과 집안이 풍비박산이 나게 되는 순간, 그와 같은 중요한 결단을 내리지는 못했을 것이다.

그러나 주님은 사람들이 위대한 하느님의 비참한 노예가 되어 로봇처럼 시키는 일을 따라 하는 것을 원하지는 않으신다. 오히려 아브라함이 하느님의 벗[이사 42,8]이었음을 환기시키면서, 인간과 위대한 신과의 관계가 마치 벗의 관계처럼 돈독했음을 강조한다.

한 걸음 더 나아가, 사람의 아들인 예수님은 스스로를 "먹보요 술꾼이며 세리와 죄인들의 친구"[마태 11,19]라고 강조할 뿐 아니라 특히나 예수님을 팔아넘기려고 했던 유다까지 친구라고 부르신다.[마태 26,50] 다만, 예수님과 친구가 되기 위한 조건은 매우 명확하다. "내가 너희를 사랑한 것처럼 너희도 서로 사랑하여라. 친구들을 위하여 목숨을 내놓는 것보다 더 큰 사랑은 없다. 내가 너희에게 명령하는 것을 실천하면 너희는 나의 친구가 된다. 나는 너희를 더 이상 종이라고 부르지 않는다. 종은 주인이 하는 일을 모르기 때문이다."[요한 15,12-15] 예수님이 하는 일을 '알고' 예수님이 원하는 것, 즉 사랑을 실천하라는 주문이다.

상담을 하다 보면, 가족뿐 아니라 친구나 동료들 때문에 받은 상처와 고민을 가지고 오는 이들이 적지 않다. 믿었던 친구에게 배신당했거나 친하게 지내던 친구가 갑자기 잘살게 되면서 자신을 무시하거나 혹은 모멸감을 준 일 때문에 몹시 괴로움을 느낀다. 남들은 "까짓것, 안 만나면 그만 아니냐."고 간단하게 말할지 모르지만 당사자로서는 가슴 어딘가에 구멍이 난 것처럼 아프고 허전하다.

　분석심리학적으로 보자면, 친구와의 갈등은 어린 시절 형제간의 갈등을 재현하는 것이라 볼 수 있고 또 남과의 경쟁에서 맛보는 열등감, 자신감의 상실을 의미하기도 한다. 또 친구들은 자아를 보충하고 대리해 주는 역할 즉 자아의 대안Alternative Ego으로 작용하기도 한다. 어떤 친구와 다니느냐에 따라 자신의 가치가 좌우되고 자신의 소속감과 정체성을 찾기도 한다. 영화 「리플리」로 리메이크 된 알랭 들롱 주연의 「태양은 가득히」도 부잣집 친구를 부러워하다 그를 죽이고 친구의 삶을 대신 살게 되는 설정이 등장한다. 헤르만 헤세의 『데미안』에도 이런 미묘한 우정과 경쟁 심리가 잘 묘사되어 있다. 부자 혹은 소위 상류층을 지향하는 사람일수록 자신이 이러이러한 중요한 사람과 친구라는 사실을 강조하면서 은근히 그렇지 못한 사람들을 깔보기도 한다.

　아마 그들은 예수님처럼 세리와 창녀와 이방인들이 자신의 친구라고 말하는 사람을 주위에서 만난다면 '한심하다' '저질이다'라고 비아냥거리면서 자신은 이른바 '상류층'에 속한 아주 중요하고 잘난 사람이라는 점을 무척이나 강조할 수도 있다. 이처럼 자아의 고유한 정체성은 찾지 못하고 어떤 집단에 빌붙어서, 인생을 묻어 가려는 미숙한 동조성Conformity은 집단 무의식에 사로잡힌 콤플렉스에서 나온다. 그것은 열등감에서 비롯되며 누군가 혹은 어떤 집단에 기대어 약하고 무능한 자기 자신을 감추려는 모습이다. 이른바 강남 상류층 모임이라는 '다복회' 같은 계모임, 각종 정치 집회, 이익 집단들의 이합집산에 따른 추악한 끝도 이런 집단적 권력 콤플렉스의 산물이 아닐까 생각한다.

세상의 천박한 인심은 힘없고 빈곤한 사람들은 무시하면서 멀리하고 권력을 갖고 부유하면 가까이 하면서 친구 하자고 알짱댄다. 그러나 세속을 뛰어넘는 신앙은 "(돈이 없다고) 이웃을 업신여기는 자는 죄를 짓는 사람이고 가난한 이들을 불쌍히 여기는 이는 행복한 사람이다."^{잠언 14,20-21}라고 가르친다.

어떤 친구들과 집단을 이루고 있느냐 하는 문제는 상담을 하면서 자주 등장하는 중요한 이슈다. 그러나 복잡한 친구끼리의 관계란 결코 간단하게 처방할 수 있는 문제가 아니다. 특히 친구 중의 누군가가 불편하게 느껴질 때, 경멸하는 마음이 들 때, 또는 괜스레 그 앞에 가면 주눅이 들 때, 주는 것 없이 미울 때 등등 무언가 편하지 않다면, 일단 자신의 무의식에 있는 심리적인 문제들을 깊이 고려해 보아야 한다. 내가 갖지 못한 것을 지니고 있는 이들, 혹은 내가 평소에 의식적으로 평가절하 하려는 것을 가지고 잘사는 이들은 이른바, 내 무의식의 그림자^{Shadow}일 가능성이 높다. 그런 그림자가 내 의식과 무의식에 어떤 영향을 미치느냐에 대한 이해 없이는, 내 분열된 인격의 통합을 경험할 수는 없다. 그런 의미에서 나를 불편하고 불행하게 만드는 친구들이 역설적으로 내게는 아주 좋은 스승이 되는 것이다. 그들이 내 무의식을 건드리면서, 내가 아프게 애써 외면했던 부분들, 자신에게는 없는 것이어서 부정하거나 폄하했던 부분들이 의식으로 드러나기 때문이다.

자신의 목숨을 잃게 만든 유다와 랍비, 예언자로서 존경받는 자신과는 정반대의 길을 가는 비천하다고 경멸당하는 세리와 창녀들을 자신의 친구로 삼았던 예수님의 족적이 통합되고 개성화Individuation[9]된 자기Self의 현현이라고 심리학자들이 분석한다. '누구를 친구로 삼을 것인가.' 그리고 '그 친구들과 어떻게 지낼 것인가.' 하는 의문이 들고 혼란스러울 때 간음한 여자, 키 작은 사람, 나병 환자, 하혈로 아프고 냄새나는 보잘것없는 여인, 뿌리 뽑힌 이방인, 심지어는 자신을 배반한 유다까지 낙오된 이들을 진심으로 사랑했던 예수의 흔적을 더듬어 가는 것도 좋을 것 같다. 세상의 낙오자들을 사랑하여 그들의 '친구'가 되었던 예수의 삶은 가족을 뛰어넘는 공동체적 사랑에 대한 하나의 모범이다.

....

9) 융 심리학에서 말하는 개성화란, 유행에 따라 외모를 잘 꾸민다는 식의 '개성'과는 전혀 다른 개념이다. 흔히 말하는 '개성적'이란 말이 자신의 아름다움을 잘 나타내기 위해, 최신 유행하는 패션을 어떻게 잘 소화하는가라고 한다면, 융 심리학의 '개성'은 시류에 흔들리지 않고, 진짜 자신이 원하는 것이 무엇인지 찾아내어, 내적인 보람을 느끼고, 한 걸음 더 나아가 다른 사람들과의 관계에서도 보다 창조적으로 자신의 목소리를 낼 수 있는 경지를 말한다.

심성의 뿌리……
고향을 찾아서

**"고향을 찾는 마음이 단순히 좋았던 어린 시절의 향수나
떠나옴에 대한 죄의식이 아닌 본래의 자기를 찾는 마음으로 확장되기 위해서는
깊은 심리적 통찰이 필요하다."**

쫓겨나는 기분으로 고향을 떠났습니다. 망나니 같은 아버지와 그 아버지를 버리고 떠난 어머니 때문에 저도 덩달아 후레아들로 보는 눈초리가 싫었습니다. 다른 사람들은 고향이라고 하면 힘들면 찾아가 기대고 싶은 곳이라고 하지만, 제게 고향은 끔찍한 기억들만 가득한 곳입니다. 그렇다고 타향이 제 마음을 편하게 하는 곳이겠습니까? 저는 어딜 가도 마음의 안식처를 얻지 못하는 것 같습니다.

추석과 설이 되면 우리나라와 중국에서는 귀성 행렬이 장관이다. 그러나 고향으로 돌아가고 싶은 마음은 꼭 동양인에게만 있는 독특한 심성은 아니다. 서양에서도 추수감사절이나 크리스마스 같은 명절

이면 고향을 찾는 이들 때문에 교통 체증을 겪기도 한다. 다만 유목 생활에 길들여진 서양인들보다는 일찍 농경문화에 정착하게 된 동양인들의 고향 회귀본능이 조금 더 도드라진 편이 아닌가 싶다. 특히 빠른 산업화로 농촌이 해체되고 많은 인구가 도시로 유입이 되었기 때문에 한국, 중국인들의 설이나 추석의 대규모 귀성 행렬은 일종의 독특한 문화적 현상처럼 보인다.

인간의 본성에 내재된 공통적인 심리 현상을 들여다보면 모든 사람들에게는 고향을 떠나 자신의 영웅적 행적을 시작하는 심리와 본래 태어난 곳으로 다시 돌아가려는 귀소본능이 있다. 예컨대 가장 오래된 서사시인 바빌로니아의『길가메시 서사시』도 주인공이 고향을 떠나 갖은 고생을 하면서 여러 곳을 전전하다 다시 고향으로 돌아오는 구조이다. 우리나라의 가장 오래된 소설『구운몽』역시 주인공 성진이 선녀를 만나 다양한 인생을 경험하지만, 결국 꿈이 깨어 자신이 원래 속했던 연화도량으로 돌아오는 줄거리이다. 잘 알려진 소설 메테를링크M. Maeterlinck의『파랑새』나 봄L. F. Baum의『오즈의 마법사』의 기본 플롯도 고향을 떠나 방황하다 주인공들이 다시 본자리로 돌아오는 것이다.[10]

성경에서도 모세오경의 핵심 주제는 하느님이 원래 내려 주신 젖

---

10) 이를 융 심리학에서는 유로보로스(Uroboros)라고 말하기도 한다. 뱀이 자신의 꼬리를 잡아먹는 형상의 이미지와 가장 유사한데, 원래의 자리로 돌아오지만, 결코 처음의 순진한 상태가 아니라, 보다 성숙한 새로운 자아로 고향을 돌아오는 장면과 유사하다.

과 꿀이 흐르는 고향으로 돌아가는 과정이다. 이스라엘 민족이 고향을 떠나게 된 시발은 요셉이 질투하는 형들의 음모로 이집트에 노예로 팔려갔기 때문인데, 이런 비슷한 상황은 꼭 이스라엘 사람뿐 아니라 고향을 떠나는 모든 사람들이 정도의 차이는 있지만 겪는 일이다. 만약 고향이 한없이 편하고 행복하기만 하다면, 아무도 고향을 떠나려 하지 않을 것이다. 하지만 실제로는 고향을 떠나야만 하는 이유는 많다.

태어나고 자란 곳을 떠나는 이향離鄕 현상은 꼭 지리적인 이동으로만 볼 것이 아니다. 한 걸음 더 들어가면 심리적인 '떠남'과 '독립'을 의미하는 것이다. 즉 모든 인간은 일단 나이가 차면, 익숙한 곳을 떠나 새로운 장소로 가서 크고 작은 고난과 곤경을 겪어야 진짜 성인이 될 수 있다. 환자들과 상담하다 보면, 에덴동산처럼 편안했던 어린 시절과는 달리 성장한 후에는 너무 힘들고 어려운 일들을 겪으면서 지치고 절망하는 상황에 처하게 되었다고 이야기하는 이들이 많다. 이때 모세와 이스라엘 사람들이 엄청난 고난을 겪으면서 이집트를 탈출하고 광야에서 만나를 먹으며 겪었던 사십 년 세월을 환기시키면 적지 않은 위로를 받기도 한다. 또한 바오로와 같은 사도들이 "주리고 목마르고 헐벗고 매 맞고 집 없이 떠돌아다니며"[1코린 4,11] 겪은 고초를 같이 생각해 보자고 하면 당면한 괴로움을 견디는 힘을 얻기도 하는 것 같다.

이와는 반대로, 가고 싶어도 갈 수 있는 고향이 없는 이들에게도 성경 속의 인물들이 겪는 이산과 이향을 환기시킨다. 북쪽에 고향을 두고 온 실향민들은 물론, 고향에서 무시당하고 설움받은 이들, 혹은 철거민이나 토지 몰수 등으로 쫓겨난 이들, 또 아무도 남아 있지 않아 찾아갈 고향마저 상실한 이들이 사실은 많다. "탐이 나면 밭도 빼앗고 집도 차지해 버리고……임자와 그 재산을 유린"미카 2,2하는 이들은 구약 시절부터 현대까지 항상 존재했다. 또한 어려운 환경 때문에 성공하고 나서도 고향에서는 무시당하고 조롱받아 고향을 찾지 못하는 이들도 있다. 그런 이들에게 "예언자는 어디에서나 존경받지만 고향과 집안에서만은 존경받지 못한다."마태 13,57; 루카 4,24라는 구절은 큰 힘이 될 수도 있겠다.

고향을 떠난다는 것은 사실상 안정된 가족과 익숙한 환경이 붕괴되고 대신 파편화된 개체로서의 자아만 도시에서 떠돌게 되는 것을 의미하기 때문에 아노미, 즉 정신적·육체적 소외에 빠지기 쉽다. 또한 고향이란 공간은 자연, 혹은 인간의 본래의 모습을 상징하는 것으로, '이향(고향을 떠남)'은 우리 몸 역시 본래의 자연스럽고 건강한 상태에서 벗어나는 것으로 해석할 수도 있다. 쉽게 말하자면 흙을 밟고 물을 만지고 짐승, 벌레, 식물과 같이 공존할 수 있을 때 원래 인간의 자연스러운 본성으로부터 소외되지 않는다는 것이다.

고향을 찾는 마음에는 두고 온 부모에 대한 죄의식과 퇴행 욕구도 숨어 있다. 도시에서 긴장하고 살다가도 부모님 앞에서는 다시 어린애가 되어 이것저것 잔뜩 받아 오는 이들이 있다. 또 반대로 명절이라도 부모님을 찾아뵈어야 마음의 짐이 좀 가벼워진다고 말하는 사람도 있다. 일찍 부모를 모두 여읜 까닭에 부모님에 대한 그리움을 평생 안고 살았던 공자는 늙은 부모가 있다면 먼 곳으로 떠나지 말아야 한다고 명시했다. 유교적 정서에 익숙한 한국인들에게는 부모님에게 힘든 농사일을 맡기고 고향을 떠나왔거나, 또 늙은 부모님 곁에 머물면서 효도를 하지 못했다는 유교적 죄의식이 깊게 자리 잡을 수 있다.

하지만 성경에는 아담과 하와가 에덴동산에서 내침을 당한 이후, 아브라함도, 룻도, 이스마엘도, 이사악도, 야곱도, 요셉도, 그리고 마지막으로 예수님조차 고향을 떠나서 새로운 삶을 찾는다. 이른바 모두 '떠남'의 주인공들이다. 동양 정신의 뿌리를 유교에서, 서양 정신의 뿌리를 기독교에서 찾는다면 고향과 부모를 바라보고 찾는 태도 역시 상반되었다는 느낌을 받게 될 것이다. 그래서 효도와 자기 뿌리를 찾기보다는 자신의 개인적인 삶을 더 강조하는 서양의 사고방식에 거부감을 갖는 이들도 적지 않다.

과연 어느 쪽이 더 성숙하고 바람직한지에 대해서는 꼭 일반화해서 결론지을 필요는 없다. 똑같이 고향을 찾아나서더라도, 자신의 개성화 과정과 사회에 대한 공헌의 의미를 지향하는 이들이 있는가 하면, 반대로 어린아이처럼 퇴행해서 영원히 부모님과 분리하지 못하고 공생 관계Symbiosis에 빠져 있거나, 내 고향 식구만 챙기는 배타적인 이들도 문제다. 고향과 부모를 떠나 자신만의 영웅적 여행을 떠나는 이들도 물론 있지만, 영원히 뿌리 뽑힌 사람으로 어디에도 자리 잡지 못하고 자기 소외에 빠져 의미 없이 부유하는 이들도 있다.

정신분석학에서는 고향으로 다시 돌아가는 것을 영원에의 회귀, 혹은 우로보로스Uroboros라고도 설명하기도 한다. 고향을 떠나 힘들고 영웅적 삶을 살게 되었더라도 원래 나고 자랐던 자리로 돌아가고 싶어하는 마음을 아름다운 도덕심의 발현이라기보다는 사람들의 자연스러운 본능이라고 보기 때문이다. 그러나 단순히 본능의 욕구에 머물고 어린 시절의 파라다이스 같은 고향만 추억하고 있다면 진정한 개성화 과정을 성취할 수는 없다.

"내가 세상에 평화를 주러 왔다고 생각하지 마라. …… 아버지나 어머니를 나보다 더 사랑하는 사람은 나에게 합당하지 않다. 아들이나 딸을 나보다 더 사랑하는 사람도 나에게 합당하지 않다."마태 10,34-37; 루카 12,51-53라는 말씀은 세속의 고향, 본능적으로 혈연과 고향에만 집착할 때, 오히려 자기 자신을 잃어버릴 수도 있다는 경고처럼 들린다. 혈연과 지연으로 얽어진 가족이 아니라 "하늘에 계신 내 아버지의 뜻을 실행하는 사람이 내 형제요 누이요 어머니다."마태 12,50라는 선포는 연고, 지역, 인맥과 학맥에 얽혀 배타적인 집단주의에 빠진 현대인들에게도 여전히 유효한 충고이다.

엄밀한 의미에서 대부분의 현대인은 대부분 고향을 잃어버린 셈이다. 전통적인 관습은 계속 파괴되고 버려지며, 평화롭고 아름다웠던 마을은 산업화로 인해 과거의 흔적을 찾기 힘들게 되었다. 어릴 적 친구들은 다 뿔뿔이 흩어져, 명절이 되어도 얼굴조차 보기 어렵다. 부모 자식 관계도 전통적인 모습과는 많이 다르다. 현대인들은 이처럼 고향이 파괴되어 가는 상황에서 점점 더 자기 본래 마음과의 끈을 놓아 버리고 심리적인 아노미를 겪고 있다. 결국 본래 나의 중심인 '참 자기Self'를 만나기란 점점 더 힘들어진다는 뜻이다.

고향을 찾는 마음이 단순히 좋았던 어린 시절의 향수나 떠나옴에 대한 죄의식과 후회에서 기인하는 것이 아닌, 본래의 자기를 찾는 마음으로 확장되기 위해서는 깊은 심리적 통찰이 필요하다. "예언자는 어디에서나 존경받지만 고향과 집안에서만은 존경받지 못한다."마태 13,57라는 말씀을 다시 한번 보자. 진정한 고향은 어린 시절, 철없이 뛰어놀던 아름다운 추억 속의 고향이 아니다. 그런 천당 같은 고향은 어쩌면 이제는 세상 어디에서도 찾을 수가 없다. 대신, 고향을 잃어버린 현대인의 상실감을 "전능하신 주 하느님과 어린 양이 도성의 성전"묵시 21,22이라는 말씀 한마디가 채워 주어야 하는지도 모른다. 내가 사랑하는 주님과 함께라면, 어디에 묵고 머물러도 거기가 고향일 수 있다는 말이다.

이렇게 세속의 고향과는 전혀 다른 새로운 고향을 찾아가려면 "하느님의 강한 손 아래에서 자신을 낮추고……모든 걱정을 그분께 내맡기며……정신을 차리고 깨어"1베드 5,6-8있어야 한다. 그래야 마음속의 고향을 발견하는 것이다. 그러나 우리는 지금도 '방황하는 화란인(네덜란드인의 음역)'처럼 쓸데없이 너무나 많은 걱정과 불안에 휩싸여 산다. 안락하고 평온한 고향을 떠나 낯선 곳으로 향하면서도 마음의 평화와 에너지를 잃지 않을 수 있었던 역사 속의 탁월한 성인과 선교사들의 비밀을, 평범한 사람들이 어떻게 알 수 있겠는가. 그나마 내가 가진 소소한 것들을 잃을까 두렵고 불친절한 낯선 타향 사람들에 대한 의심과 분노로 타향에서의 하루하루가 고달프고 무서울 수도 있다. 그럴 때마다 '하느님의 품'이라는 새로운 고향의 이미지가 우리 마음에 그득할 수 있기만 기원할 뿐이다.

Part 3

분노와 미움으로
마음이 병들어 갈 때

이 타오르는
분노의 마음을 어찌하랴

**"우리가 분노의 대상에서 진심으로 자유로워질 때는
그 대상을 온전히 용서한 후이다."**

정말 화가 납니다. 날 이렇게 형편없이 키운 부모님에게 화가 나고 내 인생을 망친 배우자에게 화가 나고 불공평한 이 사회에 화가 나고 내 주위의 모든 사람에게 화가 납니다. 왜 세상은 이렇게 엉망진창입니까? 왜 나만 이렇게 피해를 봐야 합니까? 이런 개 같은 세상을 만든 존재가 있다고요? 하느님이 그런 분이시라고요? 만약 하느님께 무언가를 말하라면 원망밖에 할 말이 없습니다.

항상 마음의 평화를 누리고 화를 내지 않고 살 수 있다면야 물론 좋겠지만 살다 보면 크고 작은 일에 화가 나는 순간들이 누구에게나 찾아온다. 소소하지만 기분 나쁜 일이 자꾸 되풀이된다든가, 혹은 크고 작은 불행들이 겹치는 상황이 되면, 잘 참다가도 어느 시점에서 욱하고 성질을 내서 낭패를 볼 때도 있다. 어쩌다 보니 일이 복잡하게 번져, 화 한번 냈다가 크게 대가를 치르게 되는 것이다. 물론 누구라도 끔찍하게 느낄 만한 불행과 부조리한 상황 때문에 분노의 감정을 삭이지 못해 오랜 세월 증오의 마음에 사로잡히는 경우도 있을 것이다.

그날이 그날 같은 일상에서 작은 일에도 감사하고 주변 사람들을 사랑하면서 살 수 있다면 정말 좋겠지만, 우리는 사람이기에 자기도 모르게 분노와 증오심의 노예가 되는 경우가 있다. 그렇게 되면 어렵사리 이룬 마음의 밭, 가족이나 이웃과 일군 아름다운 숲이 단번에 타 버릴 수도 있다. 재산 다툼으로 상대에게 총을 쏘고 칼을 휘두르는 형제들, 변심한 애인을 찾아가 무참하게 복수하고 살해하는 사람들, 해고당한 직장을 찾아가 살인과 방화를 저지르는 사람들……. 그들 나름의 속사정을 들여다보면 참으로 안타까운 경우가 많다. 힘든 분노의 힘에 휘둘려 돌이킬 수 없는 실수를 하는 이들은 내면의 콤플렉스에 사로잡힌 병든 사람들이다. 정신의학에서는 이런 사람들을 '충동조절장애자'라고 진단한다. 그들이 병을 갖게 된 이유가 뇌병변에 있지 않다면 잘못된 교육과 환경, 유전적 성향 등을 원인으로 꼽을 수 있다.

성경에서 인간이 에덴동산에서 쫓겨나 인간의 땅에 자리 잡게 되면서 처음으로 기록되는 이야기는 카인의 분노와 살인 사건이다. 자신이 하느님께 바친 제물은 거절당하고 동생의 제물은 반갑게 거두어 들여지는 상황에서 분을 삭이지 못하고 동생을 죽인 카인창세 4은, 인간이 어떻게 콤플렉스의 노예가 될 수 있는지에 대한 '원형적 상 Archetypal Image'을 보여 준다. 화를 이기지 못해 살인을 저지르고 난 후, 사람들이 자기를 죽일까 봐 전전긍긍하는 카인의 공포와 증오는 몇 대에 걸쳐 대물림된다. 카인의 5대손 라멕은 나이 든 후, 젊은 아내들이 자기를 해칠까 봐 자신이 그들을 먼저 죽여 버릴 것이라고 협박하고창세 17,23 야곱의 아들들도 누이가 겁탈을 당하자, 그 보복으로 사람들을 죽이고 성을 쑥밭으로 만든 후 가나안 땅을 떠나야 했다.창세 34-35,6 이처럼 폭력은 대를 이어 계속되는 것이다.(분노의 수직이동Vertical Transmission)

다른 사람에게 화풀이를 하거나 폭력을 휘두르게 되면, 잠시 자신이 대단한 사람인 듯 착각하게 된다. 강간, 살인, 상해 사건의 가해자들을 실제로 만나 보면 힘센 마초 이미지보다는 위축되고 열등감에 사로잡힌 초라한 이들이 대부분이다. "화를 내면 자신이 바보라는 것을 다른 사람들에게 공표"하는 것이라고 성경은 가르친다. 우리는 어리석음으로 인해 부적절하게 분노를 표출하게 된다. 물론 아무 말도 하지 못하고 말도 되지 않는 억지를 참아야 하는 경우가 되면, 누구나 자존심도 상하고 울컥하는 기분이 든다. 때때론 너무 참기만 하면 몸과 마음이 다 황폐해지기도 한다. 마음에 여유가 있어야 내 싸움, 남의 싸움 다 말릴 수 있을 터이다. 사랑은 없이 악만 남은 황폐한 상황에서는 스스로의 다혈질을 부끄럽게 여길 여유마저 없다.

여기에는 화내는 것을 창피해하지 않는 후안무치한 사회 분위기도 한몫을 한다. 정치인은 무조건 상대를 원색적으로 비난하는 것도 성이 차지 않아 "좌시하지 않겠다."는 둥 유치한 협박도 마다 않는다. 신문, 방송, 인터넷은 폭력적인 상황을 어떻게 하면 더 선정적으로 표현할까 경쟁하고 확인되지 않은 사실들을 "누가 그랬다더라."는 식으로 함부로 보도해서, 죄 없는 이들에게 상처를 입혀도 부끄러워하지 않는다. 선생님에게 욕을 하고 침을 뱉으며 의자를 던지는 아이들, 파출소에서 행패를 부리는 취객들, 길을 걷는 사람들을 개처럼 취급하고 경적을 울려 대는 거리의 무법 운전자들, 친부모·시부모·장인·장모 가리지 않고 욕하고 때리는 패륜아들, 이유 없이 약한 노인들을 때리고 욕하는 젊은이들도 있다. 이 사회는 언제부턴가 폭력이 난무하는 참으로 무서운 곳이 되었다. 그뿐인가? 우리 사회는 길에서 어깨를 부딪치는 사소한 일 따위에는 "미안합니다."라는 말조차 어색한, 정말로 뻔뻔한 나라라는 극단적인 생각이 들 때도 있다. 억울한 일을 당하고도 미련하게 참는 선한 이들은 환자가 되어 정신과를 찾고, 남을 해치고도 일말의 죄의식을 느끼지 않는 이들은 잘난 척하면서 세상을 휘젓는 게 아닌가 하는 의구심이 들 때도 있다. 이럴 때마다 "정말 하느님은 뭘 하고 계시는지. 저런 놈에게 왜 벌을 주시지 않는지" 묻는 이들도 있다.

물론 정신의학의 영역에서는 모든 분노를 무조건 억압해야 하는 것으로 보지는 않는다. 너무나 신앙심이 깊어서 혹은 세상만사에 달관해서 남에게 서운할 것도 없고 화도 내지 않는다고 섣부른 깨달음을 주장하는 사람들 중에는 오히려 숨겨진 우울증 환자Masked Depression들이 많다. 마음 깊이 숨어 있는 부정적인 감정을 인정하지 않으면 그 나쁜 기운이 생각지 못한 결과를 가져오는 경우가 있다. 예컨대 가족을 위해 희생적인 부인들이 몸의 여기저기가 아프다가 결국 병을 얻게 된다거나, 평소에는 남한테 싫은 소리 한번 못하는 점잖은 신사가 술만 마시면 돌변해서 폭력적인 행동을 하고, 엄격한 부모 밑에서 반항이라고는 모르던 착한 딸이 아무 통고 없이 가출을 하는 경우 등, 평소에 참고 지내던 이들이 자칫 더 큰 일을 벌이는 경우가 많다. 그래서 정신의학적으로는 오히려 "화가 나면 화가 난다. 싫으면 싫다."라고 언어로 적절하게 표현하는 것이 더 큰 화를 피할 수 있다고 조언한다.

라틴어로 분노를 의미하는 이라쿤디아Iracundia라는 말에는 열정, 성급함, 성가심, 후회 등의 뜻이 숨어 있다. 무언가에 대한 열정이 지나치면 성급해져서 나와 남을 성가시게 하고 화를 내게 만들어 결국 후회하게 된다는 말이다. 실상 보통 사람들도 부적절하게 화를 내고는 크게 손해 보는 경우가 어디 한두 번인가.

물론 어떤 대상에 대한 열정이 없다면 식물인간이나 기계처럼 시간이나 죽이며 지낼 것이고 분노할 상황에서도 분노하지 않는다면 그것도 문제가 된다. 친일파들, 광주민주항쟁 때의 보수 언론뿐 아니라, 필자를 포함해서 대부분의 평범한 사람들이 지금까지 살면서 이런저런 이유로 부조리하고 정의롭지 못한 사회에 비겁하게 침묵을 지켰다. 결국 두고두고 부끄러움을 느끼게 되겠지만 우리 마음은 그렇게 겁이 많다. 어찌 보면 분노해야 할 자리에서는 분노하지 않고 엉뚱한 시점에 화를 내는 것이 보통 사람들의 특징이기도 하다.

성경에는 하느님 야훼의 분노는 물론, 예수가 사람들을 꾸짖는 목소리도 여러 차례 기록되어 있다. 위선자와 불의를 저지르는 자들에 대한 책망[마태 23; 마르 12,38-40; 루카 11,37-52; 루카 10,13-16] 들이다.

어떤 일에도 분노의 감정을 표현하지 않았던 부처에 비해, 예수의 인간적 감정을 짐작할 만한 성경의 기록들이 적지 않다. 예컨대 처음 나사렛의 회당에서 가르침을 시작할 때 "목수 출신이다." "자기들 동네에 같이 살았던 평범한 사람이다."라는 등의 이유로 고향 사람들이 예수를 무시하자 예수께서는 그곳에서 별다른 기적을 베풀지 않고 그들의 잘못을 정확히 지적해 준다.[마태 13,58; 마르 6,1-6] 이에 회당에 모인 사람들은 화가 나서 예수를 동네 밖으로 끌어낸다.[루카 4,25-30] 이미 십자가에 못 박히기 전에도 굴욕적인 일을 겪었던 것이다.

예수께서는 분명 "자기 형제에게 성을 내는 사람은 누구나 재앙을 받아야 하며 자기 형제를 가리켜 바보라고 욕하는 사람은 중앙 법정에 넘겨질 것이다."[마태 5,22] 라고 지적했다. 예수께서는 "원수를 사랑하고 너희를 박해하는 사람들을 위하여 기도하라."[마태 5,43] "너희를 저주하는 사람들을 축복해 주어라. 그리고 너희를 학대하는 사람을 위하여 기도하라."[루카 6,28] 라는 말씀을 남기셨지만, 화를 내야 할 상황에서는 분명한 어조로 자신의 생각과 감정을 표현했다. 예수의 기적을 가장 많이 경험한 지역의 사람들이 오히려 더욱 죄의 길로 떨어지자, "코라진아, 너는 화를 입으리라. …… 너 가파르나움아! 네가 하늘에 오를 성싶으냐? 지옥에 떨어질 것이다."마태 11,21-23라고 한다. 또한 성전을 더럽히는 환전상들의 의자와 비둘기 장수들의 탁자를 둘러엎기도 했다.마태 21,12; 마르 11,15-15; 루카 19,45-48; 요한 2,14-16

불행하게도, 우리들은 어디에, 어떻게 분노를 표현할지, 무엇을 단죄해야 하며, 무엇을 어떻게 용서해야 하는지 잘 모른다. 화내야 할 때는 화내지 못하고, 넘어가야 할 일에 끝까지 집착하고, 중요하지 않은 것들의 시시비비를 가리느라 자신의 에너지를 허비한다. 때로는 겁이 나서, 때로는 무지하고 귀찮아서 적당히 타협하고 거짓으로 용서하는 척할 때도 있다. 그래서 문제를 해결할 시점을 놓치고 자신과 상대방을 더 피폐하게 만들 수도 있다. 사소한 일에는 펄펄 뛰고 흥분하면서 정작 불의를 바로잡아야 할 때는 침묵하는 것이 어리석은 우리들의 모습이다.

성경에도 이렇게 엉뚱하게 분노의 감정을 표현하는 우리와 비슷한 우중들이 나온다. 타락과 죄악으로 인해 하느님의 노여움을 샀던 소돔이 멸망하기 전, 소돔 사람들은 군중심리에 휩싸여 죄 없는 하느님의 천사들을 끌어내어 겁탈하고 폭행하려 했다.창세 19,1-9 북이스라엘의 아합왕은 가뭄을 예언하며 그에 대한 준비를 해야 한다고 조언하는 엘리야에게 오히려 "그대가 이스라엘을 망치는 장본인인가?"라고 화를 냈다.¹ᵍ왕 18,1-17 작은 일에도 합당한 이유 없이 화를 내는 자신의 모습이, 소돔이나 나사렛의 어리석은 백성들과 과연 얼마나 다른지 물어야 할 대목이다.

우리가 분노에 사로잡혀 응징하겠다고 덤벼드는 순간, 과연 우리가 누구를 처벌할 권리와 자격이 되는지 먼저 숙고해 봐야 한다. 처벌은 법이 해야 하고, 우리가 해야 할 일은 어쩌면 용서뿐일 수도 있다. 그런 태도가 선하고 고귀하기 때문만은 아니다. 우리가 분노의 대상에서 진심으로 자유로워질 때는 그 대상을 온전히 용서한 후이다. 제대로 용서하지 못하는 한 어떤 복수를 한들, 우리는 그 복수의 대상에 사로잡혀 있는 것이다. 일종의 분노 콤플렉스에 사로잡힌 것이다. 그러나 진심에서 우러나는 용서와 화해는 우리의 의지로 되는 것이 아니다. 그것은 어쩌면 세속의 윤리적 차원이 아닌 신적인 영역에 속하는 것 같다. 분노와 증오의 에너지가 모든 것을 태워 버릴 듯 나를 사로잡을 때, 치유는 알 수 없는 존재와 운명의 큰 힘에 마치 어린아이처럼 왜소하고 초라한 자아의 본질을 인정하면 찾아오는 역설적인 평화에서부터 시작된다. 뭇사람들의 조롱과 경멸 속에, 죄 없이 손과 발에 못이 박히고 창에 찔리는 십자가의 고통을 당할 때 나온 "아버지, 저 사람들을 용서하여 주십시오! 그들은 자기가 하는 일을 모르고 있습니다."루카 23,34 라는 예수님의 사자후는 당시의 이스라엘뿐 아니라 현재 우리 자신에게도 아프게 다가오는 진리다.

증오와 분노, 억울함과 부조리를 아름다운 꽃으로 변화시키는 힘은

칼이 아니라 사랑에서 나온다. 그러나 우리는 그 사랑을 제대로 알지 못한다. 먼 옛날 사람들은 그 사랑이 하늘의 신에서부터 나온다고 생각했다. 부처는 우리 마음속에 비천하고 불쌍한 중생을 사랑할 수 있는 불성이 있다고 가르쳤다. 예수와 그의 제자들, 기독교의 많은 교부들이 우리가 누군가를 사랑하면 바로 그 마음속에 하느님이 계신 것이라고 가르쳤다. 가장 낮은 곳에 있는, 가장 무지한, 심지어는 가장 사악해 보이는 사람까지 사랑하는 것이 진정한 사랑이라고 가르친다. 셀 수 없는 사람들을 죽여 해골을 목에 걸고 다닌 앙굴라왕도 사랑으로 바꾼 부처나, 마지막 죽는 순간까지 죄 많은 도적과 자신을 배반한 유다까지 친구로 사랑한 예수는 우리에게 사랑의 참된 경지를 보여 준다. 사랑의 폭을 넓히지 못하는 우리가 좁고 어리석은 마음의 감옥 속에 갇혀 있는 순간에 종교의 가르침에 겸손하게 마음을 열어야 하는 까닭이다.

나를 괴롭힌 원수를 감싸 안겠다는 진짜 이유가 자기만족이나 도덕군자인 척하는 위선이 되어서는 안 된다. 다만, 약육강식과 적자생존의 시대이지만, 용서와 화해가 언젠가는 분노와 증오를 뛰어넘는 신비한 힘을 발휘해 주리라 믿고 싶은 것이다.

질투심, 어떻게 다스릴까?

> "미움과 질투의 눈으로 남을 보니, 예쁘고 사랑스럽게 보일 리 없다.
> 문제는 병든 자신의 마음인데,
> 그런 자신을 보지 못하고 다른 이들의 흠집만 찾는다."

나와 아무 상관이 없는 사람이 잘되는 건 그런가 보다 하고 넘어가죠. 그런데, 학창 시절에는 나보다 별 볼일 없던 친구가 나보다 잘나가는 것을 보면 정말 속이 상합니다. 나는 이렇게 왜 운이 없나 싶어 화도 나고요. 세상이 확실히 불공평하다는 느낌도 들고 좌절감이 들면 다 귀찮아질 정도입니다.

하루하루 정말 아침부터 저녁까지 일을 해도 내게 주어지는 돈은 얼마 되지 않습니다. 그렇다고 제가 게으름을 부리는 것도 아닙니다. 나름대로는 열심히 살아왔지만 워낙 가난하고 못 배운 집안이라, 시작부터가 마이너스였던 것 같습니다. 그럴 때 어떤 집안의 아이들은 초등학교 때부터 몇십억, 몇백억 주식 부자라는 등 어떤 사람들은 부동산으로 앉아서 몇십억을 벌었다는 기사가 뜨면 정말 화가 납니다. 왜 이렇게 이 세상은 불공평한지요.

사람에게는 좋은 것, 즐거운 것에 대한 본능적인 갈구가 있다. 그런 본능은 어느 정도 우리 생존과 발전에 필요한 요소이기도 하다. 무언가를 갖고 싶어 하는 욕망이 없으면 지금보다 더 잘살아 보겠다는 발전에 대한 의욕도 없기 때문이다. 문제는 자신은 아무리 노력해도 되는 일이 없는데, 다른 사람들은 노력하지 않아도 행운이 찾아와 잘나가는 것처럼 보일 때이다.

어떤 이들은 태어나면서부터 부모를 잘 만나서 평생 돈 걱정 안 하고 사는 것 같고 또 어떤 이들은 운이 좋아 별로 노력하지 않아도 돈도 잘 벌고 출세도 하는 것 같고……. 그래서 사람들은 정의롭지 못하고 부조리한 이 사회에 분노를 퍼붓고 때로는 저주를 하기도 한다. "유전무죄, 무전유죄"라는 슬로건을 내걸고 도둑질을 하거나 심지어는 강도, 살인을 저지르는 이들도 있다.

따지고 보면 모든 것이 공평해야 한다는 믿음 자체가 잘못된 것이라고 주장하는 관점도 가능하다. 큰 나무, 작은 나무, 예쁜 꽃, 못난 꽃들이 다 자연의 한 부분이듯, 사람의 인생도 똑같을 수는 없기 때문이다. 절대자의 눈으로 본다면 혹은 아주 시간이 많이 흐른 후 과거를 돌이켜 보면, 지금 당장 목숨을 걸고 명예나 재산을 갖고 싸우는 것 자체가 우스워 보일 수도 있다. 그러나 여전히 그런 혜안을 갖지 못하는 평범한 사람들에게는 아파트 몇 평 차이, 대학의 서열 따위가 인생 전체를 좌우하는 것처럼 중요하게 보인다. 학력 콤플렉스, 과시적 소비 태도, 감투싸움, 집에 대한 집착 등등의 뿌리에는 남과 비교하는 데서 오는 열등감과 시기심이 있다.

나보다 뭔가 잘나 보이는 이들을 볼 때 우리가 느끼는 불편한 감정에 대한 치유 방법을 성경 속 이야기를 통해 찾아보자.

먼저, 한 나라의 왕으로서 거의 모든 것을 가졌지만, 다윗에 대한 질투와 열등감으로 결국 비참한 최후를 맞은 사울의 삶부터 찬찬히 살펴보자. 사울은 판관 시대 이후, 최초의 이스라엘 왕으로 임명된 인물이다. 당시로서는 엄청난 부와 권세를 한꺼번에 지니게 된 사람이다.

그러나 사울이 태어나면서부터 그런 행운을 누린 것은 아니다. 사울이 왕이 되기 전, 이스라엘은 12부족의 우두머리가 각각 판관이 되어 자기 부족을 다스리고 있었다. 판관이 하늘에 제사 지내는 제사장과 통치자를 겸한 것이다. 이 시기를 판관 시대라고 한다. 판관 시대에는 이스라엘 민족이 민족이라는 정체성은 있었지만 각 부족으로 나뉘어 있어서 정치적으로는 큰 힘을 발휘할 수 없었다. 강력한 왕권이 자리잡기 전, 가야 같은 연맹 국가의 모습이다. 그런데 이스라엘 민족에게는 이민족의 침입이 빈번해지자 다른 나라와의 전쟁에서 이기려면 강력한 왕이 있어야 한다는 필요성이 제기되어 왕정 체제를 수립하게 되었다. 그 시기에 출중한 외모와 능력으로 사울은 최초의 왕으로 임명되었다. 그래서 사울은 살아가면서 남과의 경쟁에서 이기는 것에 큰 의미를 두었을 것이다.

사울은 왕위에 있던 40년 동안 수많은 전쟁을 승리로 이끈 능력 있는 왕이었다. 어떤 의미에서는 백전노장이자 강한 애국심을 가진 출중한 사람이라고도 할 수 있다. 그러나 사울은 자신의 뛰어난 능력과 전과 때문에, 오히려 나락으로 떨어지게 된다. 자신의 능력에 한껏 고무된 사울은 아말렉 전투에서 적들에게 딸린 것을 완전히 없애 버리라고 명하는 하느님의 말씀을 거역하고 쓸모없고 값없는 것들만 없애고 돌아서며 나머지는 살려 준다. 이 부분에 대한 의문은 필자를 포함해 많은 사람들이 지니고 있는 신학적 고민이다. 사랑이신 하느님이 적들에게 딸린 것, 즉 여자건 아이들이건 가축이건 모두 죽이라고 했단 말인가? 이런 하느님이 과연 현대에 무슨 의미가 있는가? 원자폭탄, 생화학 전쟁의 모습과 무엇이 다른가? 물론 구약 시대의 하느님은 절대로 완벽하게 자비로운 하느님이 아니었다. 때론 질투하고, 때론 분노하고, 때론 원한을 품는 하느님으로 기록된다. 그런 하느님의 모습을 문자 그대로 이해해서 이스라엘의 하느님은 불완전하고 이기적인 하느님이었다고 상상할 수도 있다. 현대 신학자들은 이와 같은 의문을 성경 기자들의 한계에서 해결하려 한다. 즉, 아무리 하느님의 말씀을 전한다고 했지만, 시대와 공간에 구속되는 인간의 글쓰기가 갖는 한계라는 것이다. 그 질문에 대한 대답은 일단 보류하고 다시 성경을 보자. 사울은 하느님 말씀을 이행하지 않은 왕으로 성경에 기록된다. 왕으로 임명된 초기에 사울은 자신의 행운에 감사하면서 예언자들의 조언도 겸손하게 받아들였다. 그러나 거듭되는 전쟁에 승리하고 자신의 뛰어난 능력에 감탄하는 추종자들에게 둘러싸이면서 사울의 판단력은 점차 흐려졌을 것이다.

임금의 자리에 있던 사울에게 향하던 하느님의 사랑이 거두어지기 시작하는 성경의 대목을 심리적으로 분석해 보면 어떤 의미가 드러날까. 이 시기가 판관이 정치의 모든 것을 결정하는 단계에서 왕정의 시대로 넘어가는 전환기였다는 것을 감안하면 종교적 예언자인 사무엘과 정치적 우두머리로서 왕인 사울의 대립각을 미루어 짐작해 볼 수도 있다. 역사는 대부분 승자의 시각으로 모든 것을 기록하기 때문에 과연 사울이 성경에 기록된 것처럼 불경하기만 한 임금이었는지, 아니면 나름대로 인간미가 있었으나 판관과 사제들에게 미움을 샀는지 의문을 가질 수도 있겠다. 그러나 사울이 왕위에 오랫동안 있으면서 거만해져 하느님의 뜻이 무엇인지 묻기보다는 자신의 인간적 욕심을 먼저 앞세웠을 가능성은 충분하다.

우선, 오랜 세월 왕으로 살다 보니 애초에 한 개인으로서 사울이 가졌던 좋은 심성들을 잃어버렸을 것이라 짐작할 수도 있다. 사울은 여러 사람 가운데서도 금방 눈에 띌 정도로 수려한 용모와 큰 키, 또 출중한 능력을 가진 젊은이였다. 초대 왕으로 추대될 정도였으니 남다른 리더십도 가졌을 것이다. 왕이 될 능력이 충분해서 왕이 되었지만 바로 왕이 된 순간부터, 원래부터 가지고 있던 좋은 덕성들은 하나둘씩 사라졌을 것이다. 이것이 인생의 역설이다. 성공의 정점에 오르는 순간, 그때부터 힘든 다리를 끌고 내려가야 하는 험한 경사길이 인간을 기다리는지도 모른다.

"사울은 수천을 치시고 다윗은 수만을 치셨다네."라는 백성들의 노래가 기록되고 있듯이 어느 순간 백성들의 민심은 사울을 떠나 다윗에게로 향했다. 게다가 사울은 딸을 다윗에게 시집보냈지만 자신의 딸과 아들마저 다윗을 더 깊이 사랑했다. 그런 점을 고려하면 말년에 이른 사울의 그릇은 젊은 다윗에 비해 오히려 작았을 것이다. 임금이라는 가면을 쓰고 있는 한, 본래의 인간적인 장점이 점점 더 줄어드는 것은 당연한 일이 아닐까? 왕위에 있을 때는 자리가 주는 후광으로 스스로가 점점 왜소해지고, 옹졸해지고 있다는 것을 깨닫지 못한다. 부족한 인격을 명예와 부가 대신해 주기 때문이다.

그러나 일단 왕권이 심하게 흔들리기 시작하면 그때부터는 이야기가 달라진다. 권력과 돈의 냄새를 맡고 아부하던 사람들은 하나둘씩 힘의 이동을 눈치 채고 곧 약자가 될 사람을 떠나게 된다. 일종의 레임덕이다. 그 과정을 겪으면서 사울은 아마도 몹시 불안했을 것이다. 사울은 진정한 인간관계를 추구하는 것이 아니라 뭔가 이용할 가치가 있는 대상에만 몰려드는 인간들의 속성도 알게 되었을 것이다.

사울이 말년에 우울했던 것도 이런 실망감, 불안감, 분노의 결과였을 것이다. 우울해지고 공허해지면 당연히 그렇지 않은 이들을 질투하게 된다. 내가 행복하고 충만한 삶을 살면 다른 사람들의 행운을 가벼운 마음으로 축하해 주고 기뻐하지만, 내가 불행하면 행복한 사람들을 깎아내리고 싶고 무슨 수를 써서라도 공격하고 싶어진다. 행복하지 못한 자기 자신이 너무 초라해 보이는 것 같아서 그만큼 좋아 보이는 상대방이 견딜 수 없을 만큼 싫은 것이다. 또 나는 불행한데 저 사람은 행복하다면 세상이 공평하지 못하다며 분노를 표현하게 된다.

이와 같이 질투심에 사로잡힌 사울과는 달리 다윗은 아무런 사심 없이 사울의 우울증까지 음악으로 치유해 주려고 한다. 그런 다윗의 존재를 과연 사울이 어떻게 감당할 수 있었겠는가. 영화 「아마데우스」에서 살리에르가 모차르트에게 느꼈던 비참한 열등감은 고대로부터 현재까지 많은 사람을 질투의 제물로 만드는 것 같다. 그리고 어쩌면 그런 열등감은 사울의 경우처럼 재물이나 지위로는 근본적으로 해소할 수 없는 것일지도 모른다.

또다시 성경 이야기로 돌아가 보자. 하느님의 소리를 듣고 의지할 수 있었던 지혜로운 예언자 사무엘은 어리석은 백성의 뜻을 받아들여 사울에게 왕권을 부여하고 물러났으며 후에는 여러모로 왕위에 적합하다고 스스로 평가한 다윗에게 권력을 넘기고 자신은 그 권력의 소용돌이로부터 거리를 둔다. 그러나 평범한 사람인 사울은 그렇게 할 수가 없었다. 한번 권력과 재물에 인생의 가치를 두고 자신의 모든 것을 거는 사람들은 일단 그 맛에 길들여지게 된 후에는 그 치명적인 중독성에서 벗어나기 힘들다. 사울은 여러 가지 모사를 꾸며 다윗을 죽이려 하지만 결국 아들과 함께 비참하게 전사하고 만다.1사무 31 성경은 다윗의 인생을 화려한 승자의 일생으로 그리는 반면 사울의 일생은 질투심에 사로잡힌 채, 어둡게 끝을 맺는다. 그런 점에서 사울은 다윗의 그림자와 같은 존재이다.

그러나 자신의 눈부신 성공이 결국엔 자신을 불행의 나락에 떨어뜨리는 원인을 제공하고 역시 질투심의 노예가 되었다는 점에서는 사울이나 다윗이 서로 크게 다르지 않다. 다윗 역시 아름다운 밧세바를 얻기 위해 그녀의 남편 우리야를 죽이기 때문이다.2사무 11 사울이 다윗의 재능, 리더십, 인간미에 질투를 느꼈다면, 다윗은 아름다운 아내를 가진 우리야를 질투한 것이다. 결국 이 질투의 죄 때문에 다윗 집안은 대대로 재난에 빠지게 된다.2사무 12,10-12 다윗 당대에는 우리야를 죽이고 그의 아내 밧세바를 데리고 온 것 때문에 특별한 벌을 받지 않는다. 하지만 한번 죄를 지으면 그다음 대까지 두고두고 죗값을 받게 된다는 것을 성경은 다윗을 통해 경고하는 셈이다.

신약의 중요한 인물인 헤로데 역시 사울처럼 예수와 요한과는 반대로 세상의 모든 것을 가졌음에도 예수의 등장을 시기하는 질투의 화신으로 그려진다. 신약에 등장하는 헤로데는 사실 하나의 인물이 아니라 헤로데 가문의 왕들이다. 헤로데 왕가는 예수의 탄생 시기 왕이던 헤로데 대왕,Herodes Magnus, B.C.74-B.C.4 그의 아들들인 헤로데 아르켈라우스,B.C.23-A.D.18 헤로데 안티파스,B.C.20-A.D.40 헤로데 필립포스,B.C.4-A.D.44 손자인 헤로데 아그리파 1세,B.C.10-A.D.44 증손자인 헤로데 아그리파 2세

등으로 이루어진다.

헤로데 대왕은 유다인의 임금으로 태어날 아이가 자신의 왕좌를 빼앗아 갈까 봐 두려워, 두 살 이하의 모든 사내아이를 죽이도록 명한 사람^{마태 2,13-18}이다. 하지만 한편으로는 예루살렘의 마운트 성전을 지키기 위해 거대한 안토니우스 성과 사해를 바라보는 위치에 마사다라는 아름다운 성을 짓고, 도시에 물을 공급하는 수로 시설도 했던 훌륭한 토목 건축가이자 나름대로는 자신의 성공에 자부심을 느꼈던 임금이기도 했다.

재미있는 것은 부패하고 전횡을 일삼는 정치 지도자들일수록 거창한 건축물 만들기에 집착한다는 점이다. 서태후도 그랬고 북한의 김일성 부자도 그렇고, 로마의 황제들도 그랬다. 일종의 자아 팽창^{Ego Inflation} 때문이다. 평양의 유경 호텔이나 우리나라의 호화로운 공공기관들을 보면 민중들의 삶은 아랑곳없이 자신의 치적을 으스대며 자랑하고 싶어 하는 지도자들의 썩은 영혼이 느껴진다.

헤로데는 비교적 외교 술수에 능해서 로마의 카이사르와 좋은 관계를 유지했기에 요즘 눈으로 보면 잘나가는 정치가였다. 그러나 무리한 공사를 벌인 탓에 당연히 백성들에게는 큰 원성을 사게 된다. 게다가 사생활도 복잡해서 열 명의 여자와 결혼해서 집안이 시끄럽게 되고 그 와중에 아들들을 처형하는 등 반인륜적 행동도 서슴지 않았다. 결국 너무나 많은 것을 가지고 있었지만 가장 중요한 백성들의 마음을 잃게 된다. 결국 그가 죽었을 때 유대인들은 축제를 열어 기쁨을 나눌 정도였다고 한다.

살아 있을 당시에는 모든 사람들이 부러워할 만큼 넘치게 가지고 누린 사람이지만 사실은 가장 중요한 것을 가지지 못했던 자의 허무한 종말이다. 헤로데 대왕의 뒤를 이어 사마리아와 유다 등을 다스렸던 헤로데 아르켈라우스의 경우도 그렇다. 요셉은 그의 폭정이 자식을 해칠까 두려워 유다 땅으로 돌아가지 못하고 결국 나사렛에 자리 잡는다. 마태 2,22-23 그러나 아르켈라우스 역시 형제의 부인을 취하는 등 악행을 저지르면서 자신의 무덤을 파서 그 자신도 망명길에 오르는 비참한 신세가 된다. 갈릴리와 페라이아 지역을 물려받은 헤로데 안티파스 또한 동생 헤로데 필립포스의 부인을 취하고 이를 비난하는 요한을 죽인다. 마르 6,17-29 그도 빌라도 총독과 더불어 예수 처형에 가담한 후 에스파냐로 유형 길에 오르는 신세가 된다. 헤로데 아그리파 1세는 로마에서의 인질 생활 후 고국에 돌아와 적지 않은 치적을 남기기도 했지만 야고보를 죽이고 베드로를 처형하려 하다가 연설 도중 갑자기 쓰러져서 벌레들에게 먹혀 숨을 거두게 된다. 사도 12,1-23 사실 헤로데 일가는 당시 모든 유대인들의 부러움을 사는 왕가가 아닌가. 그러나 그 허무한 종말을 보면 과연 우리가 권력이나 부를 부러워해야 하는지 다시 한번 물을 만하다.

현대에 들어와서도 영국, 일본, 모나코, 태국 등 현재까지 남아 있는 왕가들의 깨끗하지 못한 뒷이야기들이 많다. 우리는 또, 엄청나게 축재한 재벌들의 끝이 결코 아름답지 못하다는 것을 무수히 보아 왔다.

미국의 《포춘》에 따르면 현재 30대 재력가 집안 중 30년 후까지 그 자리를 차지하고 있는 경우는 극히 드물다고 한다. 한국도 마찬가지다. 지금은 떵떵거리며 살고 있지만 불과 한 세대만 지나도 그 재산을 지키지 못하는 경우가 많다. 자식 농사를 잘못 지어서 자녀들이 많은 재산을 탕진하고 나서야, 정신을 차리지만 이미 때가 늦는 경우가 대부분이다.

헤로데 대왕의 증손자인 아그리파 2세에 이르러서야 헤로데 일가도 예수와 그의 제자들이 갖고 있는 성스러운 힘을 조금 인지하게 된다. 아그리파 2세는 자신의 입장을 말하는 바오로에게 "당신은 조금 있으면 나를 설득하여 그리스도인으로 행세하게 만들겠군." 하고 냉소적으로 말하지만 속으로는 그리스도의 힘을 인정하면서 자기 집안의 엄청난 과오에 괴로워했을 수도 있다. 바오로를 미치광이 취급하는 페스투스에게 "저 사람이 황제께 상소하지 않았으면 풀려날 수 있었을 것입니다."라고 말하는 등 뒤늦게 그리스도의 제자들을 인정하는 말을 하지만사도 26 그의 후회가 이미 시작된 헤로데 일가의 몰락을 되돌릴 수는 없었다.

화려했지만 끝이 좋지 않았던 헤로데 일가는 그야말로 예수님과 그의 제자들의 길과는 정반대의 인생을 살았던, 시쳇말로 대단한 집안이었다. 돈과 권력 그리고 넘치는 능력과 여자들까지 당시 잣대로 보자면 인간이 가질 수 있는 모든 것을 가진 휘황찬란한 인생들이었지만, 결국 몰락하게 된다. 헤로데 왕가의 몰락으로 그들의 돈과 지위만 없어지는 것이 아니라 그들의 심성 또한 되돌릴 수 없을 만큼 황폐해졌을 것이다.

이런 비슷한 경우가 현대에도 계속되는 것 같다. 그동안 상담하면서 한 달이면, 술집에 몇천만 원 이상씩 갖다 바치고, 명품 쇼핑으로 한번에 몇백만 원, 몇천만 원 이상의 돈을 쓰고, 하룻밤에 몇천만 원씩 노름판에서 날린 이들도 만났다. 돈을 아무리 벌고 써도 그들에게 남는 것은 허기와 공허감이었다. 그리고 그들이 모든 인간관계가 돈이 없으면 맺을 수 없다는 것을 아는 이상, 외로움 역시 더해질 뿐이다. 상투적인 이야기지만 그들을 보면 행복과 보람은 돈이나 지위가 주는 것은 아니라는 것을 절감하게 된다. 평범한 사람들은 많이 가지고 사회적으로 높은 지위에 있는 사람들이 평범한 다른 사람들보다 훨씬 더 행복한 삶을 누리는 것같이 보이겠지만, 필자처럼 그들의 뒷모습을 직접 볼 수 있다면 아마도 "돈을 얼마만 더 벌면……." 혹은 "지위가 조금만 더 올라간다면……." 하고 바라지는 않을 것 같다.

이스라엘에 남아 있는 유적들의 많은 부분이 헤로데 대왕의 치적임에도 불구하고 역사는 그를 위대한 왕이라기보다는 예수와 민중을 박해한 독재자로 기록한다. 그들이 가진 어떤 재물이나 명예도 그들에게 진정한 삶의 의미를 주지 못했으며 대중들의 사랑과 존경을 받는 데 도움이 되지는 못했다. 결국 이런 공허감 때문에 헤로데 일가는 세속적으로는 도대체 아무것도 가진 것이 없는 예수를 질투했던 것이 아니었을까.

열 번의 결혼을 통해 집안에서 반목의 씨를 키운 헤로데 대왕이나, 형제의 부인을 빼앗고 문란하게 살았던 헤로데 아들들의 삶에는 도덕적 정당성이나 가정의 평화가 없었다. 못사는 백성들을 착취해서 호화로운 성들을 건축했으니 존경을 받을 리도 없었다. 그러니 위정자로서의 정당성과 안정감 또한 찾을 수 없어 그를 위협하는 예수를 더욱 미워했을 것이다. 세속에서 사울이나 헤로데 일가는 분명 부러움과 질시의 대상인데 역설적으로 다윗이나 예수님과 그의 제자들에 대한 질투로 비극적인 결말을 맞았던 것이다.

앞서 언급한 우리나라의 부자나 고위 관리들 역시 자기보다 조금 더 많이 가진 이들, 혹은 자기보다 조금 더 큰 힘을 가진 이들에 대한 질투로 사실은 정신세계가 너무나 황폐하고 비참한 경우가 많다. 또 자신들의 추잡하고 더러운 점을 지적하는 이들에게 무자비한 공격을 퍼붓고 끝까지 그들을 죽이려 하는 것도 어찌 보면, 정의로운 사람들이 갖고 있는 도덕적인 힘과 인간적인 아름다움에 대한 질투 때문일 것이다.

융 심리학파의 관점으로 보자면 사울과 헤로데 일가의 삶은 우리 무의식의 어두운 부분을 상징하기도 한다. 많은 것을 가지고 있었지만 결코 만족하지 못했고 죽을 때까지 시기와 질투 속에서 살았던 그들의 심정은 지금 이 순간, 우리에게도 충분히 재현될 수 있다. '사촌이 땅을 사면 배 아픈 마음', '남의 떡이 더 커 보이는 시기심'은 꼭 지위 높고 돈 많은 사람들의 전유물만은 아니다. 사울과 헤로데가 느꼈던 질투는 평범한 우리들도 다 느낄 수 있는 감정이다. 자신이 갖고 있는 것은 보지 못한 채, 갖지 못한 것만 아쉬워하는 것이 인간의 마음이기 때문이다.

지식, 재물, 지위 그 무엇이든 내 것으로 만들고 싶어 하는 마음에 사로잡히면 우리의 마음은 계속 황량해진다. 결핍감은 마음의 곳간을 더욱 황폐하게 만든다. 결핍감과 질투가 인간의 에너지를 쓸데없는 곳에 소모하게 만들기 때문이다. 사울의 질투와 우울증 역시 그런 맥락에서 이해할 수 있을 것이다.

많은 것을 누리고 살았지만, 인간적인 매력이 많은 다윗에 대한 질투로 결국 비참한 최후를 맞는 사울의 정신적 결핍감은 현대인에게도 얼마든지 관찰된다. 신약 시대에도 마찬가지다. 이스라엘 안에서는 부러울 것 없는 권력과 돈을 가지고 있음에도 불구하고 예수를 두려워해서 제거하려고 애썼지만, 결국 헤로데 일가 자체가 로마에 의해 붕괴된다. 이런 상황은 현대의 독재자들, 일부 독점재벌들이 온갖 부귀영화를 누리고 있음에도 불구하고, 특정 대상과 경쟁하다 스스로 몰락하는 과정과도 비슷하다. 질투심은 평범한 장삼이사張三李四나, 큰 나라를 좌지우지하는 권력자나 비슷하다. 심리적 기저의 원형적 상황이 별 차이 없다는 뜻이다. 그렇다면 과연 이와 같은 질투심을 어떻게 소화시켜서 새롭게 자신을 변화시킬 수 있을까? 우선은 자신이 질투에 빠졌다는 점을 인정해야 한다. 난 문제없는데 상대방이 나를 자극한다는 식으로 나는 빠지고 상대방만 비난하고 싶은 마음을 특히 경계

해야 한다. 대부분은 질투심에 빠지면 그 대상에 모든 나쁜 것을 투사해서 공격한다. '누구누구만 이 세상에 없다면 내 인생이 훨씬 더 행복했을 텐데……'라고 생각하고 싶겠지만, 문제는 그가 아니라 나다. 그의 존재를 성가시게 느끼는 것은 어디까지나 내 문제다. "그 사람은 참 나쁜 사람이야. 좋은 건 혼자 다 가지려 해." 하는 식으로 상대방을 사악한 사람으로 만들어 봤자 내게 도움 될 것은 하나도 없다.

불교의 언어로 말하자면, 미움과 질투의 눈으로 남을 보고 있으니, 당연히 상대방이 예쁘고 사랑스럽게 보일 리 없다. 문제는 병든 자신의 마음과 눈인데, 그런 자신을 보지 못하고 다른 이들의 흠집만 찾는다. 내 눈의 들보는 보지 못하고 형제의 눈 속에 있는 티끌만 갖고 손가락질을 하고 비판하는 태도다.^{마태 7,4; 루카 6,37-38; 41-42} 그러나 조금만 더 깊이 생각하면 내가 배울 마음만 있다면 그 성가시고 미운 대상에게 보고 배우고 얻을 점이 참 많다는 것을 깨달을 수 있다.

예컨대 공부도 잘하고 인간관계도 좋은 친구를 질투하게 되는 상황을 생각해 보자. 그 친구의 나쁜 점만 자꾸 들추고 친구들에게 좋지 않은 소문만 내는 것이 내게 도움이 되는가. 아니면 그 친구가 어떻게 공부도 잘하면서 인간관계도 잘 유지하는지 옆에서 살펴보아 배우는 게 도움이 되는가. 험담할 시간에 그 친구를 잘 관찰하여 시간 관리는 어떻게 하고 있는지 어떤 책을 보고 있는지 수업 시간에 어떤 태도로 임하는지 사람들은 어떻게 대하는지 배우게 된다면, 그 친구 덕에 자신의 성적도 인간관계도 향상될 수 있을 것이다.

부자들에 대한 질투도 마찬가지다. 물론 탐욕스럽고 이기적인 부자들도 있고 도덕적으로 문제가 되는 부자들도 있다. 그러나 내가 로빈후드나 홍길동이 되지 않는 한, 그들을 벌주기 위해 동분서주할 방법은 없다. 그들을 벌주는 것은 우리나라의 사법 체계다. 여러 가지로 완벽하지는 않지만, 요즘엔 점점 더 공정하게 법이 집행되고 있다. 권력과 돈이 있다고 해서 법망을 피해 가는 시대는 점점 사라지고 있다는 뜻이다. 그러니, 그들이 자기가 갖고 있는 돈과 권력을 어떻게 쓰고 있는지 촉각을 세우며 시간을 낭비해야 세상이 꼭 정의롭게 변하는 것은 아니다. 물론 사치스럽게 사는 것이 부러울 수도 있다. 그러나 부자들이 돈을 쓰지 않고 수전노처럼 모으기만 한다거나, 한국에서는 구두쇠 노릇을 하고 외국에 나가서 실컷 쓴다면 한국 경제가 돌아가지 않으니 결국엔 부자가 아닌 이들이 더 손해를 본다. 어쨌거나 돈 쓰는 것은 그들의 권리다. "개처럼 벌어 정승처럼 쓰라."는 말이 그냥 나왔겠는가. 그러니 어떤 방식으로 일을 해서 돈을 버는지 어디에 투자를 하는지 어떻게 그 돈을 지키는지 등등을 분석하는 것이 부자들의 씀씀이에 분개하는 태도보다 훨씬 내게도 이롭다.

오히려 우리가 조심해야 할 것은 부러워할 가치가 없는 사람들만 부러워하고 진정으로 부러워할 사람은 무시하는 태도가 아닌가 싶다. 예컨대 우리가 정말로 부러움과 존경을 보내야 할 이들은 물질적으로 가진 것은 없어도 다른 사람에게 큰 사랑을 베푸는 그릇이 큰 사람, 어려운 환경 속에서도 꾸준히 자기 계발을 해서 자기 분야에서 일가를 이룬 사람, 희생과 봉사가 몸에 배어 있어서 주변 사람들에게 귀감이 되는 사람들이 아닐까 한다. 그런 사람들을 부러워할 때마다 우리 영혼은 아름답게 변하지만, 탐욕스럽고 자기중심적인 사람들에 대한 질투심은 우리를 그들 못지않게 타락하게 하는 독약이 아닐 수 없다.

이런 질투의 마음을 어떻게 다스려야 할지에 대해서는 솔로몬이 지었다고 알려진 구약의 아가서를 살펴보는 것도 좋다. 아가서에는 잘못된 질투, 시기와 같이 참된 사랑을 방해하는 요인들을 극복하여 자기 통합에 이르는 과정이 상징적으로 묘사되어 있다. 아가의 여주인공인 술람밋은 가족을 도와 포도밭에서 일하고 양을 치는 처녀다. 그녀는 아름다웠지만 고된 일을 하느라 외모를 꾸밀 시간도 없었고 일을 하느라 그을린 검은 피부 때문에 이스라엘 여성들의 질투와 비웃음을 살까 두려워한다. 누이가 사랑하는 사람과 만나는 것을 질투한 오라버니들의 방해로 그녀는 사랑하는 사람을 만난 자신의 포도밭도 지키지 못하는 신세가 되기도 한다.^{아가 1,5-6} 하지만 오빠들의 방해 등 우여곡절을 겪은 뒤, 그들은 결혼을 하며 사랑을 완성한다.

사랑을 모르는 사람들은 사랑을 아는 사람들을 질투해서 그 사랑을 파괴하려 애쓴다. 그러나 그들의 방해 공작이 성공해서 남의 사랑을 깨 버리면 본인들의 삶 역시 처참하고 황폐해질 뿐이다.

처음, 성경의 술람밋의 애인은 여인을 방문하였지만 오빠들의 방해 때문에 곧 떠나 버리고 만다. 이는 참된 사랑을 얻기까지 우리가 곧잘 직면하는 여러 가지 난관을 상징한다. 단순하게 멜로드라마 풍으로 이야기하자면, 여러 가지 난관은 젊은 자녀들의 사랑을 자기의 이기심 때문에 방해하는 늙은 부모가 될 수도 있고 또 사회적 지위와 재산의 차이일 수도 있다. 나이나 출신 지역, 학벌의 다름도 이런 상황을 만들기도 한다. 여러 가지 이유 때문에 자신을 버린 애인을, 그러나 술람밋은 포기하지 않는다. 사랑을 아는 술람밋을 이해하지 못하는 성읍의 야경꾼들에게 매를 맞고 겉옷마저 빼앗기는_{아가 5,5-8} 고통을 겪기도 한다. 여동생의 사랑을 질투하는 오빠들은 성벽에 성가퀴_{성 위에 낮게 쌓은 담. 여기에 몸을 숨기고 적을 감지하거나 공격한다.}를 세우고 널빤지로 막아서라도 여동생을 무조건 외부와 차단시키면 된다고 믿는다._{아가 8,8-9} 그러나 주인공은 자신을 찾아온 연인에게 문을 열어 줄 만큼 이미 자기주장이 확실한 성숙한 어른이다. 술람밋은 이처럼 온갖 역경을 다 딛고 눈부시게 하얗고 붉은 피부를 가진 솔로몬 임금과 사랑을 성취하게 된다._{아가 5,10}

융은 아가서에 묘사된 이와 같은 결혼의 과정이 무의식의 그림자_{어두운 피부의 술람밋 여성}와 의식의 빛_{하얀 피부의 솔로몬 왕}이 통합되어 '참 자기'를 찾는 심리적 여정과 유사하다고 지적했다._{Jung C.G, Mysterium Coniunctionis pp.451-452}[11]

....

11) 융의 그와 같은 관점에서 대해서는 물론, 어이없어 하는 신학자들이나 종교 연구가들이 있을지도 모르겠다. 아가서는 하느님을 향한 솔로몬의 사랑을 술람밋 여인이라는 상징을 통해 기록한 것이지, 심리학적인 해석은 지나치다는 견해를 보일 수도 있다. 실제로 성경 기자들이 완전한 여성성과 남성성의 결합을 우리에게 심리학적으로 가르치게 이런 글을 기록한 것은 물론 아니다. 융도 자신의 심리학적 해석이 성경의 본래 의도와는 다르다는 것을 익히 알고 있었을 터이다. 다만, 융 자신이 분석심리학자이기 때문에 분석심리학의 용어를 사용해서, 인간에 대한 이해를 깊이 하는 데 도움이 되었으면 하는 것이 아니었을까. 다만, 성경이라는 텍스트 자체가 갖는 성스러운 후광 때문에, 분석하고 해석하는 것 자체가 불경하다는 오해를 받을 수도 있다. 다시 한번 강조하지만 필자의 이와 같은 해석은 어디까지나 신학적인 해석이 아니라 심리적인 접근일 뿐이라는 것을 강조하고 싶다.

이스라엘 여성들은 물론 술람밋 여인을 많이 질투했다. 검게 그을린 피부를 빤히 쳐다보며 경멸의 눈초리를 보이는 이스라엘 여성들은 그러나 실은 부러움의 노예일 수 있다. 골을 내며 자신의 포도밭은 돌볼 수 없게 만든 오라버니들이나 성읍의 야경꾼들은 모두 이들의 사랑을 방해하는 인간의 어두운 내면에서 벌어지는 과정들을 상징한다. 진짜로 아름다운 것을 지닌 남에 대한 질투가 자기의 아름다움을 만들어 가는 데 방해만 된다면 그 삶은 더 이상 발전하거나 아름답게 변모할 수가 없을 것이다.

이런 해석이 혹시 너무 추상적으로 느껴진다면, 질투를 치유할 신약성경의 보다 단순하고 명료한 가르침을 알아보자. "흥청대는 술잔치와 만취, 음탕과 방탕, 다툼과 시기 속에 살지 맙시다. 그 대신에 주 예수 그리스도를 믿으십시오. 그리고 욕망을 채우려고 육신을 돌보는 일을 하지 마십시오."로마 13,13-14 "적개심, 분쟁, 시기, 격분, 이기심, 분열, 분파, 질투, 이런 짓들을 저지르는 자들은 하느님의 나라를 차지하지 못할 것입니다. 성령의 열매는 사랑, 기쁨, 평화, 인내, 호의, 선의, 성실, 온유, 절제입니다. 이러한 것들을 막는 법은 없습니다. 우리는 성령으로 사는 사람들이므로 성령을 따라갑시다. 잘난 체하지 말고 서로 시비하지 말고 서로 시기하지 맙시다."갈라 5,20-26

쉽게 말해, 인간의 힘으로는 어쩔 수 없는 시기심, 질투에 빠져 괴롭다면 자신의 힘으로 그런 부정적인 감정들과 맞서지 말고 신앙에 기대라는 주문이다. 예컨대 누군가와 사랑에 빠져 있는 사람은 돈이 많거나 높은 지위를 가진 사람이 별로 부럽지 않다. 본인 스스로가 행복하기 때문이다. 마찬가지로 자신이 하느님에게 큰 사랑을 받고 있다고 생각한다면, 또 영겁을 뛰어넘는 부처님의 자비로운 마음을 느끼고 있다면, 굳이 행복해지기 위해서 다른 사람들의 무언가를 빼앗을 필요가 없을 것이다.

술라밋 여성과 솔로몬의 사랑은 그 사랑을 방해하고 질투하는 외부의 공격에 맞서서 성취한 것이기도 하지만 동시에 자기 안의 부정적인 감정을 극복하고 성취하는 사랑과 행복의 은유일 수 있다.

주위를 살펴보면, 참 많이 소유하고 있음에도 불구하고 매사가 불만이고 불공평한 세상에 화내면서 에너지를 낭비하는 사람들이 있는가 하면, 내세울 것은 없어도 항상 주변 사람들에게 사랑과 감사를 나누는 이들이 있다. 전자가 질투와 시기라는 부정적 감정의 노예가 된 상태라면 후자는 삶을 즐길 줄 아는 행복한 사람들인 셈이다. 한 나라의 군주로서 모든 것을 가졌지만, 다윗과 예수에 대한 질투로 무자비한 광기의 독재자로 구전되는 사울이나 헤로데 같은 삶은 전자일 것이다. 반면에 예수님보다 먼저 세상에 와서 그분의 길을 닦으라는 사명을 받고 광야에 나타나 죄의 용서를 위한 회개의 세례를 선포한 뒤, 요르단 강에서 이스라엘 사람들에게 세례를 준 요한은 질투심에 빠져 있을 때 깊이 묵상해 볼 만한 인물이다. 요한은 낙타 털 옷을 입고 가죽 허리띠를 둘렀으며 메뚜기와 들꿀로 끼니를 때웠지만, 사람들에게 새 세상을 열 예언자라고 추앙받았던 인물이다.마르 1,1-7 그러나 요한은 자기 뒤에 정말 더 큰 일을 할 예수라는 존재가 나타날 것을 안다. "나는 그분의 신발을 들고 다닐 자격조차 없다."마태 3,11-12라고 고백하면서 예수를 만날 수 있기에 행복하다고 자신의 삶을 감사했다. 정권 싸움에 혹은 돈 때문에 자리다툼을 하는 사람들은 도대체 예수에 대해서는 손톱만큼의 질투도 느끼지 않는 세례자 요한을 이해할 수 없을지도 모르겠다.

"누구든지 어린아이처럼 자신을 낮추는 이가 하늘나라에서 가장 큰 사람"마태18 1-5이라는 가르침을, 질투심 때문에 상대방보다 조금은 더 높아지고 싶은 마음이 들 때, 또 다른 사람과의 관계에서 열등감이 들 때, 적용해 보아도 좋을 것 같다. 불교에서도 세상 모든 미물에서 부처님의 존재를 발견하라고 주문한다. 예컨대 "부처님은 똥막대기다!"라는 말은 일반인들에게도 매우 유명한 운문 선사의 화두다. 똥막대기처럼 사람들이 하찮게 생각하는 대상에서 부처를 보라는 가르침은 누구든 어린아이처럼 낮추어야 큰 사람이 된다는 예수의 가르침과 매우 유사하다. 세상 모든 사람들을 이기고 깔보려 하지 말고, 나의 큰 스승으로 섬기며 배우라는 뜻이다. 만약 부러워하는 마음이 생긴다면 깎아내리는 질투심에 싸이지 말고 그들로부터 배우려는 건강한 선망의 마음을 키우면 세상 사는 것이 항상 새롭고 감사함을 느낄 수 있다. 농부들은 내가 모르는 농사일에 대해서는 나에 비하면 실력이 뛰어난 박사이니, 농촌에 가면 나는 순진한 어린 학생으로 변할 수 있다. 주차 관리인은 나는 죽었다 깨어나도 못하는 주차의 기술을 가지고 있으니, 주차장에 가면 어디든 내겐 주차 선생이 있다. 공장의 컨베이어 벨트 앞에서 일하는 근로자들은 마음을 비우고 한곳에 오래 머물면서 단순하고 지루한 일을 참아 내고 있다는 점에서, 잠시도 반복적이거나 의미 없는 것을 참지 못하고 잘난 척하는 지식인들보다는 훨씬 더 깨달은 사람들이다.

『노자도덕경』에도 나온 유명한 이야기지만, 가장 큰 바보가 가장 위대하지 않은가. 정말로 위대한 사람이 되기를 고대한다면 세상 사람들에 대한 부러움을 잘 승화시켜서 그들의 성실한 제자가 될 것을 마음속에 깊이 새겨 나가야 한다. 어떤 사람을 만나건 내가 배우고 익힐 것이 있다고 생각하면 그 만남이 항상 유익하게 다가올 것이다. 내가 부러워할 대상이 있다는 것은 그만큼 내가 노력할 여지가 있다는 이야기이니, 내 삶이 정체되지 않고 발전한다는 뜻이다. 그렇다면, 영화 제목이 아니더라도 '질투는 나의 힘'이다. 다만 그 질투가 지향하는 목적이 정당한지 또 질투를 하는 방식이 유용하고 윤리적인지 항상 관찰하고 점검해야 하는 것은 우리의 책임이다.

희생이 병이 되지 않으려면

"사랑하기 때문에 자발적으로 하는 희생, 내 사랑과 희생으로 상대방이 변하리라는 희망을 가진 '사서 하는 고생'은 힘들고 괴롭지 않다. 상대방이 내 큰 사랑으로 변하고 나 자신 역시 그 변화로 인해 행복하다는 확신이 있기 때문이다."

나는 이제껏 가족을 위해서 모든 것을 다 바치며 살았습니다. 그런데 아이들이 시집 장가를 가고 나니 모두들 자기 잘나서 그런 줄 알더군요. 남편도 마찬가지입니다. 기껏 뒷바라지해서 출세시켜 놓았더니 자기 좋은 것만 하고 돌아다니며 살았습니다. 저는 내버려 두고요. 이제 퇴직해서 겨우 같이 행복하게 사나 싶었는데, 허구한 날 일만 부려 먹습니다. 저는 정말 우리 가족의 희생자인 것 같습니다.

울며불며 자신의 희생을 몰라주는 상대방에 대해 억울한 마음을 호소하는 이들을 임상에서 가끔 만난다. 비교적 자기주장과 권리 요구에 막힘없는 젊은 세대들과는 달리, 실제로 적지 않은 기성세대들이 우선은 나보다는 남을 위해 살아왔다고 느끼기 때문에 상대적으로 자신의 삶이 더 희생적이었던 것으로 인식되면서 억울한 마음이 든다. 과거의 남성 중심적인 불평등한 가족 제도와 기회를 원천적으로 박탈하는 사회구조 속에서 능력 있는 여성들이 억압을 감수해야 했던 것도 사실이다. 하지만 객관적으로 보았을 때는 그런 희생자를 가족으로 두고 있는 가족들도 당사자 못지않은 괴로움을 당하는 경우가 적지 않다.

물론 처음부터 한쪽이 양보하는 것에 길들여져서 상대방의 일방적인 희생을 당연시하는 경우나, 희생이라는 허울을 쓴 사실상의 병적인 공생 관계에 있는 경우도 있다. 일종의 가학 피학 커플처럼 희생과 원망의 악순환을 벗어나지 못하는 것이다. 특히 자신의 삶에 대한 무력감과 부정적 감정이 뿌리 깊을 경우에는, 상대방을 위한다는 명목으로 사실상 자신에게 자학과 고문을 계속하면서 희생 아닌 희생을 스스로와 남에게 강요하는 이들도 있다. 겉으로는 눈물 나는 숭고한 사랑처럼 보일지 모르겠지만, 무의식적으로는 자신과 주위 사람을 잔인하게 괴롭히면서도 그런 자신을 객관적으로 보지 못한다.

사실 자신을 완전히 죽이고 오로지 상대방에게 희생만 했다고 말한다면 논리적으로는 그 말 자체가 확실한 오류다. '자신'을 정말로 죽였다면 이러이러한 희생을 했다고 '말하는' 자신마저 죽여 버려야, 진실로 죽은 것이기 때문이다. 선행에 대해 공치사를 하면서 무언가를 보상받으려 한다면 희생을 통해 상대에게 죄책감을 조장해서 조종하려는 과시와 술수로 전락할 수도 있다. 사실상 내가 희생할 테니 내가 시키는 대로 하고 나를 떠나지 말라는 일종의 거래이자 족쇄다.

사람이라면 누구나 무의식적으로 자기 자신의 생명과 안위를 먼저 지키려 한다. 그런 본능을 감추면서 "이게 다 너 때문"이라고 강변하는 것도 실제로는 내 욕심일 때가 많다. 물론 아주 위험한 상황에서 자기 자식을 위해 생명을 던지는 모성 본능도 가끔 볼 수 있으나 요즘에는 그마저 점점 더 특별한 예외가 되어 가는 것 같다. 자세히 보면 거의 대부분은 자식을 위한다는 미명하에 스스로의 허영이나 욕심에 집착하는 어머니, 아버지 들이 더 많다.

걸핏하면 국가와 국민을 위하여 뼈를 깎는 고통과 희생을 감수한다고 주장하는 정치가, 조직을 위해 자신의 삶을 희생한다고 말하는 기업인, 단체장 들도 그렇다. 손해 보며 판다고 말하는 장사꾼들의 말을 믿지 않듯이, 그들의 말을 믿는 사람은 없다. 심리학자의 눈으로 보자면, '자기희생'이란 명분으로 상대를 괴롭히는 히스테리성 성격 장애나 자신의 무능력함과 절망감을 감추려는 우울 증상, 또 상대방이 자기를 떠나면 어쩌나 하는 불안감들이 더 도드라져 보일 때도 많다.

예수의 자기희생이나 성인 성녀들의 순교가 이들과 달리 더 위대한 까닭은 바로 이러한 자기중심적인 억울함, 원한 맺힌 감정 같은 병적 징후들이 없었다는 점이다. 이렇게 희생하고 있으니 천국에 내 자리를 보장하라든가 혹은 내 이름을 거룩하고 위대하게 만들라는 등의 조건을 내건 성인 성녀는 없다. 그들은 그저 하느님을 사랑하여 그 밖에 다른 선택은 할 수 없었던 충만한 영성의 상태였을 뿐이다.

특히 세속의 희생과는 정반대의 장엄한 자기 헌신을 택한 예수의 족적은 억울한 심정이 들 때마다 분한 마음을 가라앉혀 주는 치유의 영약이 될 수 있다. 먼저, 죽음으로 가는 고통에서도 당신을 부정하는 베드로나 빌라도와, 사형을 요구한 유대인들을 용서한 사실을 보자. 곤경에 빠진 자신을 돕기는커녕, 그간의 정든 관계마저 딱 잡아떼는 그 누군가를 위해 목숨마저 바쳐 희생할 사람은 세속에 없다. 그러나 예수는 당신을 팔아 넘길 배반자에게도 '나의 친구'라 부르면서 오히려 그의 불행한 삶에 대해 걱정하고 안쓰럽게 여긴다.마태 26,20-25; 마르 14,17-21; 루카 22,21-23 자신을 배반하고 팔아 버린 유다에게 증오와 저주를 퍼붓는 대신 "네가 하려는 일을 어서 하라." 하시면서 빵을 적셔 다른 제자들처럼 따뜻하게 요한 13,27 건네 주시기도 했다.

이렇게 예수님은 죽음의 길로 들어서는 고비에서도 자신보다는 먼저 보잘것없는 이들의 아픔을, 설령 그들이 자신을 배신하고 아프게 할지라도 먼저 배려했다. 잡혀 가는 순간, 격한 마음으로 제자들이 엉뚱하게 대사제를 섬기는 종의 귀를 베어 버리자 그 절박한 와중에도 종을 먼저 고쳐 주었다.루카 22,51-2 또한 함께 매달린 죄수가 마지막 날 자기를 기억해 달라고 하자, "너는 나와 함께 낙원에 있을 것이다."루카 23,43라면서 죄 많은 그를 따뜻하게 품는다. 자신을 죽음에 몰아넣은 유대인에 대해서도 그들이 무슨 일을 하는지 알지 못하는 것뿐이라고 오히려 하느님께 용서를 청한다.루카 23,34 예수님의 이런 행동은 하느님과의 깊은 일체감과 인간에 대한 사랑이 희생의 원천이었고, 희생적인 자기를 남들에게 과시하고 싶다는 사심과 내세움이 없었기 때문에 가능한 행동이었다.

또한 예수님께서 자신의 몸을 제자들에게 나누어 주는 과정을 통해 많은 사람을 변화시킨 것은 그렇다면 심리적으로는 어떤 의미가 있을까. "빵은 내 몸"이고, "술은 내 피"라는 은유는 이집트의 신화, 근동 지방의 미트라^{Mithra} 종교에서도 나오는 상징들이다. 초기 기독교 시대의 영지주의의 일부 종파에서는 아예 구체적으로 살과 피를 바치는 형식의 제례를 지냈다고도 한다. 이런 음식과 희생의 상징들은 사실, 동서양의 샤머니즘 의식에도 관찰할 수 있다. 예를 들어 굿판에 올라오는 돼지, 조상들에게 바치는 차례 상의 음식들은 원시 시대부터 인류에게 내려오는 종교적 의식의 흔적이다. 같은 음식을 매개로 하는 의식이지만 전통 제례에 포함되어 있는 희생과 "이는 내 몸이고 내 피다."라는 희생의 차이는 어쩌면, '의식화된 자기희생'과 '집단적인 관습에 의한 무의식적인 참여'란 점이 차이가 있을 것이다.

의식화된 희생이라는 단계에서 한 걸음 더 나아가면 예수님의 행동은 어떤 조건을 내건 희생이나, 혹은 자기혐오와 증오에서 나오는 자포자기의 희생이 아니라, 심장이 차갑게 굳은 이웃을 사랑으로 변모시키려는 강한 의지에서 나온 따뜻한 희생이다. 사실 사랑하기 때문에 자발적으로 하는 희생, 내 사랑과 희생으로 상대방이 변하리라는 희망을 가진 '사서 하는 고생'은 힘들고 괴롭지 않다. 상대방이 내 큰 사랑으로 변하고 나 자신 역시 그 변화로 인해 행복하다는 확신이 있기 때문이다.

"해산할 때에 여자는 근심에 싸인다. …… 그러나 아이를 낳으면, 사람 하나가 이 세상에 태어났다는 기쁨으로 그 고통을 잊어버린다. …… 내가 너희를 다시 보게 되면 너희 마음이 기뻐할 것이고, 그 기쁨을 아무도 너희에게서 빼앗지 못할 것이다."요한 17,20-23와 비슷한 경지가 아닐까 싶다.

이미 앞 장에서 언급했듯이 예수님이 부활하신 다음, 제자들에게 나타난 다음, 처음으로 말씀하신 것이 "평화가 너희와 함께!"루카 24,36; 요한 20, 21였다. 보통 사람들이라면 베드로를 만나 "왜 넌 나를 모른다고 했느냐?"라고 아마 그 서운함과 원망을 토로했을 것이고, 유다를 찾아가서는 "은혜도 모르는 이 원수 놈!" 하고 삿대질을 하거나, 좀 점잖은 사람이라면 시시비비를 따지며 유다를 벌주거나 가르치려 했을 것이다. 또한 자신을 조롱하고 매질해서 죽음에 이르게 한 유대인들에게는 어떤 식으로건 한풀이와 복수를 하려 했을 수도 있다. "너희들 내가 겪은 만큼, 아니 그 몇 배로 한번 겪어 봐라." 하는 식으로 말이다.

그러나 그 엄청난 고통을 겪고 난 후의 예수님 일성은 그저 "내 평화를 나누어 가져라."루카 24,36; 요한 21,21는 것이었다. 예수님의 경우는 이처럼 희생제의가 신화적, 혹은 상징적 단계에 머무는 것이 아닌 역사적 사실로 구체화되어 지금까지도 생생하게 경험할 수 있는 실재적 체험이 될 수 있었던 것이다.

자신의 고통과 손해를 과장해 상대방을 무자비하게 조종하고 휘두르며 지배하는 '권력 콤플렉스'에 빠진 이들이나 병적인 가학 피학 성향 환자들은 희생이란 미명으로 고통과 증오 그 자체를 추구한다. 이럴 경우에는 오히려 끝없는 희생이 그들의 병을 오히려 더 악화시킬 수 있다. 만약 열심히 아무리 노력하고 희생해도, 나와 상대방이 점점 더 불행해진다면 희생이 아닌 심리적 질병이나 욕심 아닐까 의심해 보아야 한다. 희생에 따른 고통을 겪은 후 누리는 평화와 행복감이 없는 희생은 진정한 의미에서 희생이 아니다.

조건부 희생, 공치사하는 희생, 기다려 주지 않는 희생, 자기 입장만 강조하면서 상대방의 죄책감을 유발하는 희생은 어쩌면 모두 가짜일 수 있다. 남에게 보이기 위해 포장하는 희생이라면 차라리 무관심한 태도나 자신의 이기심을 솔직하게 인정하는 편이 더 낫다. 스스로가 대단한 희생제물이나 된 듯이 억울하고 분할 때, 알아주지 않는 상대방을 붙잡고 분노를 터뜨리면서 내게 왜 용서를 청하지 않느냐고 닦달하고 싶은 것이 사람 마음이겠지만, 그렇게 해서 오히려 더 상처만 받는 대신, 예수님의 수난 행적을 조용하고 꼼꼼하게 따라가 보면 어떨까 싶다. 또한 반대 입장에서, 언제나 희생만 했다고 주장하면서 자신을 괴롭히는 상대방의 눈물과 호소가 그저 과장된 허사로만 들릴 때, 또 희생하게 만든 자신을 죄인 취급하는 상대방이 끔찍하게 여겨질 때, 예수를 잔인하게 못 박아 죽였던 그 많은 냉혹한 유대인들과 자신이 어떻게 다른지 생각해 볼 필요도 있겠다.

　자신에게 환호하며 따르던 군중이 완전히 변해 모멸과 조롱을 보내며 채찍질하는 순간, 땅 끝까지 함께하겠다던 제자들이 비겁하게 등을 돌리며 십자가에 못 박혀 죽어 가는 자신을 떠나가는 순간, 인간의 몸으로 이 땅에 내려왔기에 겪어야 했을 공허한 비움과 잔인한 아픔의 순간들이 성경에 살아 있다. 그 순간들을 생각하다 보면, 남들에게 유세하며 자기의 희생을 강조하는 우리가 실은 그저 깃털처럼 허망한 미망에 사로잡혀 있다는 것을 조금씩 깨닫게 될 것이다.

배신의 경험은 인생의 힘

**"상대방과 나의 부족함, 실수 등을 모두 받아들이고 보듬을 때
타인은 물론 나 자신과의 진정한 화해가 가능해진다."**

남편이 이렇게 나를 배반할 줄 몰랐습니다. 그동안 철저하게 이중생활을 했더군요. 그 여자에게 쓴 돈이 엄청납니다. 그 집 식구들 거둬 먹인 것도 엄청나고요. 나는 평생 남편하고 그 집안에 헌신했는데 이렇게 배신할 수가 있는 겁니까?

그 친구가 이렇게 내 돈을 떼먹고 도망갈 줄은 꿈에도 생각하지 못했습니다. 정말 우리는 모든 것을 다 솔직하게 말하고 나누는 친구였는데요. 돈보다도 사람을 잃은 것 같아 가슴이 정말 휑하게 텅 빈 것 같습니다.

남편이나 부인이 자신을 속이고 바람을 피우거나 돈을 빼돌려 엉뚱한 데 쓴 것에 대한 분노로 "그 사람이 차라리 죽었으면 좋겠다."라고 말하는 배우자들을 임상에서 가끔 만난다. "나를 속였으니 너, 죽음으로 내게 속죄하라."는 식의 소름 돋는 저주도 퍼붓는다. 하루아침에 배우자를 잃은 이들은 바람을 좀 피우더라도 그 사람이 살아 있었으면 좋겠다고 말하는 경우도 있지만, 그런 이야기가 귀에 들어올 리가 없다. 때론 어쩜 그리 냉혹하냐고 말할 수 있을 정도로, 이혼 당사자들은 그만큼 자신의 배신감이 배우자를 잃은 상실감보다 더 아프다고 호소한다.

자식에 대한 배신감도 마찬가지다. 항상 말 잘 듣던 자녀가 어느 날 갑자기 반기를 들면, "호적을 파라." 혹은 "내 눈앞에서 사라져라." "부모 자식 사이 연을 끊자." 더 극단적으로는 "차라리 나가 죽어라." 하는 식으로 이야기하는 이들이 있다. 내가 시키는 대로 않고 내 뒤통수를 치려면 "너 같은 것은 없는 것이 차라리 낫다."는 식이다.

믿는 도끼에 발등을 찍히면, 적진으로부터 날아온 화살보다 더 깊은 상처를 입게 되는 경우가 많다. 모르는 사람에게 당하면 얼마 동안 찜찜하다 말지만, 철석같이 믿던 내 사람이 자기를 속이면 물질적 손실의 회복과는 상관없이 아주 오랫동안 사람에 대한 의심으로 후유증을 앓게 된다. 특히 가족이나 수십 년 사귄 절친한 친구가 하루아침에 자신을 곤경에 빠뜨리면 인생 전체에 대한 회의가 생기기 때문이다.

특히 사랑과 신뢰가 근본이 되어야 하는 부부간에 믿음이 흔들리면 회복하는 데 훨씬 더 많은 노력이 필요하다. 배우자의 혼외정사, 시댁이나 처가로 큰돈을 빼돌렸을 때, 몰래 주식 투자나 노름 등으로 재산을 축냈을 때, 부부들은 흔히 이리 서로를 믿지 못하는 결혼 생활을 계속해야 할지 회의를 느낀다. 수십 년의 우정도 돈 문제로 깨지거나, 부모의 재산 다툼으로 남보다 못한 원수가 되는 형제들도 많다. 재물은, 때론 사랑이나 혈연보다 훨씬 강한 모양이다. 그래서 임상에서 애인이나 친구 혹은 가족에게 돈을 빌려 주겠다는 이들을 만나면, 다시 받지 못하더라도 전혀 아깝지 않을 한도에서만 빌려 주라고 조언할 때도 많다. 사람의 일은 알 수가 없어서 돈을 빌려 갈 때와 갚을 때의 마음은 전혀 다르고, 빌려 줄 때의 마음과 되돌려 받지 못할 때의 마음은 또 다르기 때문이다.

성경에도 이렇게 가까운 이들에게 배신당하는 드라마의 주인공들이 여럿 등장한다. 우선 레베카와 그의 둘째 아들 야곱이 첫째 아들 에사우를 속여 장자의 권리와 축복을 모두 빼앗는 장면을 보자. 에사우는 아버지가 야곱에게 해 준 축복 때문에 야곱을 죽이려고 앙심을 품지만 어머니 레베카가 야곱을 외숙 라반에게 급하게 피난시켜 겨우 피바람을 막는다.^{창세 25,29-28,5} 이렇게 장자의 권리를 몽땅 훔쳐 간 배신자 야곱은 그러나 장자의 권리를 누리기는커녕, 형을 속인 죄로 신변의 위협을 느끼고 고향을 떠나야 했다. 형제를 속인 업보로 집을 떠나 뿌리 뽑힌 자가 된 이상, 안락한 삶을 누리기는 당연히 힘들다. 아름다운 라헬을 아내로 얻기 위해 외삼촌을 위해 칠 년을 거저 일해 주고도, 또 속임수에 걸려 좋아하지 않는 레아와 동침하게 된다. 다시 라헬을 부인으로 삼기 위해 칠 년을 라반의 일을 도와야 하는 처지가 된다. 형을 속였더니, 외삼촌에게 당한 셈이다. 우여곡절 끝에 라헬과 결혼은 했지만, 사랑하지 않는 레아에게서만 연거푸 아들을 얻고 라헬은 아들 요셉을 얻을 때까지 오랜 불임의 시기를 거친다. 또한 어렵사리 정착은 했어도 부인들, 처갓집과의 갈등으로 집안이 영 편치가 않다. 야곱은 결국 오랫동안 일궈 온 처가 근처의 삶의 터전을 버리고 다시 고향으로 도망치듯 되돌아가게 된다. 한국식으로 이야기하자면 죗값을 받은 것일까?

에사우를 찾아가 일곱 번 절을 하면서 잘못을 빌기 직전, 야곱은 하느님을 만나 씨름하게 된다. 야곱은 동이 틀 때까지 하느님과 감히 겨루는데 우리가 쉽게 이해하지 못하는 아주 이상한 장면이 벌어진다. "(하느님이) 야곱을 이길 수 없다는 것을 알고 야곱의 엉덩이뼈를 쳤다. …… 네가 하느님과 겨루고 사람들과 겨루어 이겼으니, 너의 이름은 이제 더 이상 야곱이 아니라 이스라엘이라 불릴 것이다. ……야곱은 '내가 서로 얼굴을 맞대고 하느님을 뵈었는데도 내 목숨을 건졌구나.'……하면서 엉덩이뼈 때문에 절룩거렸다."창세 32.26-33

니케아 공의회 이후 삼위일체와 전지전능한 하느님이라는 교리가 익숙한 현대 기독교인들에게도 야곱과 에사우의 이야기는 솔직히 당황스럽다. 창세기의 서술이 그 이후의 성경과는 다른, 신화적 방식을 차용했다는 점을 고려하더라도 형제와 장인을 배신한 야곱이 불경하게도 하느님의 힘과 겨루는 장면은 충분히 거부감을 불러올 수 있다. '하느님과 겨룬 후 별다른 고통과 속죄의 과정도 없었는데, 어쩌된 영문으로 거룩하게 변하기까지 하는가. 하느님의 축복은 도대체 원칙도 없는가.' 하는 의문이 들 수 있다.

인과응보의 법칙도, 고통의 의미도 없이 오히려 축복 속에 고향으로 향하는 장면은 아담과 하와가 에덴동산에서 쫓겨나되 하느님의 배려로 "가죽 옷을 만들어 입혀 주시고…… 그가 생겨 나온 흙을 일구게 하셨다."창세 3,21-23라는 부분과 어쩌면 조응하는지 모른다. 아직 야훼의 존재에 대해 확실하게 눈뜨지 못한 창세기 때, 야곱이 하느님과 오만하게 겨루려 했지만, 그 오만함과 배신의 전적마저 하느님이 놓아 주시고 축복해 주신다는 뜻이 아닐까.

아담과 야곱은 속된 말로 잔머리 굴려 신의를 버렸다가 자기가 판 함정에 스스로 빠진 꼴이다. 그러나 아담과 야곱은 하느님이 내리는 벌을 받은 것이지, 주위 사람이 그들을 벌줄 권리가 있었던 것은 아니다. 사람 사이 신뢰가 깨진 경우, 법으로는 다스리지 못하지만, 도덕적으로는 예민한 부분들이 있다. 사람은 자신을 배반한 사람을 끝까지 쫓아가서 복수를 하려 하지만, 신은 자신을 배신하고 대적한 이들을 벌주기 전에 먼저 용서할 수 있다는 징표가 아닐까.

하느님께 얻어맞은 야곱의 엉덩이뼈는 몸, 특히 내장을 지지하고 담아 주는 일종의 그릇이자 기둥과 같은 부위다. 자신의 도덕관념에 문제가 생기면 엉덩이뼈 같은 생활의 지지 기반이 흔들리게 된다. 형인 에사우를 속이는 것에서 더 나아가 하느님과 맞서려 한 태도를 가졌던 야곱이 엉덩이를 맞고 그 때문에 평생을 절뚝거렸다는 것은 어쩌면 야곱에게 자신의 불경한 태도를 죽을 때까지 잊지 말라는 하나의 경고일 수도 있을 것 같다.

실제로 배신자들이 죽을 때까지 맘 편히 잘 먹고 잘 사는 경우는 거의 없다. 겉으로는 아무렇지 않은 척하고 살지 몰라도 그들은 알게 모르게 벌을 받으며 살게 되기 십상이다. 설령 본인이 양심의 가책을 느끼지 못하는 반사회성 인격장애자여서 죽는 그 순간까지 자신의 배신 때문에 누군가 깊이 상처받았다는 점에 대해 죄책감이 없다 하더라도 그런 사람들이 과연 배우자와 평등하고 행복한 가정을 꾸려 정상적인 자식을 낳아 기를 수 있을까. 자신이 그렇게 나쁜 짓을 오랫동안 하면서 자녀들에게 착하게 살아야 된다고 진심으로 가르칠 수는 없을 것 같다. 그래서 대대로 범죄를 저지르는 집안은 마피아처럼 범죄자만 계속 배출하는지도 모른다. (예컨대 친일파로 호의호식하던 가문이 군사 독재의 첨병에 서게 되는 것과 같은 상황이다.) 또는 수단 방법 가리지 않고 돈 버는 방법, 누군가 조금이라도 자기 집안 혹은 자신에게 잘못하면 끝까지 쫓아가서 복수를 하는 법을 가르치는 집안도 있다. 이들은 서로 나누고 용서하는 진정한 행복을 알지 못한다. 신의를 저버리고 비윤리적으로 산다면 궁극에 가서는 자신과 자신의 가족들이 더 피해를 볼 수도 있다. 아담이 신의 지혜를 함부로 넘본 죄로, 고통 속에서 땅을 부쳐 먹어야 했고, 야곱이 형제를 속인 후 건방지게 신과 겨룬 죄로 절룩거리게 되는 장면에서 그와 같은 의미를 상징적으로 읽어 낼 수도 있겠다.

가까운 이의 배신 때문에 본인과 주위의 삶이 모두 처참하게 부서진 삼손의 일생 또한 야곱이 에사우에게 용서받는 장면만큼이나 우리에겐 큰 교훈이다. 삼손은 필리스티아 출신의 첫 아내와 합방하려 했지만 처갓집의 속임수에 당하고, 그 일로 격노해서 관계된 사람들을 모두 죽인다. 그런 후, 비교적 평온하게 이십 년 동안 판관 생활을 한다. 그러나 소렉 여자 델릴라에게 속는 잘못을 되풀이하게 된다. 삼손은 델릴라를 사주한 필리스티아인들에게 잡혀가 두 눈을 잃고 사슬에 묶여 연자매를 돌리는 비참한 운명에 빠지는 것이다. 오랜 시간이 지나서야 힘을 되찾은 삼손이 필리스타인들에게 복수를 하지만 자신도 역시 기둥에 깔려 죽고 만다. 삼손처럼 능력 있는 남성 혹은 여성이 사랑에 눈이 멀어 배신당한 후 결국 자신도 남도 파멸시키는 경우를 주위에서 본 적이 있을 것이다. 또한 비슷한 상황이 민담, 소설, 드라마 등에도 상투적으로 반복된다. 그만큼 배신에 대한 상처와 불안이 인간 심성에 공통적으로 존재한다는 뜻이다.

삼손의 경우, 힘센 장사이자 판관으로서 굳이 필리스타인 여자를 취할 이유가 없었던 사람이다. 야곱 역시 장자의 권리와 상관없이 열심히 일하며 살아도 충분히 행복했을 사람이다. 그러나 야곱은 인생을 막 시작하면서 막막하고 두려운 마음에 에사우의 몫이라도 빼앗아야 안심이 되었을 것이다. 즉 홀로 설 자신이 없었다는 뜻이다. 삼손 역시 판관이라는 간판을 갖고도 채우지 못하는 못 다한 옛 사랑의 기억 때문에 아름다운 이방인 여자에게 말년을 기대고 싶었을 가능성도 있다. 두 경우 다 불안하고 공허한 마음으로 인한 의존과 배신의 드라마인 셈이다.

배신이란, 그렇게 만들어진 허망한 공생과 의존관계의 종언을 의미한다. 상대방에 대한 원망을 내 마음에 품고 있으면 쌍방 모두 각자의 길을 갈 수가 없다. 누군가에 대한 원한 속에 산다는 것은 그만큼 내가 그 사람과 과거의 그늘에서 헤어나지 못한다는 뜻이다.

그렇다면 믿었던 배우자, 가족, 혹은 직장 동료 등에게 배신당하고 난 후 마음에 입은 상처를 과연 어떻게 회복할 수 있을 것인가. 어떻게 하면 삼손처럼 비참하게 죽지 않을 것인가. 임상에서는 우선, 그들과 서로 쌓아 왔던 강한 심리적 의존관계를 청산하라 조언한다. 기대도 사랑도 없었던 관계라면 배신당했다 해서 실망스러울 것도 미워할 것도 없다. 배신에 따른 상처가 깊다는 것은 그만큼 그에게 무언가를 많이 받고 살았든지, 하다못해 심리적으로라도 깊이 기대며 살았다는 뜻이다. 누군가로부터 배신을 당해 그 아픔이 너무 강하다면 먼저 내가 상대방과 어떤 식으로 의존관계를 지속했는지 살펴보아야 한다.

나를 구렁텅이에 빠뜨린 상대방을 용서하고 나니 자유롭게 되었다는 이들이 있는가 하면, 반대로 죽을 때까지 질척한 원망의 늪에 빠져 삼손의 길을 가는 이들이 있다. 한 걸음 더 나아가 상대방에 대한 증오 뒤에는 그런 사람과 엮이게 만든 내 선택에 대한 후회와 자기혐오가 있다는 사실을 알아야 한다. '왜 그런 사람과 어울렸을까.' '왜 하필 그렇게 한심한 사람을 내 배우자로 삼았을까.' '왜 내가 그런 자식을 낳아 길렀을까.' 하는 생각들은 종국에는 자기에 대한 미움과 원망으로 통한다. 내가 가장 소중한 나를 그만큼 미워하게 만든 것이 바로 배신한 상대방이라고 믿기 때문에 더더욱 증오가 깊은 것이다. 그렇게 따져 보면, 배신의 상처를 치유하기 위해서는 먼저 그런 선택을 한 자기를 용서해야 하는 게 순서다.

물론, 말은 쉽고 실천은 어렵다. 예수께서 유다의 배신으로 십자가에 매달리셨고, 베드로의 배신도 예견하셨다는 사실을 알지만 막상자신에게 그런 일이 닥치면 마음은 확 달라진다. "내 마음이 만신창이가 되었는데, 나를 칼로 찌른 이를 용서하라는 주문은 어쩌면 위선을 강요하는 것이 아니냐?"며 호소할 수도 있다.

흔히 결자해지結者解之라며 내게 상처를 준 사람이 내 마음의 상처를 치유해 주길 바라지만, 그런 일은 일어날 수 없다. 만약 그런 치유력이 있는 사려 깊은 사람이라면, 애당초 내게 그런 상처를 줄 리 만무하다. 내 상처는 내가 고치는 것이다. 남에게 내 인생을 보상해 달라고 요구하느니, 차라리 시간이 흘러 뇌세포의 주름이 엷어져서 분노의 강도가 약해지길 바라는 것이 어쩌면 더 현실적이다. 배신에 대한 증오심을 놓는 까닭은 상대방이 좋고 용서를 통해 행복을 보장받기 때문이 아니라, 내가 쓸데없는 증오와 후회로부터 자유로워지고 싶기 때문이다.

"처음엔 죽여 버리고 싶을 만큼 미웠는데, 그 사람이 불쌍하더니, 이젠 그냥, 아무렇지도 않네. 어떤 때는 불쌍하기까지 해."라고 말하는 순간 '배신의 상처란 누더기'를 뒤집어쓴 채, 자신과 남을 용서하지 못했던 내가 어느 틈에 멋진 거인으로 변모했다는 사실을 깨닫게 된다. 쓰라린 상처와 좌절감을 준 그 사건이 실은 나를 성숙하게 변모시키는 방아쇠였고 거름이었다는 사실을 알게 되면, 야곱의 변모 사건 중 일어난 엉덩이뼈 부상의 의미를 이해할 수 있게 될 것이다. 상대방과 나의 부족함, 실수 등을 모두 받아들이고 보듬게 되어야 타인은 물론 나 자신과의 진정한 화해가 가능하다.

Part 4

회의와 허무의 순간에는

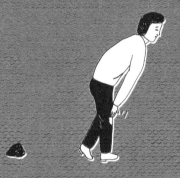

허무의 진창에 빠졌을 때

"풀 한 포기도 어여삐 여기고 작은 짐승 하나의 생명도
가치 있게 생각하는 이들은 사랑의 힘 때문에,
비록 화려하지는 않지만 아름답고 행복한 삶을 살아갈 수 있다."

왜 살아야 합니까. 이렇게 인생이 고달픈데, 어차피 죽을 텐데 뭣 하러 이런 고생을 하며 하루하루 괴로워해야 합니까? 가족이나 친구들에 대한 책임감을 생각하라고요? 다 소용없습니다. 그 사람들, 나 죽으면 며칠은 슬퍼하겠지요. 하지만 곧 잊어버릴 겁니다.

그동안 내가 노력하지 않은 줄 아십니까? 나름대로는 열심히 살려고 했어요. 하지만 세상은 날 버리더군요. 돈 잃고 사람에 배신당하고…… 그렇게 살다 보니, 세상 다 소용없더군요. 뭔가 살다 보면 좋은 날이 온다고 생각하는 사람들 곧 실망할 것입니다. 살아 보면 아무것도 아닌 게 세상입니다. 죽는 게 무서워서 그냥 사는 거지요.

살아야 하니까 앞만 보고 정신없이 달릴 때는 모르고 지나던 일들이 어느 시점에 이르러 문득, 모든 것이 허무해지고 막막해지는 경우가 있다. 목표를 이루면 이룬 대로, 좌절감이 극에 달해 희망을 포기하면 포기한 대로, '과연 무엇 때문에 그 고생을 했을까?' 하면서 허탈한 마음과 자신의 인생에 대한 회의가 밀려오는 순간이 있다.

어떤 이들은 중년의 위기^{Midlife Crisis} 때문에 또 어떤 이들은 노년의 우울증^{Senile Depression} 때문에 이런 허무감을 겪고 또 어떤 이들은 일찌감치 청년 시절의 낭만적 허무주의^{Romantic Nihilism}를 앓으면서 허무의 블랙홀에 빠지기도 한다. 실제로 열심히 살았는데 결과가 좋지 않고 사람들에게 큰 실망감을 느끼고 나면 특히 이런 허무감에 빠질 수가 있다.

무언가에 집착해서 아귀처럼 욕심을 부리는 것도 문제가 있지만 '태어나서 죽는 건 당연한데 도대체 무슨 의미가 있느냐?'는 무기력한 공허함 역시 우리 인생을 황폐하게 한다. 허무라는 정서가 그 기저에 깔린 상대주의적 비관론은 이 세상에는 절대적 진리나 절대적 지혜가 없다고 사뭇 현학적으로 주장하면서 실제로는 도덕적인 아노미^{Anomie: 무규범적 혼돈}를 합리화하는 경우가 있다. 절대적인 진리를 추구하는 것조차 부정하는 퇴폐적 허무주의는 삶과 죽음 모두에 들어 있는 가치와 보람을 부정하기 때문이다. 불교에서 말하는 공^空은 허무와는 다르다. 대승불교의 시조, 나가르주나가 주장한 대로, 허무 그 자체를 또 하나의 절대적 진리로 삼아 허무에 빠져 있는 상태는 부처님의 가르침과는 전혀 다르다. '이 세상은 모두 허무하다.'라는 생각에 대한 집착에 빠져 있는 것뿐이고, '허무'라는 잘못된 신을 섬기는 것이기 때문이다. 예컨대 "이 세상 어떤 것도 절대적 진리는 아니다. 그러니 아무렇게나 살아야 된다."라는 말은 그 자체로 모순이 될 수밖에 없다. 절대적 진리는 없다고 말하는 주장 자체가 절대적 진리, 즉 참이 아니기 때문이다. "모든 것이 허무하다."는 주장 자체도 그 주장이 갖고 있는 논리의 내재적 모순을 보아야 한다는 것이다.

이런 내재적 모순에 대한 의문은 전도서라고도 불리며 구약성경 중 지혜문학으로 꼽히는 코헬렛스승 혹은 랍비라는 뜻에서 답을 구해 볼 수 있다. 코헬렛에는 주님을 경외하고 그분의 계명을 지키는 것 외에는 모든 것이 헛되며 하느님은 당신이 원하시는 때 인간을 심판하신다는 내용이 담겨 있다. 이 내용을 문자 그대로 이해해, 어차피 하느님이 때가 되면 다 심판하실 것이니, 허무한 세상, 아무 노력하지 말고 시간만 대충 때우자는 식으로 이해한다면 잘못이다. 구약 시대의 코헬렛은 어쩌면 이와 같은 건강하지 못한 니힐리즘 혹은 대답을 아예 구하지 않는 무기력한 허무주의의 공허한 질문에 대한 하나의 응답일 수 있다.

이 시기의 전 세계의 지성들 역시, 현대인 못지않게 유한하고도 허무한 인생에 과연 어떤 도덕 법칙이 작용할 수 있으며, 그것이 어떤 의미를 갖고 있는지, 또 인간의 사고를 뛰어넘는 신성한 존재가 과연 어떤 모습인지에 대해 많은 논쟁을 벌이고 있었다. 코헬렛이 씌어지기 이전, 그리스나 이집트 신화의 세계나 시베리아 등지의 샤머니즘 세계에서 그리는 신의 영역은 세속의 이야기들이 투사된 인간적인 표현들이 많았다. 그러나 코헬렛이 씌어진 시기부터는 언어로는 이해할 수 없는 초월적 신성성The Transcendental Divine이 과연 무엇인지에 대한 논의가 활발하게 이루어지기 시작한다. 그리스는 금욕주의와 쾌락주의[12]의 범주 안에서 옳고 그름을 관장하는 신의 손길Divine Design이 무엇인지 토론하느라 바빴고 중국에서는 묵가와 유가, 법가 등 제자백가들이 인간의 본성에 대해 논의하면서 인간의 사고 영역을 뛰어넘는 절대 진리로서의 '도道'가 무엇인지에 대한 논쟁으로 세상이 시끄러웠다. 불교에서도 인간의 영혼이 윤회를 통해 영원히 존재한다는 영생론Eternalism과 모든 것이 다 아무것도 없는 존재로 돌아간다는 허무론Annhilationism에 빠져 있었다. 양쪽 진영이 첨예하게 대립하면서 결국, "존재하는 것도 아니고無實 존재하지 않는 것도 아니다.無虛"라는 중론The Way of the Middle의 철학을 나가르주나가 집대성할 때까지 동양 역시 극심한 정신적 혼돈의 시대를 겪고 있었다.

코헬렛이 가르치는 '허무'는 아마 그와 같은 시대정신을 고려하여 이해하면 좋을 것 같다. 코헬렛은 아직 근대적 의미의 의식Consciousness이나 자아Ego는 탄생하지 않았지만 이성과 합리Reason and Rationality에 대

---

12) 사실 스토이시즘(Stoicism)을 금욕주의라고 번역하는 데는 어폐가 있다. 스토아 철학에는 단순한 금욕보다는 신성한 존재에 대한 겸허한 자기 단련이 담겨 있다고 할 수 있다. 에피큐리어니즘(Epicureanism) 역시 도덕에 대한 신성성을 보는 입장의 중립성을 강조하였기 때문에 엄밀한 의미에서 쾌락주의라고 번역해야 하는지에 대해서는 의문이 있다.

한 개념이 생기면서 인간의 논리가 닿지 않는 영역을 이해하지 못할 때 빠지는 허무주의라는 함정과의 논쟁의 결과가 집대성된 것이라 볼 수 있다.

히브리어에서 본래 '허무'는 숨결 혹은 기포 등을 의미하는 영어의 breath와 유사한 개념이라고 한다. 즉, 이 세상 모든 존재는 숨이 떨어지면 사라지고 해가 비치면 말라 버리는 물방울과 같다는 말이다. 라틴어에서 공허에 해당되는 단어들이 많지만 원래부터 '텅 비어 있다.'라는 뜻의 'vanus'도 있지만, '짐을 내려놓다'란 의미의 'exonerare'와 '다 써 버리다, 비우다'라는 뜻의 'exhaurire'를 구별해야 될 것 같다. 코헬렛의 허무는 '짐을 내려놓다'라는 exonerare에 더 가까운 개념이 아닐까 짐작한다.

그러나 초월적 존재에 대한 대극의 개념으로 사용되는 겸손한 허무가 아니라, 신의 존재에 대한 회의라는 맥락에서 허무주의에 빠지면 악인들의 궤변인 "우리의 삶은 구름의 흔적처럼 사라져가 버린다. 자 그러니, 앞에 있는 좋은 것들을 즐기고…… 그를(의인을) 모욕과 고통으로 시험해…… 자기 말로 하느님께서 돌보신다고 하니 그(하느님을 믿는 이)에게 (하느님을 믿지 않는 우리가) 수치스러운 죽음을 내리자." 지혜 2;4,19-21라고 말할 수 있다. 선에 대해 비웃는 도덕적 파탄 상태다.

또, 욥의 친구 엘리파즈는 "고통받는 인간은 지혜 없이 죽어 가는 존재이며욥 4,21 인간은 하느님께 무익한 존재욥 22,2"라는 식으로 인간의 가치 자체를 부정하는 태도를 보여, 야훼의 노여움을 샀다. 언뜻 보면 이런 사람들의 주장이 맞는 것처럼 보이지만, 인간에 대한 이런 비하적 태도는 매우 폭력적인 방식으로 사람들의 삶을 파탄에 이르게 할 수도 있다. 어차피 인간은 사악한 존재이니, 아주 빨리 죽어 버리거나, 함부로 살다 죽으면 그만이라는 자포자기일 수 있기 때문이다. 자기가 지금까지 살면서 가족에게, 이웃에게, 또 우리 지구에게 빚진 바에 대한 채무감은 찾아볼 수가 없다.

자살을 기도한 후 필자에게 상담을 시작한 한 여성은 "사람들이 도대체 왜 사는지 이해할 수가 없다."고 했다. "사는 게 싫고 지쳐서 그냥 죽었으면 좋겠다."고도 했다. "남아 있는 가족, 친구나 친지들이 받는 상처에 대해서는 생각한 적이 없느냐?"고 묻자, "가족들부터 먼저 죽이고 자신이 나중에 죽는 상상도 자주 해 본다."고 말했다. 사는 게 고통이니, 고통을 없애 주는 것이 낫지 않겠느냐는 논리였다. 이 여성의 살아온 날을 들여다보니, 오랫동안 심리적으로 고립되어 살면서 주변 사람들에 대한 분노와 서운한 심정에 싸여 있었다는 것을 알 수 있었다. 머리는 좋아 지적인 면은 발달되었지만 다른 사람들과 사랑을 나누고 용서하며 배려하는 법을 부모에게서 배우지 못했다. 당연히 학교에서도 왕따가 될 수밖에 없었고 연애를 하더라도 진정한 친밀감을 나누기보다는 일회적이거나 착취적이기 일쑤였다. 힘든 세상을 사랑으로 견뎌야 한다는 생각 자체를 가질 수가 없었던 것이다.

연쇄살인범들 중에도 이런 생각을 하는 이들이 적지 않다. 남들과 나누는 사랑의 삶을 배우지 못했으니, 당연히 남들의 감정을 느끼지 못한다. 살인을 할 때도, 상대방의 고통을 전혀 감지하지 못하는 것이다. 이런 극단적인 경우는 아니더라도, 지나치게 경쟁만 하고 성취 지향적인 삶을 살다 보면 어느 순간, 에너지를 모두 소진한 채, 세상 모든 것이 허무하게만 보인다. 사람은 무언가를 소유하고 이루기 위해 고통의 과정을 참는 것이 아니라 다른 사람과의 사랑을 위해 힘든 시간을 견디는 것이기 때문이다. 물질적인 무언가는 내 손에 들어오는 그 순간부터 사실은 내게 큰 의미가 될 수 없다. 그러나 정신적인 충만감을 주는 사랑의 대상이 내 곁으로 오는 그 순간부터 내 삶은 따뜻하게 변하기 시작한다. 허무를 이기는 것은 사랑이다. 그 사랑의 대상은 물론 다양하다. 연인, 가족, 친구, 이웃은 물론 동물과 자연이 될 수도 있다. 풀 한 포기도 어여삐 여기고 작은 짐승 하나의 생명도 가치 있게 생각하는 이들은 사랑의 힘 때문에, 비록 화려하지는 않지만 아름답고 행복한 삶을 살아갈 수 있다. 이야기를 예쁘게만 한다고 생각하는가. 주변을 둘러보라. 지하철을 타고 길가에서 삼천 원짜리 김밥을 사 먹어도 같이 있으면 행복하고 안심이 되어 손 붙잡고 다니는 병약한 노부부가 있는가 하면, 수억 원에 육박하는 자동차를 굴리고, 한 끼에 수십만 원이 되는 식사를 해도 서로 원수가 되는 젊고 건강하고 능력 있는 부부가 있다. 그들의 차이가 바로 행복과 불행의 차이다.

그럼에도 불구하고 내적인 가치를 부정하는 염세적인 허무주의자들은 이런 사랑마저 인정하지 않으려 한다. 당연히 이 세상에는 힘들 때 가꾸고 보듬어야 할 대상도 의미도 없다. 주변의 작은 것이라도 사랑하며 성실하게, 소박한 삶을 꾸려 나가는 이들을 경멸하고 무시하기도 한다. "그까짓 불필요하고 중요하지도 않은 하찮은 것들에 왜 정성을 쏟느냐."고 사뭇 똑똑한 척 말한다. 그러나 그들은 실상, 세상 어떤 것의 아름다움도 보지 못한 채 자신의 생각에만 갇혀 지내는 것이다. 내 판단과 내 믿음만이 절대적이라고 생각하는 근거도 없이, 내 가치관만 옳다고 생각하니, 다른 사람들의 가치관을 존중할 줄을 모른다. 세상 사람들의 소소한 기쁨들이 다 허접하다고 생각하니, 주변 사람들의 감정을 무시하고 쉽게 상처도 준다.

이런 현학적인 염세주의자는 결국 나와 남을 파괴한다. 이 세상에 존재할 가치 없는 사람들 몇 명쯤 내 생각에 따라 희생되어도 좋다고 믿기도 한다. 허무주의자들은 "절대적 진리Absolute Truth란 어차피 우리 언어로 닿을 수 없는 영역에 존재하는데, 무엇이 과연 옳은지 누가 판단할 수 있겠느냐."라고 말한다. 그래서 엉뚱한 방향으로 나가기도 한다. 즉 객관적 진리가 없으니 감각으로 느끼는 물질적 대상이나 나의 주관적 경험과 만족에만 가치를 두어도 좋다고 주장한다. 허무주의자라고 하면서 물질과 감각은 허무하지 않아서 포기하지 못하는 것일 수도 있다. 앞서 언급한 여성 역시 자신의 생각에 문제가 있다고 회의하는 대신 자신의 신념에 따라 어떻게 자신과 가족을 죽일 것인지에 대해서만 골몰하는 모습을 보이기도 했다.

세상의 불공평함, 생명의 유한성에서 느끼는 우리의 근본적인 허무감은 종교적 태도가 아니면 극복하기 어렵다. 모든 것은 결국 죽어 없어지는 것이기 때문에, 이 세상 모든 것이 다 궁극적으로는 허무하다는 논리 그 자체를 반박할 논리적 방법은 없어 보인다. "어차피 죽음이 끝이라면 누구나 살아 있을 때 모든 쾌락을 다 누리고 자기 본능에만 충실하게 사는 것이 어때서?"라고 묻는 사람들의 퇴폐주의는 철학적 허무주의의 한 변종이다. 철저히 적자생존의 원칙에 따라 강한 자는 살아남고 약한 자는 죽어 없어지는 것이 당연하다는 논리를 가진 이들도 인간의 가치, 사랑의 힘을 믿지 않는 허무주의의 변종이다. 그들에게 '그래도 착하게 살아야 한다.'는 세속의 윤리는 그다지 설득력이 없다. "착한 자가 복을 받는다는 보장도 없는데 왜 착하게 살아야 하느냐?"고 물을 때, 또 "어차피 죽을 텐데 무엇 때문에 고생하며 살아야 하느냐?"라고 그들은 계속 고집할 것이다.

어차피 모든 것이 다 허무한데, 그래서 나의 선행에 대한 아무런 보상도 담보되는 것이 아닌데 도대체 왜 자기희생과 인내, 타인에 대한 배려를 해야 하는 것인가? 이런 질문이 어쩌면 종교가 시작되는 지점 중 하나일 수 있다. 다만 이때 말하는 '종교성Religiosity'이란 어떤 종파에 속해 교리를 믿는 태도라기보다는 인간, 구체적으로는 자기 사고와 눈앞의 이익을 뛰어넘는 초월성에 대한 겸손한 경외감, 혹은 알 수 없는 그 무엇에 대한 겸손한 지향성을 의미한다. 내 믿음과 내 사고방식이 과연 옳은지 그른지에 대해 반성하고 물어보는 태도는 그러나 내 논리와 이성만으로는 부족하다. 나의 의식은 눈앞의 이익이 명백하게 드러나는 계산법에 따라 움직이기 십상이다.

그러나 무의식은 오히려 반대로 행동할 때도 있다. 내게는 불리하더라도 더 숭고한 목적에 따라 움직일 수 있다. 예컨대, 철로에 떨어진 사람을 구한 이수현 의인 같은 이들의 희생정신은 합리적인 계산에 따라 움직이는 의식의 힘만으로는 설명하기 힘들다. 물론 반대일 수도 있다. 의식에서는 옳고 바른 말만 하던 사람이 자기도 모르게 무의식의 힘에 이끌려 엉뚱한 죄를 짓는 경우도 있다. 이렇게 자신의 의식이 무의식 앞에 얼마나 무기력할 수 있는지 인정하고 탐색하기 시작하면 우리는 겸손해진다. 즉 우리가 확신하고 있는 믿음들이 얼마든지 부서지고 버려질 수 있다는 것도 알 수 있다.

허무주의를 외치는 사람들의 무의식을 보면 사람과 환경에 실망하고 분노한 상처받은 영혼이 존재할 때가 많다. 모든 것이 허무하고, 모든 것이 가치가 없으니 차라리 세상이 모두 망했으면 좋겠다는 원망 속에는 사랑과 삶의 의미를 찾는 데 실패한 데서 오는 좌절감이 숨어 있다.

사실, "우리가 왜 사는지?" 또 "우리의 허무감을 어떻게 극복해야 하는지?"는 언어로는 제대로 설명해 낼 수가 없다. 서불진언書不盡言 혹은 지각과 이해로는 알 수 없는 그 무엇!Quod sensu percipi non potest! 그러니 결론을 쉽게 내릴 수 없다. 왜 사는지 알 수 없으니, 도대체 이 고통의 의미가 무엇인지 알 수 없으니, 좀 더 겸손하게 자신의 눈이 좀 더 크게 열릴 때까지 지켜보고 기다리자는 뜻이다. 또한 나와 같은 고민들을 나보다 앞서 살았던 많은 이들이 했을 테니 그분들의 가르침을 좀 더 깊이 알아보자는 말이다.

　현실주의에 기초하는 단순한 도덕주의는 "절대적 존재 없이도 악은 패배하고 선은 결국 승리할 것이라는 인과응보에 입각하여 바른 삶을 살아가면 된다."고 주장한다. 어쩌면 그런 식으로 사는 것이 훨씬 더 간단하고 편할 것이다. 그러나 세상이 그렇게 단순한가. 바르게 살아도 오해받고, 무시받고, 좌절당할 가능성이 더 높다. 그러나 쓸데없는 것을 너무 많이 알아 버리거나, 자신이 제대로 소화하지 못하는 염세주의의 영향을 많이 받아, 모든 도덕 가치를 부정하고 혼란되게 사는 것 역시 경솔하다. 섣부른 결론을 내리지 말고 좀 더 신중하게 자신의 무의식을 들여다보라고 권하고 싶다. 허무주의와 상대주의가 절대적인 가치인 양, 이 세상에는 진리가 없다는 또 다른 '진리'를 강변하기 이전에, 과연 자신이 어떤 이유로 그와 같은 혼돈에 빠지게 되었는지 분석해 보라는 뜻이다. (이런 가르침은 불교의 중론송 등 대승불교에서 더욱 자세히 다루지만, 이 책의 텍스트는 성경이기 때문에 자세한 내용은 후일을 기약한다.)

　냉철하게 이야기하자면, 이 세상은 착한 사람이 복을 받는 것도 아니고 악한 사람이 반드시 비참하게 고통받으며 죽어 가는 것도 아니다. 또 이 세상 어떤 것도 진정으로 허무감과 공허함을 단박에 해소해 주지는 못한다. 만약 세상이 그렇게 합리적으로 돌아가고 항상 사랑으로 충만하기만 하다면 비극이 생길 이유가 없으며, 어떻게 갈등이 존재하겠는가. 성경에서 이사야 예언자는 이런 현실을 두고 "의인이 사라져 가도 마음에 두는 자 하나 없다. 알아보는 자 하나 없이 성실한 사람들이 죽어 가고"이사 57,1 억울한 의인의 죽음은 "재앙을 벗어나 죽어 가는 것이니 그는 평화 속으로 들어가고 올바로 걷는 이는 자기 잠자리에서 편히 쉬리라."이사 57,2라고 한탄했다. 요즘 유행어로 "……하는 이 더러운 세상"이란 자조가 그 당시에도 있었다는 의미이다.

코헬렛에서도 일도 권력도 재물도 오래 사는 것도 공부도 결국에는 허망한 일이니 다 소용이 없다고 말한다. 그러나 한편으로는 이처럼 인생이 허망한 것이니 비관주의에 빠져 우울증 환자처럼 무기력해지라고 미혹하는 대신, 허망한 인생의 한계를 그대로 받아들여서, 자기의 노고로 먹고 마시며 순간순간 행복을 느끼고코헬 2,24 사람도 잘 사귀고코헬 4,8-12 너무 악하게도, 너무 바보도 되지 않는 중용을 지키고코헬 7,16-17 젊었을 때는 나름대로 젊음을 즐기며코헬 11,9 인생을 있는 그대로 받아들이는코헬 9,7-8 현실적인 태도를 요구한다. 어쩌면 이것은 너무 간단한 처방전처럼 들리지만, 정신의학에서 관념의 허상에 불과한 미래나 과거 또는 전혀 다른 공간과 상황에 집착하는 대신 '지금 여기서 Here and Now'에 충실하라고 권고한다. 선불교에서 말하는 '바로 이 순간'에 집중하라는 화두와도 아주 비슷하다.

인간은 어차피 세상의 이치와 섭리를 절대로 다 알 수 없고코헬 11,5-6 한 치 앞도 미리 예측할 수 없는 존재다.코헬 8,7 그러므로 허무주의건, 출세 지상주의건 자신의 신념 속에 숨어 있는 불완전함을 인정해야 할 것이다.

예수는 "정녕 자기 목숨을 구하려는 사람은 목숨을 잃을 것이고 나와 복음 때문에 목숨을 잃는 사람은 목숨을 구할 것이다. 사람이 온 세상을 얻고도 제 목숨Soul을 잃으면 무슨 소용이 있느냐?마르 8,35-7" 라고 세상을 향해 외쳤다. 예수가 그런 말을 한 이유는 무엇일까? 융의 심리학으로 고찰해 보자. 예수가 말한 '자기 목숨'은 융 심리학에서 말하는 가면, 혹은 거짓 자아와 비슷하다. 온 세상을 얻는 것이 가면Persona에 집착하는 자아Ego라면, 내가 집착하는 모든 대상과 가면의 허무함을 오히려 있는 그대로 인정하고 대신 더 성숙한 그 무엇을 지향해야 한다. 즉, '참 자기'는 나와 절대자, 나와 우주와의 신성한 연결고리를 되찾으려 하면서 겸손하게 외부와 만나며 보다 구체적이고 현실적인 방식으로 자신을 다듬어 나간다.

이 사람들도 역시 세상을 허무하다고 여기지만 그 허무 때문에 염세주의에 빠지지 않고 오히려 그 허무를 넘어서는 어떤 것 앞에서 겸손하게 무릎을 꿇는다. 이렇게 세속의 집착을 버리고 하느님께 다가가게 만드는 건강한 '허무'는 명예나 지위, 부유함 같은 '페르소나'와 '자아'의 유한성을 절감하게 만든다는 점에서 오히려 창조적이다. 같은 '허무'지만, 겸손에서 나오는 '허무'와 오만에서 나오는 '허무'는 하늘과 땅만큼 차이가 있다.

현실에서 열심히 성경 공부하고 열심히 좋은 일을 하면 하느님 옆자리에 '나'의 성격, 모습 그대로 유지한 채 앉아 있을 수 있다고 믿는 사람들이 있다. 이 사람들은 사실, 허무를 모른다. 그들은 저세상의 만복을 위해 이 세상에서 차근차근 쌓아 나가는 데서 기쁨을 얻기 때문이다. 물론 그런 태도가 꼭 나쁘다는 것은 아니다. 그러나 그런 준비 역시 나와 주위 사람들이 영생을 얻고 사랑을 받는 것을 지향한다면 천국 역시 하나의 현세적 왕국에 대한 세속적 욕망으로 변질될 수 있다. '아상我想에 집착하지 말라'는 가르침은 불교뿐 아니라 기독교에서도 진정한 신앙심은 나를 버려야 찾아올 것이라는 의미이다. 예수님이 말씀하신 대로 '내가 원하는 것이 아니라 하느님이 원하는 방식대로' 살고 싶어 하는 태도다. 천국에 가면 하느님의 옆자리를 준비하기 위해 착한 일을 열심히 하고 있다거나, 천국의 곳간을 채우기 위해 성경 공부를 많이 하고 있다는 태도 역시 아상에서 아주 벗어난 것처럼 보이지 않는다. 영원한 신성 앞에 자리가 무엇이고, 곳간이 무엇인가.

논리가 비약된 감이 있지만 십여 년 전, 필자의 아버지가 돌아가실 때, 애도 반응을 겪는 다른 평범한 이들처럼 세상 어떤 것도 허무하지 않은 것이 없다는 생각을 절감한 적이 있었다. 아버지께서 다시는 의식을 회복할 수 없다는 판정을 의사로부터 들은 후, 버스 차창 밖으로 보았던 노을이 아주 찬란했다. 평소 같았으면 그저 "참 예쁘네." 하고 말았을 평범하고 익숙한 노을이었다. 우리 인생은 이렇게 허무한데, 자연은 앞으로도 수백만 년 혹은 수천만 년 이상을 그렇게 존재한다는 것이 새삼 새롭게 다가왔다. 아버지의 허무한 죽음은 내게 현실이지만, 그 아름다운 노을은 내 허무와는 상관없이 장구하게 실재한다. 어쩌면 그렇기 때문에 수억만 년 전부터 존재했고 또 앞으로도 그만큼 존재할 우주 앞에 허무를 말할 자격은 내게 없는 것 같다.

최근 들어 봄빛이 흐드러지게 아름다울 때, 노을이 찬란하게 빛날 때, "내가 과연 앞으로 몇 번이나 저 아름다움을 만날 수 있을까" 혼자 가만 셈을 해 본다. 운이 좋으면 수십 번이 될 수도 있겠지만 열 번이 채 되지 않을 수도 있다. 인간의 운명은 모르니까. 흐드러지게 핀 꽃이 시들어 흙먼지가 되듯, 나란 존재도 언젠가는 흔적 없이 사라지고 마침내 아무도 그 이름조차 기억하지 못할 날이 올 터이다. 그러나 자연은 저기 저렇게 아름답게 존재한다. 여여하게. 내 허무감은 어디까지나 내 머릿속의 허무감일 뿐, 개미가 태어나면 부지런히 먹이를 나르듯, 그저 내게 주어진 시간, 생명을 가진 존재로서 책임을 다하는 것이 우주 속의 내 작은 자리일 수 있다.

높은 지위에 올라가든, 돈을 엄청나게 많이 벌든, 고매한 학문적 업적을 남기든, 누구에게 얼마나 많은 사랑을 받든, 누구나 죽을 때 허공으로 사라진다는 점에서 큰 차이가 없다. 영겁의 시각으로 길게 보자면 이름 없는 들풀이나 하루살이 같은 벌레들과 인간 역시 유한하다는 점에서는 근본적으로는 다르지 않다. 자연의 짐승과 식물들이 "허무하다. 권태롭다." 하면서 자신의 삶을 갉아먹고 못살게 굴지 않는데, 인간만 스스로 허무를 이야기하면서 자신과 타인을 못살게 군다면, 인간이란 정말 벌레만도 못한 존재이다. 어떤 고통에도 굴하지 않고 생명을 연장해 가려는 세상 모든 생명이 어떤 의미에선 우리에겐 모두 큰 스승이란 얘기다. 허무를 말하는 것 자체가 어쩌면 나만은 다른 존재보다 특별해야 한다는 자기애이고, 선민의식이고, 어리광일 뿐이다.

그럼에도 불구하고 "그래. 어떻게 이야기해도 좋다. 그런데 내가 허무해서 그냥 함부로 살다가 죽고 싶을 때 죽는데, 뭐가 문제란 말인가."라고 말하는 이들이 있을 것이다. 내 몸은 내 것이니까, 내가 함부로 해도 되고, 내 마음은 내가 다 알고 있으니까 내 삶에 대해서도 결론을 내릴 수 있다는 생각은 병든 오만함에서 나온다. 내가 지금껏 살아오면서 입혀 주고 먹여 준 부모는 물론, 알게 모르게 내가 빚진 고마운 존재들을 한 번이라도 깊이 생각한다면, 그런 말을 함부로 할 수는 없다. 만약 그동안 자신이 받고 누린 것에 대해서는 전혀 기억하지 않고 오로지 상처받은 것만 기억한다면, 그 또한 자기는 남들에게 좋은 것만 받아야 한다는 욕심일 뿐이다. 지금 이 자리에 오기까지, 알게 모르게 내가 빚진 대상들 중에 인간은 없다고 생각하는 사람들이 있다면, 하다 못해 자연을 보라. 나무들은 자라서 꽃과 열매를 키워 벌레와 새에게 둥지를 제공하고 벌레와 새들은 죽어 그 나무와 꽃들에게 다시 자신의 몸을 아낌없이 준다. 나무도, 새도, 벌레도, 짐승도 "허무하다. 권태롭다." 하고 징징대지 않으며 주어진 시간 동안 충실하게 자기의 몫을 하다 죽는다. 광대한 우주Macrocosm가 경이롭고 위대하듯이 작은 우주Microcosm인 인간 역시 죽을 때까지 우리가 제대로 이해할 수 없는 존재다. 나라는 존재는 내 몸을 잠시 빌려 쓰는 것일 뿐, 진짜 내 몸의 주인은 저 우주의 내가 모르는 신비한 섭리다.

따지고 보면 우리에게 주어진 날들이 그리 길지 않을지 모른다. 죽고 싶다는 이야기를 입에 달고 살면서도 막상 시한부 생명을 선고받으면 슬프고 화나고 절망하는 것이 인간이다. 자연과 인간에게 진 빚을 제대로 다 갚으려면, 내게 주어진 시간이 실은 너무 짧다. 라틴어로 바니타스^{Vanitas}는 허영, 공허, 헛수고, 거짓 등을 뜻한다. 거짓되고 허영에 찬 것은 결국 공허하고 헛수고에 불과하다는 것을 로마인들은 일찌감치 깨달았던 모양이다. 허무!^{Vanitas!} 자연의 모든 것이 허무하게 사라질 운명이지만 바로 그 허무함, 그 비극적인 마침의 순간 때문에 다시 우주의 모든 존재는 새롭고 아름답게 태어난다.

헛되고 헛되니 모든 것이 헛되다.^{VANITAS VANITATUM, OMNIA VANITAS.}
그러나 모든 것이 다 어울려 아름답도다.^{VITA CON!}

앤 브론테^{Anne Bronte}

우리가 하고, 듣고, 보는 모든 것 속에
멈추지 않는 고통과 허무가 있네.
돌고 도는 지구에
밀물과 썰물처럼 사람들은 왔다가 가면서

머물고 있네.

한 세대가 죽으면

또 다른 세대가 오고,

누군가 무덤에 묻히면

누군가 그 자리를 대신하네.

뜨면 다시 서쪽으로 사라지는 해는

밤이 되어도 편안히 쉬지를 못하네.

우리를 비추러

동쪽으로 다시 돌아온 해는

북쪽에서 부는 바람처럼 잠시도 멈추지 못하니.

이제 남쪽에서, 동쪽에서, 서쪽에서,

잠시도 쉬지 않고 언덕에서 흐르는 샘물이

목마른 강물을 축여 주고

바닷가에 도착하듯이.

죽고 싶은 마음이 든다면……

**"허무감은, 갈등이나 부조리한 상황을 헤쳐 나가고 적극적으로 풀기보다는
건강한 욕구를 억압하거나 필요한 과제에서 도망치면서,
한편으로는 자신을 탓하고 해치는 스스로가 만든 생각의 덫일 뿐이다."**

고통 없이 죽을 수 있다면, 지금이라도 죽고 싶습니다. 자다가 죽을 수 있다면 제일 좋겠지요. 죽을 용기도 없는 비겁한 내가 싫습니다. 치사한 거지요.

가족에 대한 책임감? 그들이 내가 힘든 것을 알까요? 그 사람들 생각할 여유, 지금 내겐 없습니다. 정말로 힘들 때, 내게 도움이 된 사람들도 아닙니다. 죽고 나서 지옥 간다고요? 지금 사는 게 더 지옥인데, 차라리 지옥의 불구덩이에 빠지는 게 나을 것도 같습니다. 앞뒤 말이 맞지 않는다고요? 예. 저도 압니다. 제가 그렇게 똑똑한 사람이라면, 이런 생각이나 하고 있겠습니까? 자꾸 죽고 싶은 생각이 드는데, 어쩝니까? 이러다 정말 죽을 수도 있겠지요…….

먹고 자고 입으면서 생명을 부지하기는 하지만, 사는 것이 죽는 것보다 오히려 못한 것처럼 느껴지는 순간들이 누구에게나 한 번쯤은 찾아온다. 인생을 살면서, '운명이 왜 날 데려가지 않을까?' 하고 남몰래 원망하는 어려운 시기도 찾아온다. 하지만 그런 일을 한 번도 겪은 적이 없었다면 아주 큰 복을 많이 받고 살았거나 아니면 감성이 무딘 사람일 것이다. 사랑하는 사람을 잃은 슬픔에, 평생 모아 놓은 재산을 하루아침에 날렸을 때, 신체가 훼손되는 큰 사고를 당했을 때, 고통스러운 병에 오랫동안 시달리고 있을 때, 차라리 죽는 게 낫겠다고 하소연하거나 자살하는 것을, 그런 고통을 겪어 보지 않은 남들이 무조건 비난할 수는 없다. 남에게 자신의 것을 다 주려고 하고 자기의 짐뿐 아니라 남의 짐까지 지고 가려는 사람들이 지쳐서 죽음을 택하기도 한다. 그들에게는 죽음이 유일한 출구인 것처럼 보이기 때문이다.

자살하고 싶다는 계획을 구체적으로 세우는 건 아니더라도 자기에게 주어진 과제가 버거워 도피하는 심정으로 죽음을 소망하는 것은 누구에게나 충분히 생길 수 있는 감정이기 때문에 반드시 심각한 병적인 징후라 말할 수는 없다. 자살하는 이들 중에는 미리 자신이 죽는 것이 소망이라는 것을 넌지시 암시하는 이들도 있다. 죽고 싶다는 이야기를 누군가 주위에서 한다면, 단순히 누구나 다 그렇다고 그냥 넘기지 말아야 한다. 죽고 싶다는 경고를 듣고도 자살을 막지 못한 가족들이 두고두고 가슴을 치는 경우가 없지 않다. 정신과 영역에서 자살은 가장 심각한 응급상황인지라, 자살을 기도한 환자들은 대개

입원 치료를 권한다. 상담을 하다 보면 멀쩡해 보이는 이들도 불쑥불쑥 죽음에 대한 희망을 토로하기도 한다. 자살 예방 가이드라인이 명확하지 않은 우리의 현실을 고려할 때 이런 환자를 만나면 의사는 깊은 고민에 빠지게 된다.

모든 자살 충동이 반드시 구체적인 자살 기도로 이어지는 것이 아니라면, 도대체 왜 그들은 자살에 대한 암시를 하는 것일까? 인간에게는 살아 있는 생명체로서 타인과 건강한 관계를 맺으려는 욕구와 함께 파괴적 본능 혹은 죽음에 대한 욕구Thanatos도 공존한다. 인간은 생명을 유지하려는 본능도 갖고 있지만, 사라지는 운명을 따라가게 되는 태도도 함께 가지고 있다. 생태계가 감당할 정도 이상으로 어떤 종種의 숫자가 늘면, 그 종의 생물들은 아주 자연스럽게 자기 파괴적인 행동을 보인다고 한다. 예컨대 일정한 크기의 상자 속에 일정한 분량의 음식을 주고 쥐를 키우면, 처음엔 쥐들의 왕성한 생식력 때문에 숫자가 늘어나지만 그다음엔 쥐들이 서로 죽이거나 마치 인간의 자살이나 자해와 비슷한 행동을 보이는 것을 관찰하게 된다. 이렇게 따지고 보면 지구라는 환경에 인간이 그 종을 보존하기 위해, 무한정 인류의 숫자가 늘어나지 않도록 파괴적인 행동을 하는 이들이 등장하는 게 아닌가 하는 생각도 든다.

그러나 일단 한 개인이 죽고 싶다고 말한다면 "사람에게는 죽고 싶은 본능도 있는 거야."라고 말하고 방치하는 것은 다른 사람의 고통을 보고 공감해 주는 인간의 영혼을 부인하는 잔인한 태도다. "우린 언젠가 다 죽게 되어 있는데, 뭐 그렇게 살려고 애써?" 하는 식으로 생을 부정하고 조롱하는 냉소적인 패배주의를 벗고, 일단 아픈 사람을 돕는 게 먼저이다. 그런 사람을 도와주려면, 겉만 보지 말고 그 심중으로 깊이 들어가 보아야 한다. 그런 생각 따위는 하지 말라고 야단칠 게 아니라, 왜 죽고 싶은지 물어보라는 뜻이다. 자살 충동 속에 숨어 있는 그 사람의 어떤 부분이나, 주변의 상황을 근본적으로 바꾸고 싶다는 깊고 강렬한 삶에 대한 희망을 읽어 내야 한다는 뜻이다.

임상에서 만났던 예를 하나 들어 보자. 폭력적인 아버지와 형을 죽이고 자신도 죽는 꿈을 반복적으로 꾸었던 한 내담자는 꿈속의 상황이 마치 현실인 양 심한 죄의식을 느끼고 있었고 죽어 가는 자신을 보는 것이 끔찍하다고 토로한 바 있다. 의식에서는 매우 따뜻하고 자기 억제 성향이 강한 사람이지만, 성장 과정에서 아버지와 형으로부터 받았던 학대가 아직 마음에 남아서 병의 원인으로 작용하는 것이 꿈에 그대로 드러난 경우였다. 물론 아우구스티누스 성인St. Augustine이 『고백록』에서 말했듯이 꿈속에 벌어지는 상황에 대해 마치 현실에서 일어난 것처럼 우리가 꼭 윤리적인 책임감을 느낄 필요는 없다. 꿈은 무의식의 산물이고 문자 그대로 무의식은 우리의 양심이나 체면의 원칙에 의해 통제되는 것이 아니기 때문이다.[13] 그럼에도 불구하고 꿈을

---

13) 사실 꿈속에서의 자살이나 타살은 있는 그대로 구체적으로 보는 것이 아니라 일종의 비유이자 상징으로 이해해야 한다. 자살이나 타살 모두 현실에서는 매우 끔찍한 사건이지만, 꿈속에서의 죽고 죽이는 행위는 자신의 어떤 성격적인 부분에 대한 무의식적 치유 욕구의 강렬한 상징적 표현이기 때문이다.

통해 자신의 마음속에 그만큼 잔인한 폭력성이 숨어 있는 것을 대면하는 것이 누구에게나 쉬운 일은 아니다. 그러나 자살이나 타살에 대한 욕구가 꿈속에서 나왔건, 실생활에서 불쑥 튀어나왔건, 그런 마음의 밑바닥에 숨어 있는 강한 폭력적 성향을 일단 주의 깊게 살펴보아야 한다. 거기서 한 걸음 더 나아가 우리는 폭력의 뒷면에 숨어 있는 새로워지고 싶은 창조적 희망, 부끄러운 과거를 딛고 일어나려는 의지와 소망을 읽어야 한다. 자살이나 타살 충동에는 재생Rebirth 즉 새롭게 태어나고 싶어 하는 마음이 들어 있기 때문이다.

또 다른 예를 들어 보자. 현실에서 좌절감에 빠질 때마다 손목을 긋는 등의 구체적인 행동으로 자살을 기도해 가족들의 애간장을 태우는 환자들이 있다. 그 같은 자살 기도가 반복되면, 가족들은 환자의 자살 충동을 단순한 쇼로 생각하고 지긋지긋하게 여긴 나머지 거의 관심을 기울이지 않게 된다. 만약 그들의 무의식에 숨어 있는 새롭게 태어나고 싶은 충동을 내담자 자신이나 가족들이 읽을 수 있다면, 지금까지의 괴롭고 힘든 삶이 아니라 건강하고 새로운 모습으로 다시 태어날 수 있도록 도와줄 수도 있을 것이다.

기왕이면 행복하게, 누릴 것 누리면서 즐겁게 살고 싶은 것이 우리 인간의 본능이다. 그러나 한편으로는 짐승에게는 없는 내면의 목소리와 기억이 만들어 내는 죄의식과 책임감을 안고 허덕이는 것이 인간의 또 다른 본질이기도 하다. 현실적이고 영악한 이들은 자살 같은 것을 꿈꾸지 않는다. 애초에 손해 볼 일은 하지 않기 때문이다. 그런 사람들은 자신과 생각이 다른 사람들에게 맞춰 주기보다는 남들에게 자신의 생각을 강요하기 때문에 스트레스 받을 일도 없다. 겸손하게 참기보다는 다른 사람들을 훈계하고 자신의 뜻대로 세상을 살려고 한다. 남의 짐을 대신 질 생각도 하지 않는다. 자신의 짐까지 "다른 사람들 어깨에 올려놓고, 자기들은 그것을 나르는 일에 손가락 하나 까딱하려고 하지 않는"마태 23.4 이기적 선택을 하는 사람들은 오래오래 이승에서 행복하게 사는 것에만 모든 관심을 기울인다.

자신의 영혼이 죽어 있다는 사실조차 의식하지 못한 채, 마치 좀비나 악귀처럼 자신과 남에게 분노와 절망만을 전파하며 살아가는 이들보다는 죽음을 꿈꾸는 이들이 어쩌면 더 낫다고 말할 수 있을지도 모른다. 내가 살아 봐야 남에게 부담만 되고 짐만 되는 것 같아, 차라리이 세상에서 없어지는 게 좋다고 생각하는 이들도 있다. 욕심과 집착만 남아 어떻게 하든 가진 것 늘리고 이기심에 남에게 상처 주는 말과 행동을 하면서도 그런 자신을 모르는 사람들에 비하면, 죄의식 때문에 자신을 해치는 그들이 얼핏 더 인간적인 듯 보인다. 그러나 한걸음 더 나아가 보면 주변 사람들은 그들이 어떤 이유에서 죽음을 선택했건 자살 그 자체 때문에 큰 상처를 받는다. 상실감을 이기지 못해 죽음보다 못한 삶을 이어 가는 이들도 있다. 먼저 세상을 떠난 이들을 원망하는 이유이기도 하다.

평소에는 대담한 척해도 막상 코앞에 죽음이 닥치면 평범한 우리는 누구나 허무감, 공포, 불안에 휩싸인다. 죽어 갈 때 겪는 고통이 두렵지 않고 살아 있는 사람들을 뒤에 남기고 혼자 세상을 떠나는 것이 고독하지 않고 죽은 후에 일어나는 일에 대해 무섭지 않은 사람이 몇이나 되겠는가.

성경의 가장 핵심주제인 죽음과 부활은 이와 같은 죽음에 대한 우리의 혼란스러운 태도에 대한 대답이 될 수 있다. 요한복음은 마리아와 마르타의 오빠 라자로가 병을 앓다 죽어 가자 자매가 주님을 찾는 대목을 기록한다. 그러나 예수가 라자로를 찾았을 때는 이미 무덤에 묻힌 지 나흘이 지났을 때였다. 예수는 눈물을 흘리면서 슬퍼하지만, 죽은 라자로를 다시 살린다. 라자로의 부활로 인해 수석 사제들과 바리새들은 공포에 휩싸인다. 이런 기적을 행하는 예수를 이제 모두 믿게 될 것이고 그러면 로마인들이 와서 이스라엘 민족을 다시 짓밟을 것이라는 예측 때문이다. 대사제인 카야파는 "온 민족이 멸망하는 것보다 한 사람이 백성을 위하여 죽는 것…… 더 낫다."라는 예언을 전한다.요한 11,1-51

"밀알 하나가 땅에 떨어져 죽지 않으면 한 알 그대로 남고, 죽으면 많은 열매를 맺는다. 자기 목숨을 사랑하는 사람은 목숨을 잃을 것이고, 이 세상에서 자기 목숨을 미워하는 사람은 영원한 생명에 이르도록 목숨을 간직할 것이다."요한 12,24-25라는 성경 구절은 죽음을 앞둔 사람에게 주는 아름답고 묵중한 선물이다.

앞으로 자신에게 일어날 일들을 알면서도 모든 이들을 용서하고 죽음과 부활을 준비하셨던 예수의 태도는 보통 사람에게는 너무 멀고 높은 경지여서 쉽게 그 의미가 제대로 이해되지 않는다. 지극히 세속적인 태도로 보자면 "자기 목숨을 사랑하는 사람은 목숨을 잃고 목숨을 미워하는 이는 영원한 생명을 얻게 된다."는 역설을 특히 쉽게 받아들이기 힘들다. 삶의 의미가 오로지 잘난 척하며 잘 먹고 잘 쓰는 것에 있는 사람들에게 사랑을 위해 자신을 버리는 예수님의 행동은 황당하게 보일 것이다. 현실에 집착하면 집착할수록 죽음은 그저 무의미한 상실이고 눈에 보이는 것만을 믿을수록 죽음 저 너머가 보이지 않는다.

이렇게 예수님의 죽음과 부활의 신비를 이해할 수 없다면 차라리 구약 시대, 요나의 이야기가 더 도움이 될 수도 있을 것 같다. 하느님은 요나에게 죄의 도시 니네베에 가서 그들에게 죄가 있음을 알리라는 특명을 내린다. 하지만 요나는 하느님의 말씀을 실행하는 것이 힘겨울 것이라는 걸 예상하고 도망치듯 배에 오른다. 그때 요나의 마음은 자신에게 주어진 힘든 일을 일단 피하고 싶은 보통 사람들과 다름이 없다.요나 1,1-3 그러나 요나는 배 위에서 안전하지 않았고, 큰 물고기에 잡아먹힌다. 그러나 죽지 않고 사흘 밤낮을 물고기 뱃속에서 지내며 죄를 뉘우쳐 다시 살아난다. 그리고 나서 하느님의 말씀에 따라 니네베로 가서 니네베가 40일 후에 멸망할 것이라 외친다. 니네베 사람들은 회개하고 하느님은 니네베에 대한 재앙을 거두신다. 요나는 자신이 예언한 재앙을 하느님께서 거두신 탓에 오히려 '스스로 꼴이 우습게 되었다.'라고 생각한다. 아주까리 나무 그늘이 사라져서 더위를 먹게 되자 "이렇게 사느니 죽는 것이 낫겠습니다."라고 푸념하기도 한다. 우리 역시 요나와 큰 차이가 없다. 일단 불편하고 힘들면 아주 사소한 일에도 차라리 죽어 버렸으면 좋겠다고 쉽게 생각한다. 죽음을 극복한 사람도 다시 평범한 일상으로 돌아와 시간이 지나면 이렇게 자잘한 불편과 불운을 또 불평한다. 그것이 기억력 짧은 사람의 한계다.

죽음과 관련된 또 다른 장면을 또 보자. 수넴 여자의 아들이 되살아나고 이스라엘과 전쟁을 벌이던 아람 임금의 장수 나아만은 나병을 앓던 중 포로로 잡혀온 이스라엘 소녀에게서 엘리사의 이야기를 전해 듣고 이스라엘 임금을 찾아가면 병이 나을 것 같아 그를 찾아가 자신의 병을 고쳐 달라고 호소한다. 그러나 이스라엘 임금은 나아만이 자신과 싸울 기회를 찾는다고 오해한다. 하지만, 그 소식을 들은 '하느님의 사람' 엘리사가 이를 알고 나아만을 데려와 요르단 강에 일곱 번 몸을 담그게 하여 고쳐 준다.2열왕 4,18-37; 4,42-44; 5,6-14 죽음을 앞둔 장수 나아만에게 이제 전쟁이나 민족 따위는 중요하지 않다. 자신의 목숨과 고통이 더 중요하기 때문이다. 하지만 수넴 여자의 아들이나 나아만 역시 시간이 흐른 뒤 요나처럼 크고 작은 삶의 어려움 앞에서 "엘리사가 그때 나를 죽게 놔두지 왜 살려 놓았느냐."고 하소연하지는 않았을까 상상해 본다.

인간은 깊은 고통을 겪거나 죽음과 마주할 때에는 하느님, 부처님, 천지신명님, 운명의 신 등등 나보다 더 강하고 지혜로우며 알 수 없는 어떤 존재에게 정신없이 매달리게 된다. 아무리 잘난 척해도 질병과 고통과 불운 앞에서 무기력하기만 한 것이 인간이란 존재다. 인간은 죽음 앞에서 살려만 달라고 그럼 무엇이든 시키는 대로 하겠다며 매달린다. 그러나 그 고통이 끝난 후에는 언제 그랬냐는 식으로 작은 불편에도 짜증을 내며 차라리 죽는 것이 낫겠다고 쉽게 말하곤 한다.

우선 고통스러운 상황에서 죽고 싶어 하는 사람들에게 종교 지도자들이 조언하는 것을 살펴보자. 그들은 "지금 당장은 힘들지만, 부활의 영광을 생각하면서 죽을 것 같은 과정을 참아 내라."고 주문한다. 실제로 이런 조언을 받아들여서, 부활의 기쁨을 생각하며 현재의 극심한 고통을 잘 참아 내는 훌륭한 분들도 있다.

물론 아주 구체적으로 내 몸, 내 마음 그대로 천국에서 부활한다고 믿은 나머지 자신의 개인적인 자아를 포기하지 않은 채, 천국에 가서도 하느님께서 사랑하는 '나'만 알아 달라고 하는 이들도 있다. 성경은 하늘나라에 가기 위해서는 현세의 모든 나를 버리라고 주문하지만, 현실에 살고 있는 대부분의 사람들은 미우나 고우나 '나'를 버리기가 쉽지 않다. 심리학에서 현실적인 자아Ego에 사로잡혀, 진짜 '참자기'를 성취하지 못하게 만드는 자아 콤플렉스에 빠진 상태와도 유사하다. 천국에 가서까지 하느님이 '나'를 완벽하게 사랑하시고 '나'를 완전하게 행복하게 하시기를 바라는 태도는 부모님이 내가 요구하는 모든 것을 들어주리라 기대하는 어린아이의 마음과 크게 다르지 않다.

우리는 죽은 다음에 과연 어떤 식으로 죽음과 부활을 경험할지 잘 모른다. 각자가 죽음 후의 이미지와 부활에 대해 개인의 마음을 투사하는 것뿐이라고 많은 이들이 이야기한다. "예수님께서 이렇게 가르쳤다."라며 자신이 이해하고 해석한 바를 절대적 진리인 양 말하는 것은 옳지 않다고 생각한다. 진리에는 결코 다다를 수 없는 언어의 한계 때문이다.

현대의 우리가 부활 여부에 대해 논쟁하듯이, 부활이 없다고 믿었던 사두가이들도 예수에게 묻는다. "그들 가운데 일곱 형제가 있었는데 맏이가 혼인하고 후사 없이 죽자 둘째가 형수를 부인으로 맞았다. 둘째도 죽자 셋째가 형수를 맞았고 그렇게 막내까지 형수를 아내로 맞았으나 막내도 죽고 후에 아내도 죽었다. 그러면 부활 때에 아내는 누구의 아내가 되어야 하느냐고 물은 것이다. 그러니 부활 따위는 논리적으로 맞지 않다는 뜻이다. 그 질문에 예수께서는 "부활 때에는 장가드는 일도 없고 시집가는 일도 없이 하늘에 있는 천사와 같아진다. …… 아브라함의 하느님, 이사악의 하느님, 야곱의 하느님께서는 죽은 이들의 하느님이 아니라 산 이들의 하느님이시다."^{마태 22,30-32}라고 대답한다. 부활 후에 자신의 자아를 그대로 유지하고, 행복하게 살고 싶다는 세속의 바람을 그대로 실현할 수 있으리라는 순진한 소망을 경계하는 셈이다. 이 같은 말씀은 살아 있는 사람들의 고통에 대해서는 관심이 없고 죽은 후의 세상에 대한 환상을 심어 주려는 의도나 과거 조상들의 해석을 도그마로 삼아서 살아 있는 이들을 억압하는 데 쓰고 싶어 하는 욕심, 제멋대로 죽음과 부활을 해석하고 이를 절대시하는 왜곡된 해석을 경계하자는 뜻일 게다.

삶의 무게가 너무나 무거워 차라리 죽고 싶다고 이야기하는 이들을 돕고 싶을 때, 혹은 자신이 자살 충동에 휩싸여 있을 때, 종교는 과연 어떤 역할을 할 수 있는가. 어떤 이들은 부활의 희망을 품고 조금만 참으라고 조언하고, 또 어떤 이들은 지옥의 불구덩이를 들이대며 협박을 한다. 어떤 이들은 뒤에 남는 사람들에 대한 책임감과 자살한 이를 가슴에 묻어야 하는 가족들의 슬픔에 대해 말한다. 모두 그럴듯한 말이다. 그 말들이 옳고 그름을 떠나, 인간이라는 존재가 갖고 있는 생명에의 욕구를 나름대로 설명해 주는 말일 것이다.

거기에 덧붙인다면 가장 중요한 핵심은 삶 자체가 사실은 고통이고 노고임에도, 우리는 그 운명을 거스를 수 없다는 사실을 스스로 인정해야 하는 것이 아닐까 싶다. 전신이 마비되고, 자신의 의사를 표현할 수도 없는 스티븐 호킹 박사 같은 이들이나, 암 선고를 받아 결국 죽게 될 처지에 있는 사람들이 갖고 있는 생명에의 의지는 제삼자가 함부로 말하거나 가벼이 볼 것이 아니다. 생명이 붙어 있는 한, 살아남기 위해 애쓰는 본능이 우리 유전자에는 원형의 형태로 깊이 각인되어 있다. 그리고 그런 원형적 상황 앞에서 우리 모두는 대체로 매우 무력하다. 마치 태어나는 그 순간부터 무언가 고통스러워 우는 아이들과 다름이 없다. 갓 태어난 아이들은 산도를 나오느라 호흡이 힘들고 바깥 공기가 차갑고, 바뀐 상황이 무서워 울 것이다. 죽을 때 역시 모든 사람들은 사랑하는 사람들과 헤어지는 슬픔과 몸의 고통에 눈물을 흘린다. 이젠 희미해져 가는 가쁜 숨을 마지막까지 붙잡으며 죽음의 공포 속에 고통으로 아우성치는 세포들을 온몸으로 느끼며 이승을 떠날 것이다. 두렵고 힘들고 아프지만 그것이 인생의 끝이다. 내 인생만은 그런 고통으로부터 자유로워야 한다는 생각, 내 육신만은 한계를 넘어 영원한 삶을 얻어야 한다는 생각, 그런 욕심이 오히려 죽음을 제대로 대면하고 받아들이지 못하게 방해를 하는 것은 아닐까.

허망한 죽음과 부활에 대한 논쟁을 그만두고 삶에 집중하라는 예수의 가르침은 어쩌면, 저세상의 일과 관련된 괴력난신에 대한 논의는 그만두고 현실의 과제를 깊이 생각하라는 공자의 가르침과도 닮아 있다. 마르크스는 종교를 고통을 잊게 해주고 부조리를 덮어 주는 마약에 불과하다고 폄하했다. 물론 죽음이라는 현실로부터의 도피처로 종교에서 가르치는 하늘나라를 꿈꾸면서 현실에서 내가 해야 할 일을 하지 않는 이들도 있다. '들림', '휴거' 등을 주장하면서, 자신들의 종교를 믿는 이들만이 구원받을 수 있다고 주장하는 광신자 집단도 있다.

그러나 성경의 가르침은 힘든 일이 닥치면 비겁하게 세상일 다 접어 버리고 죽음으로 도망가라고 부추기지 않는다. 그 반대로 십자가에 매달려 죽어 갈 것을 뻔히 알고도 도망가지 않는 예수님처럼 고통스럽지만 죽음을 대면하라고 엄정하게 주문한다. 물론 우리가 예수와 같을 수는 없다. 그 음식을 먹으면 죽을 것이라는 사실을 뻔히 알면서도 '내가 갈 때가 되었다.'고 생각해 사랑하는 제자가 주는 돼지고기를 받고 죽어 간 부처와도 너무나 다르다. 그 두 분은 자신의 죽음을 슬퍼하는 이들을 오히려 위로하고 걱정하면서 마지막 순간을 마친

분들이다. 우리가 그들과 같을 수는 없지만 적어도 닮으려고 노력할 수는 있지 않을까. 하느님을 본받자!Imitatio Dei!

우리는 흔히 "죽겠다. 차라리 죽었으면 좋겠다."라는 말을 습관적으로 하지만, 실제로는 대부분 죽음에 관해 깊이 생각하지 않고 살면서, 내게는 죽음이 아주 먼, 그래서 상관없는 것처럼 무심하게 산다. 때로는 열심히, 때로는 게으르게, 때론 신나고 재미있게, 때론 지겹고 힘들지만 그냥 사는 것이다. 죽음에 대해 매 순간 의식하고 걱정할 필요도 없고 그렇게 사는 것은 실은 우리의 삶을 무의미하게 만든다. 물론 죽음 같은 것은 생각하지 않고 주어진 일에 충실하게 사는 것이 훨씬 건강한 삶이지, 죽음을 생각하며 꼭 심각하고 우울하게 살아야 할 필요가 있느냐는 태도도 틀린 것은 아니다. 사후 세계에 대한 두려움 때문에 남에게 봉사하고 천국에서 대접받는 것을 목표로 착하게 살려는 사람도 비난할 필요는 없다. 그 사람의 의도가 무엇이든 자신과 주변 사람을 행복하게 만들기 때문이다. 사후 세계에 대한 계산 때문에 베풀거나 사랑하지 않고 진심으로 베풀고 사랑해서 인생이 훨씬 행복하다면, 그 행복을 굳이 깎아 내릴 필요는 없다. 다만, 유한한 인생을 극복하기 위해 오래 남는 무언가를 남겨야 한다는 생각이 일종의 강박관념 혹은 과시욕으로 작용해서, 자신의 삶을 위선적으로 만든다면 문제다. 창조와 선행의 즐거움은 남들을 의식하고 이름을 남기고 싶은 마음에서 생기는 것은 아니기 때문이다. 오히려 내세에 대한 구체적인 신앙은 없지만 때가 되면 모든 만물은 죽기 마련이고 자신도 그 우주의 법칙에 몸을 맡기는 것뿐이라는 믿음으로 즐겁게 살다 평온하게 죽음을 맞이하는 이들이 때론 더 아름다워 보이기도 한다.

하지만 죽어 본 적도, 죽음의 실체에 대해서, 아무도 경험해 본 적이 없다고 해서 우리가 끝까지 죽음을 부정하고 잊고 살 수만은 없다. 언젠가는 우리 모두에게 죽음이 찾아올 것이므로. 퀴블러 로스 Kubler Ross, Elisabeth는 죽어 가는 이들을 면담하면서 죽음에 대한 책을 내기도 했지만, 그 책 역시 죽기 직전까지 인간들이 겪어야 하는 과정과 마음의 준비와 살아남은 자가 죽어 가는 이에게 줄 수 있는 도움에만 초점을 맞춘 것이지 죽음의 본질을 꿰뚫고 있는 것은 아니었다. 우리가 죽음에 관해서는 특히, 인간의 가르침 저 너머를 지향하는 종교적 가르침에 기댈 수밖에 없는 이유다.

임상에서 보면 남들을 괴롭히고, 남들에게 잘난 척하고, 자기 하고 싶은 것은 다하면서도 큰소리치는 이들보다는 남에게 싫은 소리 못하고 폐를 끼치지 않으려는 이들이 더 자살 충동에 시달리는 것 같다. 분노를 밖으로 표출하지 못하고 안으로 다 되돌려 놓기 때문이다. 남을 배려하느라 자신의 몸과 마음이 망가지는 것도 방치하며 착하게 살아가는 이들도 있다. 화낼 때 화내지 못하고 정당하게 자기를 주장해야 할 때 그러질 못해 파괴적 본능의 화살이 스스로에게 향하는 것이다. 이들은 때론 "하느님은 사랑이시다."라면서 왜 이런 아픔을 내게 겪게 하는지 이해할 수 없다고 원망하기도 한다. 부활이고 영생이고 다 필요 없고 그냥 모든 것이 존재하지 않는 블랙홀과 같은 '무無, Non-being'의 상태가 되고 싶어 한다. 그들이 겪는 이런 허무감, 좌절감을 만든 것은 창조자가 아니다. 갈등이나 부조리한 상황을 헤쳐 나가고 적극적으로 풀기보다는 건강한 욕구를 억압하거나 필요한 과제에서 도망치면서, 한편으로는 자신을 탓하고 자신을 해치는 스스로가 만든 생각의 덫일 뿐이다. 그 덫은 그동안 받은 상처 때문에 내 의식과 무의식에서 조금씩 만들어진 것이다. 마치 이리저리 부딪치다 보니 내 안경에 크고 작은 흠집이 나서 시야가 흐려진 것과 같다. 내 마음이 다시 건강해져서 새로운 렌즈로 갈아 끼운다면 세상도 역시 맑게 보일 것이다. 어둡고 불행한 것은 세상이 아니라 상처가 난 내 안경이다. 새들은 죽기 직전까지 노래하고 꽃과 풀도 시들어 마르기 전까지 향기를 내뿜는다. 새들과 꽃이 우리는 "어차피 죽을 목숨인데……." 하며 노래를 멈추고 꽃 피우기를 멈추는가? 우리 인간이 자연에게 배워야 할 가장 큰 덕목이다.

내 삶의 마지막 시간,
죽음 앞에서

"우리는 죽음이라는 동반자를 부정하고 회피하는 대신,
오히려 죽음이 멀지 않기 때문에,
살아 있는 순간순간을 좀 더 보람되게 만들 수 있다.……
죽음이라는 사건은 내게 가장 좋은 조언자이자 스승이다."

아버지가 갑작스럽게 돌아가셨습니다. 살아 계셨을 때는 이런저런 일들로 원망도 많이 했는데, 이리 빨리 가실 줄 알았으면 그리 철없게 굴지는 않았을 텐데요. …… 정말 후회스럽습니다.

말기 암 선고를 받았습니다. 열심히 살아온 내게 왜 이런 일이 일어나는지 도대체 이해가 되지 않습니다. 내가 뭘 잘못했다고 하느님께서 이런 벌을 내리시는지요. 내 애들이랑 아내는 어떻게 합니까? 늙으신 부모님은 또 어떻게 하고요. 정말 하느님이 원망스럽습니다.

나만은 마치 영원히 죽지 않고 천년만년 살 수 있을 것 같은 생각에 물건이나 자리, 인간관계에 어린애처럼 집착하는 이들이 있다. 반면 "어차피 죽을 건데 무엇 때문에 아등바등 살아야 하나?"라는 허무주의에 빠지는 이들도 물론 있다. 그러나 가능한 오래오래 건강하게 장수하다 죽고 싶은 것이 보통 사람들의 희망이다. 한편으로는 지치고 힘들어서 오래 살기 싫다고 말하는 이들도 있다. 그러나 내가 사랑하고 나를 사랑한 사람들을 생각하면 도저히 그럴 수는 없다고 다시 마음을 추스르게도 된다. 남들에게 진 빚은 갚고 죽어야 하지 않겠느냐는 책임감으로, 또 매일 최선을 다하면서 하느님 곁으로 갔을 때 조금은 더 떳떳해지고 싶다고 마지막을 의연하게 준비하는 이들도 있을 것이다. 죽음 앞에서 이렇게 사람들은 여러 가지 다양한 고민들을 하게 되지만, 공통적으로 늙고 병드는 과정과 죽음 자체에 대한 공포감은 모든 사람이 공유하는 감정일 것이다.

어느 쪽이건, 아무리 의연하게 죽음을 대하려 해도 죽음으로 이르는 고통스러운 과정에 대한 공포, 또 사랑하는 사람들과 영원히 이별하는 아픔으로부터 완벽하게 초연한 사람은 없다. 살아 있는 세상 사람 누구도 경험해 보지 못한 일, 그래서 그만큼 무섭고 외로운 경험이 죽음이다. 물론 과학과 기술이 발전해서 살기도 편해지고 생명의 비밀도 많이 밝혀지는 만큼, 무의식적으로나 의식적으로 노화와 죽음의 시점마저도 마치 돈으로 조종하고 지배할 수 있는 것처럼 착각할 수도 있다. 힘들고 두려운 일은 일단 회피하거나 부정하고 보는 일종의 방어기제가 작용해서, 죽음에 대한 논의 자체를 회피하는 사람들도 많다. 세상의 모든 부귀를 다 누렸던 진시황이 현세의 삶을 놓기 싫어 불사의 영약에 집착했듯이 현대인들도 워낙 좋은 것을 많이 가지고 살다 보니 세상 떠나기가 더 아까운지도 모른다. 생명을 연장하기 위해서라면 무슨 짓이든 하겠다는 보통 사람의 욕망 가득한 삶이 자본과 기술을 만나 구체화되면서, 영생에 대한 허무맹랑한 꿈을 가지는 이들도 있다. 시신을 냉동 보관하고 복제 기술을 이용해서 자신의 생명을 연장해 보겠다는 발상은 진시황의 불로초에 대한 환상과 그 심리학적 뿌리가 같다. 암각화나 동굴벽화를 그리며 신화적 사고방식으로 죽음을 극복하려 했던 원시인들이나 과학으로 죽음을 물리치려 하는 현대인들이나 무의식의 깊은 곳에 있는 죽음에 대한 원형적 사고 유형Archetypal Thinking Pattern은 유사하다.

이처럼 시간과 공간을 넘어서 모든 인간에게 공존하는 죽음에 대한 복잡한 감정을 융Jung, Carl Gustav은 죽음 콤플렉스Death Complex라 이름 붙였고, 프로이트는 죽음에 대한 본능Thanatos이라 말한 바 있다. 심리학자들이 과학적으로 죽음에 대한 태도가 인간의 정신에 어떤 영향을 미쳤는지에 대해 천착했다면 기독교는 생명과 죽음, 저주와 축복을 같이 내리는신명 30,19 하느님의 존재를 통해 삶과 죽음에 대한 근본적인 질문을 던지는 것이 그 차이다.

성경을 관통하는 가장 큰 주제는 죽음으로부터의 재생 즉 부활이다. 예수님의 부활의 신비에 대해서는 말할 것 없고 구약에서도 노아의 홍수 이야기,창세 6-9 아브라함이 아들 이사악을 제물로 바치는 행위

창세 22는 모두 부활에 대한 하나의 복선적 구도로 읽힐 수 있다. 이스라엘이 늘그막에 얻은 아들 요셉을 총애하고 요셉이 비범한 꿈을 꾸자 형들은 그를 시기한다. 형들이 그를 죽이려고 구덩이에 던졌다가 마침 지나가던 상인들에게 팔아 버려 요셉이 이집트로 가는 대목 역시 일종의 사회적 부활인 셈이다. 요셉은 이집트에서 잘생긴 외모 덕분에 여주인의 유혹을 받게 되고 그것을 거절하자 앙심을 품은 부인은 요셉이 자신을 겁탈하려 했다고 주인에게 거짓으로 일러바친다. 그는 감옥에 갇히지만, 결국 또 그 역경에서 오뚝이처럼 되살아난다. 이처럼 요셉이 막다른 골목에서 살아나는 과정창세 37-40 역시 죽음과 재생의 주제를 상징적으로 다루고 있다.

물론 부활을 구체적 사실로 이해하고 자신의 몸과 마음이 다 영생을 얻어 부활한다고 믿는 신앙도 좋다. 그러나 이 책은 부활에 관한 개인의 신앙의 옳고 그름을 신학적으로 따지려는 목적을 갖고 있지 않다. 그보다는 심리학적 관점에서 죽음과 부활을 다룰 뿐이다. 죽음과 부활이라는 모티브가 심리적으로는 어떤 의미가 있는지, 또 그런 생각들이 삶에 어떤 영향을 미치는지에 대한 임상적 관심일 뿐이지 신학적 논쟁을 유발하자는 것이 아니기 때문이다.

바오로는 죽음이 "마지막으로 파멸되어야 하는 원수"1코린 15,26라고 하였지만, 동시에 "세상도 생명도 죽음도, 현재도 미래도 다 여러분의 것"1코린 3,22이라고 선포한 바 있다. 앞의 태도는 죽음을 외부의 적으로 파악한 것이고 후자는 죽음마저도 인류와 삶의 한 부분이라고 표현한 것이다. 물론 글자 그대로 보면 죽음을 보는 두 시각이 서로 충돌해, 마치 바오로가 한 입으로 두 이야기를 한 것처럼 오해하게 만든다. 그러나 현대 심리학의 관점에서 볼 때, 죽음은 우리의 적이면서 우리의 일부분이니, 바오로의 죽음에 대한 두 가지 태도가 모두 맞다.

조금 더 깊이 들어가 바오로의 생각을 이해해 보자. 사는 게 힘들고 사람들에게 깊이 실망하다 보면, 차라리 그냥 죽어 버리고 싶다는 생각이 들 수도 있다. 또 극단적인 증오의 감정을 느끼면, 쥐도 새도 모르게 상대를 확실하게 죽여 버리고 싶다는 매우 파괴적인 공상을 할 수도 있다. 이렇게 자신을 죽이고 싶은 마음이나 누군가를 죽이고 싶은 마음은, 인간의 파괴적 욕구 중에서도 가장 극단적인 것으로 개인과 사회를 피폐하게 만든다. 그런 의미에서 바오로 성인이 말한 대로 죽음은 마지막까지 우리가 싸워야 하는 원수이다.

하지만 다른 한편으로는, 죽음의 본능이 새로운 탄생의 준비이기도 하다. 예컨대 앞에서도 이야기했지만 자살 공상은 실제로 자신의 생명을 끊고 싶다기보다 자신의 어떤 부분을 새롭게 바꾸고 싶은 마음의 표현이다. 흥미롭게도, 너무나 합리적으로 머리만 쓰다 우울증에 빠진 사람들은 자신의 머리에 총구를 겨누는 공상을 하고 출세 등 남과 경쟁해서 높이만 올라가려 하는 이들은 높은 곳에서 떨어지는 공상을 한다. 총기 소지가 자유로운 미국에서 탁월한 능력을 갖춘 이들이 머리에 총을 쏘아 자살을 하고 무한 경쟁에 내몰린 한국의 아이들이 아파트 옥상에서 떨어진다. 화가 나면 "오장육부가 뒤집어진다."

라는 표현처럼 분노가 극을 달한 사람들은 배를 갈라 할복을 한다. 사랑에 목마른 사람들은 사랑 대신 약물을 들이키고 속도감을 즐기는 젊은이들은 자동차 사고로 죽는다. 죽는 방식 역시 삶의 연장선이다. 만약 이 사람들이 자신들의 자살 욕구 속에 숨어 있는 새로운 탄생에 대한 욕구를 읽을 수 있었다면, 아마 자살을 실행에 옮기는 대신 새로운 삶을 준비했을 것이다. 또한 죽음이 우리를 기다리고 있다는 인식 즉 우리의 유한성에 대한 생각이 없다면, 우리는 욕망과 본능에 무한정 매달려 한 없이 인생을 낭비할 수도 있다. 언젠가는 끝이 있다는 것을 알기에 매 순간 더 충실하게 살 수도 있고 힘든 고비를 넘길 수도 있다.

이렇게 하나하나 따지다 보면, 바오로의 표현대로 죽음 역시 우리 삶의 한 부분이고 죽음에 대한 본능 역시 삶의 본능의 다른 이름일 뿐이다. 그리고 어쩌면 죽을 운명이 우리를 기다리고 있기 때문에 나름대로 삶을 보다 온전하게 사는 것이 더욱 중요하다. 우리는 죽음이라는 동반자를 부정하고 회피하는 대신, 오히려 죽음이 멀지 않기에 살아 있는 순간순간을 좀 더 보람되게 만들 수 있다. 내가 죽을 때 과연 나는 어떤 생각을 할지를 상상해 보면, 죽음이라는 사건은 내게 가장 좋은 조언자이자 스승이다.

삶과 죽음에 대한 근원적인 질문과 그 천착을 통해 인간은 구체적인 생명체로서의 자신의 한계를 초월해 보려고 애쓸 수 있다. 즉 "나라는 보잘것없는 작은 생명체, 무한하지 않은 내 존재는 왜 이 세상에 태어나게 되었으며, 과연 어떤 방식으로 그 생명을 마칠 것인가?"라는 물음은 정확한 대답 여부를 떠나, 우주의 매트릭스 안에 존재하는 나라는 개체로서의 자아가 과연 어떤 의미가 있는지에 대한 질문의 시작이다. 작은 소우주Microcosmos인 '나'의 죽음을 이해하는 일은 어마어마한 우주라는 큰 전체성Macrocosmos의 생성과 소멸을 이해하는 것만큼 어렵지만, 죽을 때까지 씨름해야 할 아주 중요한 질문이다. 인간이 본능에 따라 먹고 자고 생식하는 것에만 충실한 다른 짐승들과 다른 것은 어쩌면 시간의 유한함, 즉 자신의 삶과 죽음을 의식 수준에서 이해하고 싶어 하는 소망이 있기 때문이 아닐까.

물론 이 질문은 쉽지 않다. 죽고 싶지만 왜 죽으면 안 되는지, 또 죽은 다음에는 과연 나는 어떻게 변하는지에 대한 호기심과 두려움은 종교적 본능Religious Instinct의 본질이다. 진짜 종교심은 교조적으로 교리나 종교 지도자를 따르는 맹목적 충성심, 자신과 가족에게 행운이 따르고 잘 먹고 잘살겠다는 욕심이 아니다. 지금 현재 이 자리에서 잘 먹고 잘살기 위해 종교를 갖는다면, 그것은 가짜 신앙이다. 의미 깊은 신앙은 존재의 삶과 죽음, 그 의미에 대한 근원적인 질문과 탐구, 그 자체이다.

모든 종교 행위의 시작은 죽음에 대한 유혹, 의문, 또는 공포와 관련이 있다. 멀쩡하게 살아 있던 주위의 사람들이 갑자기 목숨을 잃고 영원히 세상을 떠날 때, 자기 자신도 언젠가는 죽을 것이라는 생각으로 공포감에 빠질 때, 우리는 초월적 존재Transcendental Being에 기대게 된다. 죽음에 대한 질문은 쉽게 답할 수 없지만, 그 자체만으로도 생명을 가진 스스로의 한계를 직면하게 도와주어, 의식의 영역을 확장시킨다.

그런 의미에서 세상의 창조(창세기) 시점부터 멸망(묵시록)의 순간까지를 풍부한 상징을 사용하며 역사적 사실을 통해 총체적으로 기록한 성경은 죽음에 관한 질문을 계속하게 만드는 위대한 교과서다.(물론 불경이나 이슬람 경전 역시 성경 못지않은 위대한 교과서이지만 이 책의 목적은 비교 종교학적인 접근이 아니기에 그에 대한 논의를 깊이 할 수 없어서 아쉽다.) 삶과 죽음에 대한 근원적인 질문에 빠져 있다면, 자신의 한정된 머리로 논리적인 답을 추구하기보다는 성경이나 불경을 찬찬히 읽는 것이 더 도움이 된다. 예수와 부처는 완벽한 우리의 스승이기 때문이다. 바리새인들처럼 위대한 가르침을 받아들이지 못하고 좁은 생각에서 벗어나지 못한다면 자기만 손해다. 예수께서는 자신의 죽음과 부활을 예고하면서 예수를 따르지 않는 이들에 대해 경고하신다. "나는 간다. 너희가 나를 찾겠지만 너희는 자기 죄 속에서 죽을 것이다. 내가 가는 곳에 너희는 올 수 없다."요한 8.21라고 이야기해 주어도 바리새파 사람들은 그 말뜻을 이해하지 못했다. "자살하겠다는 말인가?"요한 8.22라는 엉뚱한 생각만 했다. 그리고 우리는 그 바리새파보다 결코 현명하지 못하다.

하느님은 권선징악의 논리를 떠나 악인들에게도 기회를 주신다는 점을 성경에서 확인하게 되면 아쉬움과 후회를 넘어서는 희망을 가지게 된다. "악인도 자기가 저지른 모든 죄를 버리고 돌아서서, 나의 모든 규정을 준수하고 공정과 정의를 실천하면, 죽지 않고 반드시 살 것이다. 그가 저지른 모든 죄악은 더 이상 기억되지 않고, 자기가 실천한 정의 때문에 살 것이다. 내가 정말 기뻐하는 것이 악인의 죽음이겠느냐? 주 하느님의 말이다. 악인이 자기가 걸어온 길을 버리고 돌아서서 사는 것이 아니겠느냐?"_{에제 18,21-23}라는 구절이 있다. 죽는 그 순간, 모든 죄를 고백하고 진심으로 통회한다면 언제든 절대자의 품 안이 우리에게 열려 있다는 뜻이다. 돌이켜 보면 하루하루가 후회스럽고 아쉬운 평범한 사람들에게는 큰 위안이 아닐 수 없다. 그래서 일곱 성사 중 하나인 임종을 앞둔 병자들에게 내리는 성사의 신비가 가장 위대한 것처럼 보인다.

십자가의 형상이 끔찍하기 때문에, 심지어는 가톨릭은 끔찍한 죽음의 상징으로 사람들을 공포에 싸이게 만든다는 오해를 받기도 한다. (실제로 어린 칼 구스타프 융은 십자가의 모습을 보고 큰 공포에 시달리기도 했다.) 그러나 죽어 가는 예수를 품고 있는 십자가는 고통을 상징하는 나무에 그치는 것이 아니다. 죽음을 넘어서는 부활을 준비하는 생명의 나무로도 해석이 가능하기 때문이다. "수정처럼 빛나는 생명수의 강 …… 이쪽저쪽에(는) 열두 번 열매를 맺는 생명나무"_{묵시 22,2}로서, 그것은 죽음을 넘어서는 아름다운 생명을 의미한다. 그러나 그 생명은 죽음을 겪은 후에야 가능하다. "생명나무의 열매를 먹는 권한을 받고, 성문을 지나 그 도성으로 들어가는"_{묵시 22,14} 자격은 고통받은 이들에게만 주어진다.

예수가 십자가에서 죽음을 맞기 직전 남긴 "엘리 엘리 레마 사박타니?(저의 하느님, 저의 하느님, 어찌하여 저를 버리셨습니까?)"[마태 27,46] 라는 구절은 그래서 우리에게 구체적인 힘이 된다. 왜 나를 버리는지 원망하는 인간적인 면모를 예수 자신도 보여 주기 때문이다. 예수가 죽음을 미리 알고 의연하게 자신에게 주어진 과제를 해냈지만, 한편으로는 그 때문에 고통받는다는 점에서 자신은 '사람의 아들'이자 동시에 '야훼의 아들'이라고 선언했던 사실이 다시 이해가 된다.[14]

인간적인 관점으로 볼 때도 예수는 분명 아무 죄 없이 죽었다. 총독인 빌라도조차 과연 예수가 왜 죽어야 하는지 이해할 수 없었다. 혁명을 일으켰던 것도 아니고, 혁명을 반대한 것도 아니고, 적에게 빌붙어 자기 민족을 해롭게 한 것도 아니었다. 그렇다고 적에게 이로운 행동을 한 것도 아니었다. 사랑의 의미를 모르는 이들에게 지상의 탐욕과 미움을 넘어서는 사랑을 가르친 죄밖에 없다. 합리적인 관점에

....

14) 예수가 십자가에 매달리는 고통을 겪으면서 하느님이 왜 자신을 버렸는지 절규하는 듯한 모습에, 기독교 초기의 교부들부터 많은 신학자들이 의문을 가졌다. 이 때문에 삼위일체를 확립하고 예수를 하느님, 성령과 함께 신적인 영역으로 확실하게 규정한 니케아 공의회 이전까지 교회 내에서는 적지 않은 갈등과 논의가 있었다. 예컨대 "예수는 신이 아니라 철저히 인간이었다." "예수의 모습은 사실 환영에 불과한 것이었지 실재한 것은 아니었다." "예수는 잠시 가사 상태에 있었다가 깨어났다." "부활한 것이 아니라 몰래 사라진 것이다." 등등 예수를 죽음을 넘어설 수도 있는 절대적인 창조자로 생각해야 하는지에 대해 초기에는 많은 신자들과 성직자들이 고민을 했다. 그리고 현재도 신앙심이 매우 깊은 신자들 중에도 사실은 비슷한 질문을 던지는 이들이 적지 않다. 예수가 절대신(Absolute God)이라면 어떻게 해서 신이 자신을 버리느냐고 절규할 수 있느냐는 것이다. 이 책에서는 이에 대한 신학적 논쟁을 하고 싶지는 않다. 다만 예수가 하필이면, 왜 이런 말씀을 남겼는지, 또 그리고 그 말씀을 우리가 어떻게 받아들여야 하는지에 대한 심리학적 의미에만 초점을 맞추려 한다.

서 봐도, 예수는 사형을 당할 사람이 아니었다. 바로 그런 점 때문에 기독교가 합리적이지 않은 이유로 고통받는 이들이 기댈 수 있는 종교가 된 것이다.

대부분 고통스러운 운명이 자신을 찾아왔을 때, "내가 도대체 뭘 잘못해서 이런 불행을 겪어야 하느냐?"고 반문하게 된다. 예컨대 "난 열심히 산 죄밖에 없는데, 내가 무슨 죄를 지었다고 내 자식이 갑자기 사고로 죽어야 되느냐?" "왜 마음 착한 우리 집안에만 이렇게 병마와 가난이 주어진 것이냐?" "특별히 잘못 산 적도 없는데 왜 나만 말기 암 환자가 되어야 하느냐?" 등등 자신에게 일어난 불운이 갖는 비논리성, 불합리성에 대해 화가 난다. 하필이면 "왜 내게 이 시점에 죽음이 닥치는지"에 대해서도 묻고 싶어진다. 세속적인 논리로는 도저히 설명되지 않는 고통의 순간, 바로 "엘리 엘리 레마 사박타니"라는 기도가 우리에게 도움이 된다. 완전한 자기의 인생을 실천한 예수님도 고통 속에서 그런 절규를 남기셨는데 평범한 내가 그런 원망의 마음이 들지 않는다면 그것이 오히려 더 이상할 것이다.

기독교 신앙이 없는 사람들에게 예수의 죽음과 부활은 거짓 신화처럼 들린다. 심리학자로서 필자는 이 책에서 종교의 교리나 믿음에 대한 여러 가지 태도에 대해 왈가왈부하거나 논쟁을 하고 싶은 생각도, 자격도 없다. 부활을 문자 그대로 믿건 상징적으로 믿건 아니면 통째로 부인하건 그것은 전적으로 개인이 결정할 문제라고 생각한다. 다만 이 책에서 주목하는 것은 '십자가에 매달렸을 때와 부활을 이룬 예수의 모습에서 우리가 배워야 할 점이 무엇인가?'이다.

무덤에서 나와 모습을 드러낸 다음, 예수는 마리아 막달레나와 다른 마리아 등 여자들에게 나타나 "평안하냐?"^{마태 28,9} "여인아, 왜 우느냐?"^{요한 20,11-18} 라고 묻는다. 이런 질문은 "내가 죽은 것에 대해 왜 그렇게 슬퍼하느냐?" 하고 반문하는 것처럼 들린다. 마치 부처가 자신의 죽음에 "슬퍼할 것이 없다, 내가 열반에 들어가니 오히려 평상심을 잃지 말라."고 주문한 상황과 매우 비슷하다. 물론 예수나 부처는 "천국에 가겠다." "열반에 들겠다." 하면서 이 세상이 힘들고 괴로우니 빨리 이 세상을 뜨는 게 낫다고 말하지는 않았다. 그런 도피적 태도와는 정반대로, 삶 속에서 자신의 죽음에 대해 철저하게 준비한 것이다. 죽음과 부활, 혹은 죽음과 열반이라는 구체적 사건을 통해 삶과 죽음의 진정한 의미를 추종자뿐 아니라 후세 사람들에게 남긴 것이 아닐까.

다시 한번 강조하지만 부활의 기쁨과 평화는 예수의 죽음 후에 죄 많은 이스라엘 사람들과 나름대로의 신앙을 가진 인류 모두에게 찾아왔다. 그것은 몸과 마음이 모두 찢어질 듯 아파 본 다음에야 진정한 치유와 평안의 기쁨을 맛볼 수 있다는 뜻이 아닐까. "우리의 옛 인간이 그분과 함께 십자가에 못 박힘으로써 죄의 지배를 받는 몸이 소멸하여야"^{로마 6,6-7} 하는 것이다. "죽은 이들을 다시 살리시고 존재하지 않는 것을 존재하도록 불러내시는 하느님 앞에서……희망이 없어도 희망"^{로마 4,17-20}하는 태도는 죽음과 삶을 어떻게 보아야 하는지에 대한 명쾌한 대답이 될 것이다.

오늘의 나는 매일 밤 죽는다. 하지만 내일 아침 나는 또 새롭게 태어난다. 이승의 나는 언젠가 죽는다. 그러나 나는 또 다른 모습으로 새롭게 태어날 것이다. 그것이 불교에서 말하는 윤회의 바퀴 속에서 일어나는 것인지, 아니면 기독교에서 말하는 천국의 열락인지, 이 책에서 강조하고 싶지는 않다. 다만 정말 외롭고 힘들 때, "엘리 엘리 레마 사박타니"를 외우며, 철저하게 외로운 과정인 죽음을 견뎌 보는 것은 어떨까. 그것이 모멸과 외로움 속에서 죽음을 견뎠고 그 고통을 이긴 후, 다시 평안을 찾은 예수를 우리가 역사 속에서 만난 이유이기도 하다. 예수께서 말씀하신 하느님의 나라에 대해, 우리는 성경을 통해 어렴풋하게 이해하려 애쓰지만 그 어느 누구도 단정적으로 "천국은 이렇다."라고 말할 수는 없다. 다만 짐작해 볼 뿐이다.

죽음 다음의 세계가 어찌 되었건, 살아 있는 우리들에게 흘러간 시간들은 다시 되돌아오지 않는다. 그러나 그런 유한한 인생의 과정 속에서 내 보잘것없는 삶의 편린들이 거름이 되어 누군가의 마음에, 세상의 꽃들과 나무들에게 도움이 된다면 그 자체로 충분하지 않을까. 내 삶의 마지막이 언제 갑자기 찾아올지는 모르지만, 돌이켜 보면 많은 실수와 잘못과 회한으로 가득한 지난날이 보인다. 내 삶이 어리석고 때론 추하기도 한 만큼 죽음 앞에서 더욱 겸손하고 내적인 평안을 배워 나가 나름대로는 지금보다는 조금 더 의연해질 수 있길 감히 희망해 본다.

슬럼프와 좌절을 이기는 힘

"내가 고통 속에서 홀로 될 때,
거룩한 절대자와 조우할 수 있다는 사실은 인생의 역설이자 신비이다."

아무것도 하기 싫습니다. 열심히 살았는데 이런 결과밖에 얻지 못했네요. 겨우 이 꼴을 보자고 그동안 안 먹고 안 쓰고 악착같이 살았을까요. 정말 너무 무기력해서 꼼짝을 못하겠습니다. 방바닥이 꼭 나를 붙잡는 것 같아요.

논문을 쓰려고 해 보지만 영 되지 않습니다. 아예 첫 줄도 시작할 수가 없네요. 열심히 할 때는 정말 미친 듯이 했는데 결과들도 다 시원찮은 것 같고 얼마 전 제출한 논문이 거부당한 후 깊은 슬럼프에 빠졌습니다. 이젠 새롭게 뭔가를 시작하는 것 자체가 무섭습니다. 언제까지 이런 식으로 좌절에 빠져 있을지 저도 모르겠습니다.

무언가 큰 좌절을 겪고 난 후, 충격과 슬럼프에 빠져 아무것도 하기 싫고, 아무것도 보기 싫은 시간이 누구에게나 찾아온다. "그냥 나 좀 내버려 둬." 하고 두문불출, 방에 틀어박혀 먹지도 씻지도 않고 잠만 하염없이 청한다. 사람에게 실망하고 자신에게 실망하고 희망도 없고 출구도 없는 그런 때, 죽자니 차마 그럴 용기마저 없고 심지어는 손을 뻗어 도움을 주겠다는 사람조차 믿고 싶을 때가 있다.

이와 같은 고독한 의욕 상실의 시기가 오면 남들은 손쉽게, "친구들을 만나 술 마시며 풀라." "운동을 해 보라." "여행을 떠나고 쇼핑을 하라." 등등의 별로 와 닿지 않는 고식적인 처방을 내놓는다. 근본적인 원인과 문제점을 대면해 풀어 나가는 것이 아니라면 금방 또 슬럼프와 우울증에 빠지게 될 것이 분명한데 말이다. 이처럼 고립무원의 기분과 좌절감으로 손가락 하나 까딱하기 힘들 때, 그래서 어떤 기도도 잘 되지 않을 때, 과연 어떤 성경 구절이 도움이 될까?

성경 가운데 상처받은 우리의 마음에 가장 잘 닿는 책들은 아무래도 시편이나 지혜서일 것이다. 시편의 부드럽고도 다감한 정조를 읽다 보면 다윗 역시 명백한 우울증 환자인 사울만큼은 아니더라도 남몰래 우울감과 불안을 겪었을 것이라는 느낌이 든다. 차이가 있다면, 사울은 우울증에 빠졌을 때 주님께 의지하기보다는 세속적인 방식으로 자신의 지위를 유지하거나 미신에 완전히 빠져 헤어나지 못했고, 다윗은 모든 것에 우선해서 주님을 찾았다는 점이 될 것이다. 실제로 과거의 아픈 기억과 현실의 딜레마에 빠져 이러지도 저러지도 못할 때

기도에 의지하기보다는 마술적인 무언가에 빠지기 쉬운 것이 우리의 정직한 모습이다. 운명의 힘은 우리가 대적하기에는 엄청나게 크고 사악한 괴물처럼 우리를 압도하기 때문이다.

그러나 미신적인 잘못된 조언, 세속적인 가벼운 충고들은 그렇지 않아도 힘든 인생의 여정을 더 꼬이게 만든다. 지푸라기라도 잡고 싶은 사람들의 초조하고 고달픈 마음을 나쁜 사람들이 교묘하게 잘도 이용하기 때문이다. 엉뚱한 곳에서 길을 찾지 말고 철저히 혼자가 되어 기도 중에 문제의 핵심을 자세히 들여다보면 이미 그 해답이 내 마음에 숨어 있지만, 거기까지 도달하기가 쉽지 않다. 해답을 찾아가는 마음의 나침반이 없기 때문이다. 의학적인 도움, 현자의 조언들도 물론 좋지만, 자기 안의 핵심으로 인도하는 성경 읽기는 마음속의 지도와도 같다.

특히 그중에서도 시편은 노래이자 '시詩'의 형태로 만들어져, 마치 꿈처럼 우리를 무의식으로 인도해 준다. 알려져 있다시피, 시편을 관통하는 신학적 주제는 우리 인생의 중심이 하느님이며, 특히 어렵고 곤란한 처지에 빠졌을 때 하느님께서 우리를 구원해 주신다는 것이다. "곤경 속에서 주님께 부르짖자 나에게 응답하셨네. …… 내 도움은 주님에게서 오리니 하늘과 땅을 만드신 분이시다. 그분께서는 네 발이 비틀거리지 않게 하시고……주님은 너를 지키시는 분, 주님은 너의 그늘 네 오른쪽에 계시다. …… 주님께서 모든 악에서 너를 지키시고 네 생명을 지키신다. 나거나 들거나 주님께서 너를 지키신다, 이제부터 영원까지."^{시편 120.1~121.8}라는 구절은 세속의 어떤 것도 도움이 되지 않는 고독한 시간, 모두가 나를 포기했지만 끝까지 나를 놓지 않고 지켜 주는 하느님의 사랑을 되돌려 생각하게 만든다.

시편은 그중 한 구절이 오래전 유행한 팝송 가사로 쓰일 만큼 보통 사람의 보편적인 원형적 정조를 잘 표현해 준다. 재미 삼아 노래 가사로 쓰인 시편의 몇 문장을 소개해 본다. 아마 읽다 보면 익숙한 멜로디를 흥얼거리는 이들이 꽤 있을 것 같다. "By the rivers of Babylon, we sat and wept when we remembered Zion. There on the poplars we hung our harps, for there our captors asked us for songs, our tormentors demanded songs of joy……"(바빌론 강 기슭에 앉아 시온을 생각하며 우네. 거기 버드나무에 우리 비파를 걸었네. 우리를 포로로 잡아간 자들이 노래를 부르라, 우리의 압제자들이 흥을 돋우라 하는구나.) ^{시편 137.1~3}

흥겨운 멜로디로 만들어졌지만, 사실 이 구절은 피비린내 나는 전쟁터에서 돌아와 바빌로니아 유형지^{Exile}에서의 쓰라린 추억을 되새기는 슬픈 시이다. 후세 사람들은 이 구절의 시적인 운율을 즐기겠지만, 실제 이 노래를 불렀던 이스라엘 사람들은 절망에 빠져 피눈물을 흘렸던 시기를 회고하는 것이다. 강대국 바빌로니아에게 유린되어 노예가 된 채, 민족의 얼과 혼이 담긴 노래를 압제자들 앞에서 광대처럼 불러야 했던 시간이 그들에게 주었던 충격은 요즘 의학 용어를 빌리자면 외상 후 신경증^{Post-traumatic Disorder}이 아닐까 생각한다. 실제로 정신적·신체적 외상을 받으면 마음속에서 반복적으로 그 일을 재경험하면서 사람의 영혼을 소진시킨다.

누구보다 신앙이 강했지만 끔찍한 시련들을 계속 겪으면서 영혼의 소진 상태를 겪은 욥의 아픈 고백도 기도가 안 될 때 다시 읽을 만한 구절이다. 욥은 고통 속에서 자신이 태어난 것 자체를 저주하고^{욥 3,3} 냉엄하고 매정한 하느님의 독단을 원망하기도 하며^{욥 9-10} 가장 힘들 때 보이지 않는 하느님의 부재^{욥 12,24}에 대해 절규한다. 이런 고통에 빠지게 하신 것을 보면 하느님이 자신을 원수로 취급^{욥 19,7-12}하는 것이 틀림없다고 독백하기도 한다.

욥이 오랜 갈등과 좌절 끝에 결국 하느님의 엄청난 권능에 굴복해 "저에게는 너무나 신비로워 알지 못하는 일들을 저는 이해하지도 못한 채 지껄였습니다."^{욥 42,3}라고 겸손하게 인정하는 순간, 치유의 감정을 느끼게 된다. 자신의 문제가 무엇인지 제대로 알게 된 후에야 비로소 눈이 열려 "당신에 대하여 귀로만 들어 왔던 이 몸, 이제는 제 눈이 당신을 뵈었습니다."^{욥 42,5}라며 마음속의 납덩이를 내려놓는 것이다. 욥의 신앙 고백은 현대의 이성적인 잣대로 보면 이해할 수 없는 부분이 많다. 인과응보나 권선징악의 단순한 구도로는 설명이 되지 않는 불합리한 불운 앞에 무기력한 자기 자신이 너무 답답할 것이다. 불교적 관점으로 전생의 업보로 받아들이며 나름대로 어려운 과정들을 극복하는 사람도 물론 있겠지만 그 숫자는 많지 않다.

대부분의 사람들은 무언가 나쁜 일이 일어나면, 왜 하필 죄 없는 나와 우리 가족들에게 이런 시련을 주는지 묻게 된다. 마치 "하느님, 제가 무슨 죄가 있다고 이러세요?" 하고 싸우듯 말이다. 거꾸로 '왜 나에게는 나쁜 일이 일어나면 절대로 안 되는가?' '내가 그렇게 대단한가?'라고 생각하면서 자신에게 닥친 시련들을 그대로 받아들이는 겸손한 이들 역시 많지 않다.

사실은 이 세상의 불운과 질병과 죽음을 피해 갈 특별한 권리를 가진 이들은 아무도 없다. 예수께서 "아버지, 아버지께서 원하시면 이 잔을 저에게서 거두어 주십시오. 그러나 제 뜻이 아니라 아버지의 뜻이 이루어지게 하소서."라고 기도했을 때의 모습은 자신에게 주어진 불운과 불행이 멈추었으면 하는 사람들에게 그래서 더욱 위로가 된다.

예수는 많은 군중과 제자들과 만나는 공생활을 하는 와중에도 외딴곳으로 물러가 혼자 기도했다.루카 5,15 예수께서는 몰려든 사람들을 치유하고 가르치느라 지친 몸을 기도를 통해 재충전한 것이 아니었을까. 십자가에 달리시기 전날 겟세마네에서 혼자 기도를 하셨던 구절 마태 26,36-46; 마르 14,32-42; 루카 22,40-43 역시 고통 앞에서 무력할 때 우리가 떠올리고 닮아야 할 풍경이다.

물론 힘든 와중에도 회의하는 마음을 다잡아 가며 드리는 '내 기도가 과연 제대로 된 기도인가?' 혹은 '하느님이 과연 계시긴 하는 건가?' 의심할 수 있다. 그럴 때 예수님께서 "저는 그들 안에 있고 아버지께서는 제 안에 계십니다. 이는 그들이 완전히 하나가 되게 하려는 것입니다. …… 세상은 아버지를 알지 못하였지만, 저는 아버지를 알고 있었습니다. 그들도 아버지께서 저를 보내셨다는 것을 (이제는) 알게 되었습니다. …… 아버지께서 저를 사랑하신 그 사랑이 그들 안에 있고 저도 그들 안에 있게 하려는 것입니다."^{요한 17,23-26}라는 구절을 기억해 볼 만하다.

마치 연인들이 "네 안에 내가 있고 내 안에 네가 있다."라고 말하는 것과 유사하지 않은가. 따로 애쓰지 않아도 내 안에 이미 하느님이 존재하고, 하느님 안에 내가 살고 있다는 고백이다. 평범한 사람들이 불운과 고통을 외면하고 도망치면서 하느님과의 끈까지 같이 놓아 버릴 때, 예수는 그 불운과 고통을 그대로 수용하였기에 보다 완전한 존재가 될 수 있었던 것은 아니었을까. 그리고 바로 그런 이유로 분석심리학자들은 예수를 전체적인 자기^{Self}로 가는 개성화^{Individuation} 과정을 현실에서 구현한 역사적 인물의 한 예라고 보기도 한다.

분석심리학에서는 무의식과 의식이 통일성을 잃지 않고 외부에 비치는 페르소나^{Persona}와 내 무의식에 숨어 있는 그림자^{Shadow}를 의식화하는 과정, 그래서 자아와 '참 자기'의 축이 회복되는 것을 전제로 '참 자기'로의 개성화^{Individuation} 과정이 성취된다고 말한다. 마음에 병이 들면 일상생활의 자아가 '참 자기'와의 건강한 관계를 맺지 못해 파편화하거나 분열되기 쉽다. 세속에 사로잡혀 좌절감으로 콤플렉스에 빠져 있으면 '참 자기'와의 끈도, 신성성과의 소통도 놓아 버리게 될 것이다.

그러나 사는 것이 너무 외롭고 힘들어서 오갈 데도, 하소연할 데도 없이 오로지 기도에만 의지하는 절망의 순간, 역설적으로 '참 자기'를 찾는 하나의 실마리를 만나기도 한다. 내가 고통 속에서 홀로 될 때, 거룩한 절대자와 조우할 수 있다는 사실은 인생의 역설이자 신비이다.

Part 5

옳고 그름 혹은 종교에 대하여

기독교는
배타적 민족주의의 산물인가?

**"성경은 이스라엘 민족의 영광만 노래한 것이 아니라
오히려 그들의 우둔함과 게으름을 더 엄중하게 경고했기 때문에
다른 민족에게도 울림을 주는 종교로 거듭난 것이다."**

기독교는 어디까지나 서양 종교 아닙니까? 서양 사람들이 자기들 생각을 강요하고, 제국주의 침탈을 위해 먼저 들이댄 것이 선교사 아닙니까? 지금은 구호물자를 받으려고 교회 근처를 어슬렁거리는 시절과는 다릅니다. 더구나 기독교인이라고 하면서 원주민들의 종교를 무시하고 억압하는 서양인들이 얼마나 많았습니까? 호주의 원주민들, 미국의 인디언들이 얼마나 많이 희생되었습니까?

불교 신자들을 무시하고 불교를 믿으면 지옥에 간다는 개신교인들을 보면 정말로 답답하고 화가 납니다. 그렇다면 기독교가 만들어지기 전, 수천 년, 수만 년 동안 인류들은 모두 지옥에 갔습니까? 또 아예 기독교를 모르는 사람들은 어떡하고요?

무엇보다 종교의 차이 때문에 집안 식구끼리 분란이 일어나 괴롭습니다. 우리나라 사람들은 그저 우리 본래의 종교를 믿고 서양 사람들은 서양 종교를 믿는 게 맞지 않습니까? 서양인들이 자신들의 종교를 강요해서 전쟁이 일어난 적도 있지 않습니까?

성경을 보면 실제로 구약 시대의 하느님 야훼는 이민족들에게 잔인하게 징벌을 가하는 이스라엘의 신으로 기록된 측면도 있다. 예컨대 신명기에서 야훼는 "그 성읍이 너희의 화친을 받아들여서 문을 열면, 그곳에 있는 백성은 모두 너희의 노역자가 되어 너희를 섬기게 해야 한다. 그러나 그 성읍이 너희와 화친하지 않고 싸우려 하면 그 성읍을 포위하여라. …… 너희는 그곳의 남자를 모두 칼로 쳐 죽여야 한다. 그렇지만 여자들과 아이들과 가축과, 성읍 안에 있는 모든 것, 곧 모든 노획물은 전리품으로 삼아도 된다."

성경 기자들이 살던 시대와 공간적인 배경을 생각하지 않고 그야말로 문자 그대로 성경을 받아들인다면, 이 구절에서 야훼는 정복자 이스라엘만 편드는 무자비한 부족장처럼 보인다. 하지만 단순하게 그와 같은 결론을 내리기 전에 왜 성경 기자들이 야훼의 가르침을 이렇게 기록하였는지 의문을 가져 보자. 앞서도 짧게 언급했지만, 구약성경에는 그 시대에 이스라엘이 처했던 지정학적 특수성이 있다. 외침으로 강토가 유린되거나 문화의 중심에서 소외된 국가의 경우에는 그 아픈 기억들이 의식과 무의식에 모두 작용해 비합리적이고 배타적인 민족주의가 싹트게 된다. 이집트, 아시리아, 바빌로니아, 페르시아에서 로마에 이르기까지 이스라엘은 수천 년 동안 강대국의 침략을 받아 왔고 살아남는 것 자체가 불투명할 정도였다. 당연히 자신을 보호해 주고 또 상처받은 자존심을 보상해 줄 이데올로기가 필요했다. 그것이 하느님이 자신들을 선택했다는 선민사상이다. 제1차 세계대전 이후 패전국이 되어 경제가 도탄에 빠지자 독일과 이탈리아가 나치즘과 파시즘을 선택했던 것과 그 심리적 기저는 유사하다.

따지고 보면 겉으로는 예루살렘을 되찾자고 시작했던 십자군 전쟁도 기근과 질병이 창궐해 생존이 위협당했던 유럽인들의 자구책이었다는 견해도 존재한다. 위태위태한 유럽에 그냥 머물러 같이 죽을 게 아니라, 잘사는 이슬람 국가와 한번 겨루어 보자는 비장한 각오로 떠난 그들에게 선민주의와 배타적 종교 이데올로기는 꼭 필요했다. 17세기 이후 서양의 제국주의 물결도 폭발적으로 늘어나는 인구에 비해, 생산성이 높지 않은 척박한 유럽 땅의 한계를 극복하고자 했던 하나의 몸부림이라고 볼 수도 있다. 기독교가 이런 침략 전쟁을 포장하고 합리화한 부분도 물론 없지 않다. 그러나 이는 정치가 종교를 이용한 것이고, 인간의 욕망이 무의식에 존재하는 신성에 대한 경건한 태도를 정치적 도구로 퇴행시킨 것뿐이다.

성경을 역사적 사건 순서로 읽다 보면 배타적 민족주의나 선민사상이 서서히 배제됨을 알 수 있다. 예를 들어 야훼는 예언자들을 통해 이스라엘 민족을 더 호되게 꾸중한다. 이사야는 지배자인 아시리아보다, 예레미아는 바빌로니아보다, 에제키엘서는 이집트보다, 다니엘서는 페르시아보다 오히려 이스라엘 민족을 더 꾸짖는다. 한 걸음 더 나아가, "주님은 이스라엘만의 주님이 아닌 만군의 주님"즈카 7,4임을 강조하기까지 한다. 물론 이와 같은 구절들이 잘못 오용되어 반유대주의의 이론적 도구가 되기도 했지만, 초기의 구약성경 기자들과 달리 후기의 성경 기자들은 이스라엘뿐 아니라 모든 민족들이 하느님 앞에 평등하게 사랑받고 심판받는다는 점을 더욱 강조하게 된다.

이스라엘의 관점에서 이스라엘의 역사를 기록한 성경이, 자국민인 이스라엘에 대해 맹목적인 찬미와 미화를 하지 않았다는 사실은 매우 독특하고 의미심장하다. 우리나라의 신화역사집인 『부도지』, 『한단고기』, 『천부경』에도 일종의 창세기와 비슷한 세상 창조 장면부터 단군 왕조 이후가 기록되어 있지만 한민족의 어리석음에 대한 질타나 반성 혹은 비난이 성경만큼 장대한 스케일로 다루어지지는 않는다. 기독교와 비슷한 시기에 생성되었으나 마침내 소멸된 중근동의 조로아스터교, 마니교 등 다른 여러 종교들과 달리 왜 기독교가 세계 종교가 되었는지에 대한 해답이기도 하다. 성경은 민족주의적 관점으로 이스라엘 민족의 영광만 노래한 것이 아니라 오히려 그들의 우둔함과 게으름을 더 엄중하게 경고했기 때문에 이스라엘뿐 아니라 다른 민족에게도 울림을 주는 종교로 거듭난 것이다. 인도의 왕자로 태어났음에도 자기 국가의 영광에 집중하지 않고 이웃나라와 민족들, 한 걸음 더 나아가 비천한 계층에게도 자비를 베풀어야 한다고 가르쳤던 석가 모니의 불교가 세계 종교로 성장한 것과 같은 맥락이다.

신약은 더욱 확실하게 핏줄로 얽힌 배타적인 민족주의를 배격한다. 세례자 요한은 "아브라함을 조상으로 모시고 있다고 말할 생각일랑 하지 마라. …… 하느님께서는 이 돌들로도 아브라함의 자녀들을 만드실 수 있다."마태 3,9고 경고한다. 하느님 앞에 조상이니, 민족이니 하는 말 자체가 의미가 없다는 뜻이다. 이방인들에게 적극적으로 복음을 전한 바오로도 "땅 끝까지 구원을 가져다 주도록 내가 너를 다른 민족들의 빛으로 세웠다.""다른 민족 사람들은 이 말을 듣고 기뻐하며 주님의 말씀을 찬양하였다. …… 그러나 유다인들은…… 바오로와 바르나바를 박해하게 만들고 그 지방에서 그들을 내쫓았다."라는 이사야서를 인용하면서 유대인 중심적 사고방식에 대해 준엄하게 반성하고 있다.사도 13,48-51

무엇보다 예수께서는 공생활을 시작한 처음부터 하느님의 빛이 모든 국가를 비추는 것이라는 점루카 2,32 을 확실하게 한다. 예수가 태어난 곳도 이스라엘이 아니라 팔레스타인이었고 설교를 시작한 곳도 다국적 도시인 갈릴리였다. 이스라엘을 떠나 그 접경지인 티로와 시돈 지방에 가서 가나안페니키아인 여자를 만나 그 딸을 치유하기도 했다.마태 15,21-28 또한 이스라엘을 박해하는 로마 군대의 백인대장의 신앙에 감탄하면서 "나는 이스라엘의 그 누구에게서도 이런 믿음을 본 일이 없다. …… 많은 사람이 동쪽과 서쪽에서 모여 와, 하늘나라에서 아브라함과 이사악과 야곱과 함께 잔칫상에 자리 잡을 것이다. 그러나 하느님 나라의 상속자들아마도 스스로가 하느님 나라의 적통을 잇고 있다고 생각하는 유대인들은 바깥 어둠으로 쫓겨나, 거기에서 울며 이를 갈 것이다."마태 8,10-12라는 일종의 폭탄 선언을 남긴다.

또한 유다인과는 서로 상종도 않는 사마리아 여인에게, "너희가 이 산도 아니고 예루살렘도 아닌 곳에서 아버지께 예배를 드릴 때가 온다. …… 하느님은 영이시다. 그러므로 그분께 예배를 드리는 이는 영과 진리 안에서 예배를 드려야 한다."요한 4,21-24라고 말한다. 기도하는 장소가 누구의 영토에 속하고, 어느 나라에 속한 사람인지가 중요한 것이 아니라, 기도하는 태도 그 자체가 중요하다는 뜻이다. 다시 말해 하느님은 이스라엘만의 하느님이 아니라 모든 이들의 하느님이며 우리가 섬겨야 하는 것은 영토로 서로를 구분하는 세속의 국가와는 다르다는 점을 강조한 것이다.

"너희는 또 어째서 너희의 전통 때문에 하느님의 계명을 어기느냐? …… 너희는 이렇게 너희의 전통으로 하느님의 말씀을 폐기하는 것이다."마태 15,3-7라고 유대의 전통이 어떻게 잘못 이용당할 수 있는지에 대해 경고한다. 또 "이 백성이 입술로는 나를 공경하지만 그 마음은 내게서 멀리 떠나 있다. 그들은 사람의 규정을 교리로 가르치며 나를 헛되이 섬긴다."이사 2,13라는 이사야서를 인용하면서 유대인들의 거짓 신앙에 대해 경고하였는데 이 또한 유대인들에게만 해당하는 경고가 아니라 자신들의 전통, 교리, 교조적 믿음에 대해 집착하는 모든 이들에 대한 경고라 해석할 수 있다.

그럼에도 불구하고, 자칭 기독교인들이 나치나 일본 제국주의의 군인들처럼 다른 나라 사람들, 다른 종교를 무시하고 때론 훨씬 더 가혹하게 대하는 경우가 없지 않았다. 예컨대 호주 원주민들을 박해하며 그들의 전통과 교육을 송두리째 부정하고 강제로 기독교 교육과 이데올로기를 강요한 백호주의, 또 아메리카 대륙의 원주민들을 대량 학살한 기독교도 유럽인 등, 교단이 역사에 사죄해야 할 부분은 많다. 어쩌면 멀게는 십자군 전쟁, 자체가 예수의 뜻과는 어긋난 것일 수 있다. 그러나 이는 꼭 기독교도만의 문제는 아니다. 세르비아의 인종 학살 전쟁, 나이지리아와 르완다의 종교 전쟁, 최근의 이슬람교도와 기독교인들의 대립 등은 종교가 오히려 사람들을 더 잔인하게 만드는 데 기여했다.

기독교의 이름으로, 배타적으로 내 가족의 현세적인 욕망만을 쫓는 쪽으로 잘못 흘러간 우리나라의 변질된 기독교도[15]들이나, 불합리한 폭력을 지양하고 배제하는 원래의 이슬람교와는 거리를 둔 채, 성전聖戰 즉 지하드라는 이름하에 무차별적인 폭력을 쓰는 일부 과격한 이슬람교도들이나, 기독교 우월주의, 인종 우월주의, 혹은 민족 우월주의를 주장하는 이들 모두는 어쩌면 다 같은 선상에 있는 것이 아닐

---

15) 세속적인 행운과 복록을 기원한다는 점에서 현재 많은 한국의 기독교인들은 샤머니즘을 신봉하는 과거 우리 조상들과 매우 비슷하다. 그러나 본래의 샤머니즘은 인간과 인간끼리의 화해, 혹은 인간과 자연의 조화를 추구하는 자연친화적이고 인본주의적인 태도를 가지고 있었다. 지나치게 현세적인 자신이나 가족의 행복만을 추구하는 물질 지향적인 태도는 샤머니즘의 원형과도 차이가 있다.

까도 싶다.

성경이 지향하는 '새 하늘과 새 땅'은 민족과 종교의 구분은 물론, 하늘과 바다의 경계조차 없는 곳^{묵시 21,1}이다. 민족끼리 혹은 민족 안의 반목과 증오가 아니라 영원한 생명을 주는 생명수의 강과 생명의 나무가 한가운데에 있어서 민족들의 병을 치료하는 곳^{묵시 22,1-3}이라는 뜻이다. 민족이 어떻고 종교가 어떻고 국가가 어떠니 하며 서로 다투는 집단 히스테리의 광기와 증오로 가득한 곳이 아닌, 화해와 용서와 사랑과 평화로 가득한 곳이어야 한다. 유다인, 사마리아인, 갈릴리인, 로마인 구별 없이 사랑을 주어야 한다고 가르친 분이 예수다.

그럼에도 불구하고 여전히 많은 사람들은 오로지 자신만이, 혹은 기독교를 믿는 우리만이, 축복을 받으리라고 믿고 싶어 한다. 그러나 이는 기독교인들이 대다수인 서양인들만의 문제는 아니다. 우리나라 역시 마찬가지다. 외국인 노동자나 이주민들을 무시하는 이들부터, 내 가문, 내 집안, 내 지역, 내 학연 등 우리와 적을 나누어 배타적인 충성만 강요하는 이들 역시 잘못 기독교를 믿는 사람들과 다르지 않다. 문제는 예수의 가르침 그 자체가 아니라, 그 가르침을 잘못 이해하고 제대로 실천하지 못하는 우리들이다. "신은 죽었다."라고 말한 니체는 어쩌면 신, 그 자체가 아니라 자신을 포함해 인류 심성 속의 신은 죽었다는 사실을 고백한 것이 아닐까.

무엇이 옳고 무엇이 그른가?

"남의 고통이나 슬픔을 이해하는 공감 능력,
악한 행동에 분노하고 이를 제지하는 태도를
기르는 데는 타인과의 건강한 상호작용과 훈련이 꼭 필요하다."

윤리, 도덕, 그런 것은 다 가지고 누리는 사람들이 주장하는 거 아닙니까? 유전무죄이고 무전유죄 아닙니까. 어차피 세상은 불공평하지 않습니까. 강한 이들이 약한 이들을 함부로 다스리면서 살고들 있는데, 착하게 살려고 노력할 필요가 있을까요. 선하게 살려고 애쓰는 사람들이 더 바보라고 생각합니다.

아이가 태어나 6개월쯤 되어 젖니가 나기 시작하면 잇몸이 근질근질해서 엄마 젖을 깨물기 시작한다. 잇몸을 시원하게 하려는 행위이자 반사행동이지만, 인간으로 태어나 의도하지 않더라도 타인에게 고통을 주는 시발점이다. 아이가 조금 더 성장해 손발을 마음대로 움직이게 되면 호기심덩어리 아이들은 주위의 모든 사물들을 가지고 놀다 별다른 죄의식 없이 곧잘 부숴 버린다. 그뿐인가. 사회적 놀이를 시작하는 세 살 남짓부터는 아이들끼리 서로 장난감이나 음식을 갖겠다고 울고, 소리 지르고, 할퀴고, 물어뜯고, 때리고 찬다. 그러면 어른들은 "그런 행동은 나쁜 것이야."라고 가르친다. 아이들에게서 인간 심성의 깊은 곳에 자리 잡은 공격성, 한 걸음 더 나아가 악의 원형이 바야흐로 발현되는 것이다.

아이가 폭력적인 행동을 하기 시작할 때 정상적인 양육자라면 그런 파괴적 심성을 제어할 수 있도록 유도하겠지만 도덕관념이 없는 아이의 눈으로 보면 어째서 부모가 자신의 뜻을 자꾸 제지하는지 처음엔 알 수가 없다. 맛있는 음식을 왜 꼭 남과 나누어 먹어야 하는지, 사사건건 자기를 제지하는 부모나 다른 가족들에게 욕하고 때리면 왜 안되는지, 눈앞에서 자기를 방해하는 미운 동생을 해치면 왜 안 되는지, 제대로 작동이 안 되는 장난감이나 전자 기기를 집어던져서 부수는 것이 어째서 나쁜 행동인지, 자신의 행동이 불러오는 결과에 대한 예측도, 선악의 개념도 없는 아이들로서는 그저 화나고 억울할 것이다.

아이의 마음속에서는 자기의 뜻대로 움직여 주지 않는 부모를 자기를 사랑하지 않는 나쁜 부모^{Evil Parent}로 오히려 잘못 인지하기까지 한다. 사회적 관계 안에서 살아가려면 섣부른 분노와 무한정한 욕심을 자제해야 한다는 점, 자기를 제지하는 부모의 행동이 종국에는 자신에게 좋은 약이 된다는 점을 제대로 하나씩 이해해야만, 아이에게는 선악과 도덕의 개념이 자리 잡게 되는 것이다. 대상관계 학파의 위니콧D. Winnicott은 자기의 욕망이나 감정과 어긋나는 부모를 나쁜 부모로 인지하던 아이들이 추상적인 선악의 개념과, 행동의 결과에 대한 예측을 하게 되면서 나쁜 부모와 좋은 부모가 결국 하나라는 점을 이해하게 되는 것이라고 지적한 바 있다.

물론 부모들 가운데는 부모의 정상적 훈육의 범주를 넘어, 그야말로 사악한 부모의 기능만 하는 이들도 있다. 아직 말도 못하는 아이를 집어던지고 때리거나 자기 기분 내키는 대로 아이를 학대하는 경우, 아이가 부모나 다른 사람들을 때리고 물건을 부숴도 아이니까 하며 제지하지 않는 경우, 아예 아이를 혼자 내버려 두어 방치하는 경우가 있는가 하면, 타인을 해치거나 정당한 이유 없이 폭력적인 행동을 하지 말아야 한다는 가장 기초적인 선악의 개념을 제대로 가르치지 못하는 양육자들도 많다. 그렇게 성장하면 결국 도덕관념이나 타인에 대한 배려를 배우지 못한 채 반사회성 인격장애, 혹은 극단적인 경계성 성격 장애, 히스테리성 성격 장애 환자가 되어 범죄의 유혹에 빠지기도 한다.

먹고 마시고 잠자는 등의 본능적 행동과는 달리 윤리와 도덕은 사회적 맥락에서 후천적으로 습득하여야 하기 때문에 누군가에게 제대로 배우지 않고는 저절로 내 것이 되지 않는다. 특히 남의 고통이나 슬픔을 이해하는 공감 능력, 악한 행동에 분노하고 이를 제지하는 태도를 기르는 데는 타인과의 건강한 상호작용과 훈련이 꼭 필요하다.

도덕이란 기본적으로 자신의 욕망과 타인의 욕망이 상충할 때, 이를 합리적으로 조정하면서 형성되기 때문이다. 극단적인 인격장애 환자들은 이와 같은 타인의 감정에 대한 헤아림이 없기 때문에, 죄의식이나 미안한 감정 없이 극단적인 범죄를 저지른다.

끔찍한 악행을 저지르고도 미안함이나 후회의 감정을 갖지 않는 이들의 심성에 자리한 '악惡, Evil'의 문제는 기독교에서는 오랫동안 신학적인 논쟁의 대상이었다. 하느님은 완전하신 분이고 아담과 하와는 분명 신의 모습대로 만들어졌고 지구상의 모든 것이 모두 하느님의 피조물이라면 과연 '악'을 만드신 하느님의 의도는 무엇인가 하는 것이다. 아담과 하와가 뱀의 유혹을 받고 나서 선과 악을 (우리 신처럼) 알게 되었다는 구절은 논리적으로 따지고 보면 사람들이 자유의지로 악행을 저지르기 이전에 이미 '악'이 존재했다는 뜻이 아닌가. 그렇다면 인간이 자유의지로 인해 악을 만들었다는 것에 논리상 오류가 있다고 주장할 수도 있었을 것이다. 이에 대해 중세의 많은 신학자들은 하느님이 '악'을 창조하신 것이 아니라, 하느님의 온전한 사랑을 거부한 탓에 인간에게 하느님의 선함이 결핍된 것Privatio Boni으로 '악'을 설명하기도 했다.

재미있는 것은 사악한 반사회적 인격장애자의 성장 과정도 공감과 도덕성 함양의 결핍 즉 선한 훈육의 부족Privatio Disciplinae으로 설명한다면 인간의 도덕적 성장 과정과 인류의 악행에 대한 신학적 이해가 서로 유비 관계에 놓이게 된다. 예를 들면, "주님께서는 그 모든 나쁜 말씀도 너희에게 이루셔서"The Lord will bring on you all the evil he has threatened, 여호 23,15 라는 구절을 보자. 엉뚱한 비약인지 모르지만 구약 시절, 하느님이 나쁜 일을 우리에게 가져오게 했다는 여호수아의 이 구절을 읽으면 마치 유아들이 자기에게 불편하고 불쾌한 일이면 나쁘다Evil라고 생각하는 것과 유사한 듯 보인다. 악의 개념뿐 아니라 전반적인 윤리에 대한 관념도 구약 시대로부터 신약 시대에 이르기까지 서서히 변화하는 것을 관찰할 수 있다. 예컨대 가족 관계에서의 일부일처제, 부족 중심의 도덕관에서 인류 보편의 도덕관념으로 확장된다. 구약 시대에는 '악'이 인간의 사악함에만 국한된 것이 아니라 자연재해, 불운, 하느님의 분노와 심판과 저주에도 쓰였다. 지금도 영어권에서는 지진이나 해일 등 자연재해를 악한 것The Evil이라고 표현한다. 하지만 지진, 해일, 화산폭발 같은 자연재해는 당하는 인간들에게는 매우 악한 재난이겠지만, 개개의 인간을 넘어서, 수십억 년 존재하는 지구 전체의 환경적 관점에서 생각한다면 영어권에서 관습적으로 표현하는 악한 재난The Evil Disaster이라는 표현에 선뜻 수긍할 수가 없을 것이다.

신약 시대로 갈수록 악의 개념은 훨씬 더 분화되어 자연재해 같은 도덕과는 상관없이 일어나는 불운과 인간 심성의 사악함에서 기인하는 악한 행동을 확실하게 구별하는 것 같다. 특히 신약에서는, 예수께서 사탄으로 인간화Personification된 구체적 대상과 대적하는 이,야고 1,13 즉 악의 화신인 악마Devil, the Evil One를 물리치실 수 있는 권능을 가지신 분 히브 2,14-15; 요한 3,8으로 묘사된다.

한자어권의 동양인들의 경우에는 '악'의 개념에 대한 역사적 이해와 혼동이 하나 더 추가된다. 마치 구약에서의 선악Good and Evil과 유사하게, 주역의 시대만 해도 선과 악보다는 길과 흉, 흥과 망 같은 비교적 가치중립적인 개념으로 인간에게 벌어지는 좋고 나쁜 일을 판단하다가, 공자 이후가 되어서야 다른 사람과의 관계망에서 제대로 선과 악의 구분을 하기 시작한다. 즉, 선한 사람과 악한 사람이라는 개념은 다른 사람과 사회에게 얼마나 이로운지, 혹은 해로운지 여부로 결정이 된다. 서양에서는 하느님과 자신 즉 일대일의 대자적 관계로 선악 개념을 생각하지만 유교 문화권의 동양에서는 신과의 관계보다는 사회 속에서 다른 사람들과의 관계의 맥락에서 선악을 판단하는 전통이 있었다. 즉 죄의식보다는 체면 혹은 배려 등에 더 중점을 두었던 것이다. 동양인들이 어쩔 수 없이 기독교의 'Good and Evil'을 번역할 때 '선악'이란 단어를 차용하였으나, 구약 시대 야훼와 연결되는 선악의 개념은 유교의 그것과는 많이 다르다는 점을 감안해야 할 것 같다.

특히 질투하고신명 4,24 분노하고시편 2,5 복수하는민수 31,3; 나훔 1,2 하느님의 모습은 질투, 분노, 복수심 같은 격한 감정을 부정적이고 열등한 측면으로 받아들이는 유교의 도덕적 관습이나 사고방식과 충돌하게 되어, 동양인들은 구약성경의 선과 악을 모두 관장하고 만든 유일신인 하느님을 편안하게 받아들이기 힘들 가능성이 높다. 실제로 성경을 읽는 많은 한국인들이 이런 하느님 때문에 기독교 신앙을 받아들이기 힘들다고 이야기한다.

분석심리학에서는 질투하고 분노하고 인간을 시험하면서 자신만을 사랑하라고 요구하는 구약의 야훼와 다른 존재인 예수님을 선과 악, 적군과 아군, 나와 너 등 양극단으로 분열되려는 인간 심성을 하나로 통합하는 데 성공한 역사적 실재로 이해한다. (여기서 삼위일체의 신학적 논의는 하지 않으려 한다. 다만 사람들이 야훼에게 투사하는 이미지와 예수에게 투사하는 이미지가 다르다는 정도에서 멈추겠다.)

실제로 예수께서 하느님은 유대인만의 하느님이 아니라는 점, 또 정말로 두려운 악은 외부에 존재하는 그 무엇이 아니라 우리 각자의 심성에 숨어 있는 사악함이란 점을 예수께서 명백하게 가르쳐 주실 때까지 유대 민족은 그들의 적이나 엄청난 자연재해 등을 악의 화신이라고 생각했을 것이다. 그러나 예수의 시대에 이르러 선악의 개념을 극복하고, 나와 남의 깊숙한 곳에 숨어 있는 선도 악도 모두 사랑으로 포용했다는 점에서 조로아스터, 마니교, 미트라교 등, 역사의 뒤안길로 사라진 다른 극단적인 예언자의 종교Religion of Prophecy들과 다른 길을 가게 된다. 그리스도교가 세계 종교로 발전된 이유일 것이다.

이런 점에서는 전생에 자신을 살해했던 왕도 용서하고, 자신을 모함하고 해치면서 위험에 이르게 한 모든 이들에게 자비심을 보여 주었던 부처님이나, 십자가에 못 박혀 죽는 그 순간까지 자신을 괴롭힌 모든 이들을 용서해 달라고 기도했던 예수님을 생각해 보자. 어떤 신앙을 갖고 있는지의 여부를 떠나 우리가 과연 선과 악을 어떻게 보고 실천해야 하는지에 대한 구체적이며 살아 있는 해답이 아닐 수 없다.

남을 평가하고
단죄하고 싶은 마음

**"남을 멋대로 판단하지 않고 용서해야 하는 진짜 이유는 내가 그들보다
도덕적으로 우월해서가 아니라, 완벽하지 못한 자신의 죄도
언젠가는 용서받았으면 하는 소망이 우리 마음속에 숨어 있기 때문이다."**

난 무조건 그 아이가 싫어. 처음 회사에 들어올 때부터 마음에 들지
않았어. 옷 입는 것부터 말하는 것까지 다 웃겨. 왜 그러고 다니는지
모르겠어.

남편이 하는 것은 하나부터 열까지 다 마음에 들지 않아요. 촌스럽고,
미숙하고……. 그 집 식구들도 다 그렇죠. 그 사람들이 어떻게 하든 난
그 사람들이 끔찍해요. 무식하고…….

나이를 먹고 나름대로 무언가를 성취해 갈수록, 사람들은 자신의
잣대를 갖고 다른 사람들을 평가하게 된다. "사람이라면 적어도 이러

이러해야 한다.""그런 행동은 옳지 않다," 그건 도리가 아니다.""그 사람은 참 나쁜 사람이다."라는 식으로 주위 사람들을 재단한다. 그러나 그 기준이 모든 사람이 합의하는 어떤 원칙에 근거하기보다는 오히려 자기중심적이며 자의적인 경우가 적지 않다. 특히 높은 자리에 앉아 있거나 많은 재산을 갖고 있는 이들은 부스러기라도 얻어먹고 살아야 하는 주위 사람들로부터 솔직한 조언을 듣기가 쉽지 않다. 당연히 자신의 판단만이 항상 옳고 맞으므로 사람들이 자기를 무조건 믿고 따라야 한다는 독재자의 자아 팽창Ego-inflation 상태에 빠지기 쉽다.

따지고 보면 사람들의 마음속에는 절대왕정 시대의 왕처럼 힘만 허락한다면 자기 멋대로 무엇이든 휘두르고 갖고 싶은 어린아이 같은 소망이 숨어 있다. 본능인 이드Id에 따라 먹고 싶으면 먹고 하고 싶으면 하고 화내고 싶으면 화내는 사람들의 어린애 같은 심성을 다스리고 제어하는 것이 초자아Super-ego이다. 초자아가 너무 힘이 없거나 또 반대로 너무 막강해도 건강한 정신이 될 수 없다는 것이 프로이트 정신분석학의 핵심이다. 토라Torah 즉 모세오경에 나오는 하느님과의 계약Covenant과 법규와 규칙 들은 현대 심리학에서 말하는 초자아와 비슷한 기전으로 당시 이스라엘 민족들을 다스렸을 것이다. 특히 만남의 천막에서 모세가 받아쓰셨다고 기록된 레위기는 매우 세밀한 법전이라고 할 수 있다.

파라오의 권위가 신과 같은 반열에 있던 이집트와는 조금 다르게, 당시 중동 지방에서는 법을 제정하면서 왕권에 대한 견제가 시작되었다. 원본이 전해지지는 않지만 고대 근동 지방인 수메르의 우루카기나Urukagina왕의 법전이나 바빌로니아의 함무라비 법전 등이 제정되면서, 왕이 자기 멋대로 상벌을 주지 않고, 사회와 원로들이 합의하는 법에 기초해서 재판을 하게 된다. 특히 레위기 시대에는 왕이 아닌 제사장이 권위로서 나라를 다스렸기 때문에 크고 작은 일에 대해 주님께서 과연 어떻게 말씀하셨는지, 또 어떻게 보시는지가 모든 판단의 근거였다. 자유, 인권 같은 말은 상상조차 할 수 없었던 그 먼 옛날, "너희는 재판할 때 불의를 저질러서는 안 된다. 너희는 가난한 이라고 두둔해서도 안 되고, 세력 있는 이라고 우대해서도 안 된다. 너희 동족을 정의에 따라 재판해야 한다."레위 19,15라고 할 수 있었던 것은 법을 집행할 때 사람이 아닌 하느님의 말씀에 귀를 기울였기 때문이다.

말이 좋아 평등 사회이지, 유전무죄 무전유죄란 말에 적지 않은 현대 한국인들이 공감하는 것은 그만큼 법의 제정과 집행의 무오류성이 신뢰받지 못하기 때문일 것이다. 실제로 정권이 바뀌면 숙청당하듯 구정권과 주위 사람들이 줄줄이 감옥에 가고 그런 험한 꼴을 당하지 않으려는 과거의 권력과 새로운 권력의 싸움으로 정치 무대뿐 아니라 문화계, 경제계 등 사회가 전반적으로 시끄러울 때가 많다. 그래서 그런지 아직까지는 법과 질서를 곧이곧대로 지키기보다는 정치적으로 줄타기를 잘하는 이들이 잘나가는 것처럼 보이고 법과 원칙을 지키는 이들은 조롱거리가 되는 시대이기도 하다.

자신을 해치려는 사울 임금과의 전쟁에서 이겨 왕권을 찬탈할 수 있는 순간에도, 구약의 영웅 다윗이 "주님께서 저와 임금님 사이를 판가름하시어 제가 임금님께 당하는 이 억울함을 풀어 주셨으면 합니다. 그러나 제 손으로는 임금님을 해치지 않겠습니다."[1사무 24,13-4]라고 했던 장면은 그래서 더 빛나 보인다. 세속의 눈으로 보면 정당한 이유 없이 자신을 죽이려 하는 사울을 단박에 죽이고 승전가를 울리며 권력을 찬탈하는 것이 옳다. 그러나 바로 그 순간, 다윗은 사울을 살려준다. 사울을 재판하는 것은 그의 몫이 아니라 야훼 하느님의 할 일이라는 생각 때문이다.

이런 다윗에게 감동받은 사울은 "이제야 나는 너야말로 반드시 임금이 될 사람이라는 것을 알게 되었다. 이스라엘 왕국은 너(다윗)의 손에서 일어설 것이다."[1사무 24,21]라고 말한다. 하지만 그 같은 깨달음도 잠시, 사울은 다시 다윗을 죽이려 하고 신변의 위협을 느낀 다윗은 험한 망명의 길을 떠난다. 보통의 이스라엘 사람들은 이럴 때 '도대체 하느님이 뭐 하시는 분이기에 의로운 자는 고난의 길로 들어서게 하고 배신을 밥 먹듯 하는 사울은 그대로 임금의 자리에 두는지'에 대해 의문을 가졌을 것이다. 그리고 자기에게 잘못한 이를 재단하고 원수를 갚는 대신, 오히려 자신이 험한 망명의 길을 떠나는 다윗을 참바보 같은 사람이라고 평했을지도 모르겠다.

그러나 인생은 끝까지 가야 하는 법. 다윗에게 그리 모질게 대했던 사울과 그의 아들들은 필리스티아인들과의 전쟁에서 몰살을 당하고 [1사무 31] 결국 다윗이 왕위를 차지하게 되는 결말에 이른다. 그러나 당시 백성들이 이런 해피엔딩을 어찌 미리 알 수 있었겠는가. 대부분은 다 윗이 고생할 때 "사울에게 아부나 잘 할 것이지."라고 혀를 차지 않았 을까.

다윗이 "행복하여라! 악인들의 뜻에 따라 걷지 않고 죄인들의 길 에 들지 않으며…… 주님의 가르침을 좋아하고 그분의 가르침^{Judgement} 을 밤낮으로 되새기는 사람……의인들의 길은 주님께서 알고 계시고 악인들의 길은 멸망에 이르기 때문일세."^{시편 1,1-6}라고 노래할 수 있었 던 것은 다윗에게는 골리앗이나 사울이라는 힘센 존재들을 정의롭게 이긴 기억이 있었기 때문일 것이다. 이렇게 자신을 하느님과 동일시한 파라오들과 달리 이스라엘의 왕들은 항상 하느님의 가르침은 과연 무 엇인지, 하느님의 법을 자신들이 잘 집행하고 있는지 스스로 물어보 도록 훈련받았기 때문이다.

이런 관계를 분석심리학의 언어로 다시 써 보자. 본능에 의해 좌우 되는 미숙한 자아^{Ego}가 본능과 초자아를 모두 아우르는 보다 큰 자기 ^{Self}와의 내적인 대화^{Inner Dialogue}를 계속하면 위험한 자아 팽창을 막고 보다 성숙한 선택을 할 수 있다.[16] 단순히 인간이 만든 법이나 규약 을 수동적으로 지켜야 하는 상황이 아니라, 내면에서 들리는 절대자

----

16) 분석심리학에서는 이렇게 작은 자아(Ego)와 큰 자기(Self)와의 회복을 자아-자기 축(Ego-self Axis)의 회복 으로 본다. 성경에서는 예레미야서 24,7의 "그리하여 그들은 내 백성이 되고, 나는 그들의 하느님이 될 것이 다. 그들이 온전한 마음으로 나에게 돌아올 것이기 때문이다."라는 구절을 생각해 볼 만하다. 큰 자기라는 그 릇으로 되돌아가면(Return), 하느님과의 관계 역시 회복(Restoration)될 것이기 때문이다.

의 판단을 들으려는 태도는 외부의 시선으로부터는 자유롭지만, 매우 책임감 있는 결정을 하게 만든다.

이는 공적인 판단 영역뿐 아니라 가정에서도 마찬가지다. 권위적인 효도 이데올로기에 좌우되는 가정이나 소위 성격이 강하다는 이들을 배우자로 둔 가정들은 무조건 목소리 크고 힘 있는 쪽이 이긴다. 그래야 가정이 평화로우니 옳지 않아도 그냥 넘어가거나, 아니면 앞에서는 상대방 말을 듣는 척하고 밖에서는 딴짓을 하기도 한다. 문 닫으면 그 속에서 무슨 일이 일어나는지 모르는 단절된 도시의 가옥 구조에서는 힘 있는 쪽이 곧 법이 된다.

분석심리학에서는 이렇게 모든 것을 자기중심적인 자의성에 의해 판단해서 폭력적인 행동과 말을 하는 이들을 냉철한 사고 기능보다는 열등한 감정 기능이 지나치게 도드라진 것이라고 이해한다. 일단 자신의 싫고 좋은 감정만 앞세워서 무엇이든 판단하려 들기 때문에 건강한 판단력이 떨어지게 되는 것이다. 자신의 판단력이 절대 불변의 원칙이라고 생각하는 이들이지만, 실제로는 성숙하지도 객관적이지도 못한 자신만의 판단 기능에 맹목적으로 기대어 주위를 괴롭히는 셈이다.

일종의 원형적 부부상인 아브라함과 사라가 자식을 갖지 못하면서 서로 갈등을 겪는 대목^{창세 16}은 인생의 크고 작은 골목에서 옳고 그른 것을 과연 우리가 어떻게 판단하고 일을 처리해야 하는지에 대한 생각의 실마리를 준다. 아들을 낳지 못하는 사라는 여종 하가르를 일종의 씨받이로 아브라함에게 주지만, 임신을 한 하가르가 자신을 업신여기는 수모를 겪는다. 이때 사라의 반응은, "주님께서 나와 당신 사이의 시비를 가리어 주셨으면!" 하는 것이었고, 아브라함은 사라에게 하가르가 사라의 종이니 사라의 판단대로 하라 말한다.창세 16,5 당시 관습에 대한 옳고 그름을 따지기 전에 사라가 주님의 판단이 무엇인지 물어본 점, 또 남편의 뜻과 책임도 짚어 본 사실은, 쥐도 새도 모르게 하가르를 처치할 수도 있는 입장에선 나름대로 최선의 선택이 아니었나 싶다.

실제로 크고 작은 인간관계의 문제들엔, 법만으로는 해결하지 못하는 여러 가지 논점들이 혼재되어 있다. 부부 사이의 질투, 혼외정사, 이혼 후 아이의 양육권, 시부모나 장인 장모와의 갈등, 형제간의 싸움, 친구끼리의 배신 같은 가족끼리의 다툼들은 법으로 해결하기보다는 상식이나 도리에 기대어 그 실마리를 풀어야 할 때가 더 많다. 문제는 서로의 입장과 관점이 달라 평행선을 달릴 때이다. 각자가 나의 판단만이 절대적으로 옳고 상대방의 판단은 사탄의 꼬임에 빠진 것이라는 식으로 나온다면, 당사자들은 모두 패자이자 피해자가 될 뿐이다.

따지고 보면, 과연 누가 누구의 행동을 재단하고 재판할 자격을 갖고 있는가. 하느님 앞에서 우리 모두는 크고 작은 죄를 거듭 짓고도 진심으로 후회할 줄 모르는 어리석은 이들일 뿐이다. 주님의 법Torah 혹은 Covenant은 법전에 기록된 법이라기보다는 은총Grace이자 가르침에 가깝다. 마치 협박하듯, "심판의 날이 가까워 오니, (당신들은) 회개하시오!"라며 설교하거나 선교하는 사람들을 가끔 보는데, 언제 우리가 어떤 심판을 받을지를 아무도 모르니 코미디 같이 들린다. 그날이 올 때까지, 시끄럽게 떠들면서 남보고 회개하라 할 것이 아니라, 어리석은 재판관 놀이는 이제 그만두고 좀 더 겸손한 마음으로 먼저 자신을 들여다보아야 하는 것이 아닌가 싶다. 남을 멋대로 판단하지 않고 용서해야 하는 진짜 이유는 내가 그들보다 도덕적으로 우월해서가 아니라, 완벽하지 못한 자신의 죄도 언젠가는 용서받았으면 하는 소망이 우리 마음속에 숨어 있기 때문일 것이다.

유대교와 기독교를 보는 눈

> "한 종교가 탄생한 지역의 민족들만 선택되어 구원된다고 가르쳤다면,
> 벌써 기독교나 불교는 이 세상에서 사라졌을 것이다. 그런 의미에서 종교는
> 보편성과 닿아 있는 신비한 체험이 되어야 한다."

저는 이스라엘이 싫습니다. 평화를 지키러 온 평화 유지군도 공격하고, 죄 없는 팔레스타인 사람들을 고향에서 쫓아내지 않았습니까. 무기상들, 전쟁광들, 자본을 갖고 장난치는 이들 중에 유대인들이 많다면서요. 겉으로는 하느님을 섬긴다면서 실제로는 지구촌 이웃들을 못살게 구는 사람들이 유대인 아닙니까? 그런 "유대인들을 세상의 조상이다." 하면서 섬기는 기독교인들을 도저히 이해하지 못하겠습니다.

이스라엘이 팔레스타인의 가자 지구의 민간인 구역을 폭격하고, 노골적으로 친親이스라엘을 표방하는 미국이 이라크를 침공하는 것을 십자군 전쟁이라 칭하는 등의 신문 기사가 등장할 때, 이스라엘이나

기독교에 대한 거부감을 드러내는 이들이 적지 않다. 특히 자신의 전통을 버리지 않고 다른 문화와 잘 어울리지 않는 배타적인 분위기와 강한 생활력, 세계의 무기와 돈, 그리고 지식산업을 좌지우지하는 유대인들의 독특한 정서가 반유대주의를 자극하기도 한다.

유대인들에 대한 이와 같은 반감과 함께 특히 기독교에 대해 의문을 제기하는 이들의 논리 중 하나가 구약에서는 하느님이 이스라엘을 편애했다고 주장하는 것이다. 이스라엘만이 하느님에게 선택되었고 다른 민족들은 제거해야 하는 악으로 간주하는 야훼 하느님을 믿는 기독교를 타민족인 우리가 굳이 믿을 필요가 있느냐는 이야기다. 또 근대에 특히 서구의 제국주의의 첨병은 의도했건 아니건 간에 거의 선교사들이었고 그들에게 빗장을 연 많은 나라들이 결국 외세의 침탈에 시달리게 된 역사적 사건들도 적지 않았다. 원주민들의 문화와 전통을 압살하면서 원주민으로서의 정체성을 버리라고 강요한 경우도 많았다.

세계사를 들여다보면, 권력자들의 욕심을 숭고한 성전聖戰으로 포장해서 애꿎은 민중들만 고생한 일들이 적지 않았다. 이스라엘의 역사라고 해서 그런 권력 싸움에서 자유롭지는 않았다. 게다가 이스라엘 민족이 성경을 기록하였으므로 당연히 성경은 이스라엘을 중심으로 기술될 수밖에 없다. 여러 민족에게 침략을 당하면서 끊임없이 갈등을 겪어야 했던 시기에는 특히 하느님의 존재가 더욱 절박하게 필요했을 것이고 세상 누구나 그러하듯이 자신들의 생존과 평화를 위해 먼저 기도했을 것이다. 이스라엘 민족에게는 황량한 사막이라는 공간에, 여러 전통과 언어를 쓰는 민족들이 복잡하게 얽히고 국가들 간의 분란은 계속되는 상황에서, 그 모든 고통과 역경을 이겨 나가도록 돕는 초월적 존재가 어느 민족보다 더 절박하게 필요했을 터이다.

우리나라는 땅도 비옥하고 풍요로운 어장인 바다가 삼면으로 둘러싸여 있기에, 해안에 출몰하는 일본의 해적이나 강대국인 중국, 그리고 변방의 소수민족들을 잘 다루면 사회를 비교적 안정되게 유지할 수 있었다. 그러니 한국인들은 "개똥밭에 굴러도 이승이 좋다."라고 말하지 않았을까. 이스라엘의 경우는 그렇지 않았다. 광야로 쫓겨 다니며 이집트, 페니키아, 아시리아, 페르시아, 바빌로니아, 마케도니아, 로마 등 열강의 침범부터 필리스티아, 곡, 가나안, 히타이트, 프리즈, 여부스, 암몬, 모압, 아모리 족^{에즈 9,1} 등 크고 작은 부족들과 끊임없이 싸우며 민족 전체가 생존을 장담할 수 없는 역사를 반복했다. 내세에 대한 희망이 없다면 황야에서 이리저리 쫓겨 다니는 삶을 견딜 수 없었을지도 모른다.

그렇다면, 다시 처음 질문으로 돌아가자. 이처럼 이스라엘이라는 민족의 독특한 경험의 산물인 성경의 사건들이 지구 반대편의 한민족의 가슴에 어떻게 의미 있는 울림을 불러일으키는 것일까.

우선 심리학적으로 보자면 성경 속의 인물들이 보여 주는 삶의 원형적 모습과 성격^{Archetypal Pattern and Character} 을 생각할 수 있다. 분석심리학에서 원형^{Archetype} 이란 인간이 후천적인 경험으로 습득하기 이전, 유전자에 내장되어 전달되는 인간들만의 고유한 특징을 말한다. 예를 들면, 나라와 시대는 달라도 부모 자식 간의 관계, 스승과 제자의 역할, 질병과 죽음에 대한 태도, 권력과 관계된 집단의 의식과 행동, 사랑과 결혼의 방식과 과정, 일을 배우고 독립하는 과정 등등에는 인류의 공통분모들이 있다는 것이다.

성경에서 파노라마처럼 보여 주는 사랑, 결혼, 애증, 고난, 배신, 죽음, 희망과 절망의 순간 등의 사람 사는 이야기들은 누구에게나 공감할 수 있는 원형적 특징들을 지니고 있기 때문에 시대와 공간을 뛰어넘어 우리에게 많은 교훈과 영감을 줄 수 있다.

분석심리학적 관점이나 신학적 입장을 떠나, 선입관 없이 성경을 읽다 보면 이스라엘은 선택받아 편애를 받는 자녀라기보다는, 오히려 자꾸 문제를 일으키고 꾸중을 듣는 사고뭉치처럼 기술되고 있다는 점을 발견하게 된다. 예컨대, "이제 내가 그들에게 칼과 굶주림과 흑사병을 보내고, 그들을 너무 나빠 먹을 수 없는 썩은 무화과처럼 만들겠다. …… 내가 그리로 몰아낸 모든 민족들 사이에서 저주와 놀람과 놀림감과 수치의 대상이 되게 하였다. 그들이 나의 말을 듣지 않았기 때문이다."예레 29,18-19 "너는 가서 창녀(이스라엘)와 창녀의 자식들을 맞아들여라. 이 나라가 주님에게 등을 돌리고 마구 창녀 짓을 하기 때문이다."호세 1,2, "너의 어미(배신한 이스라엘)를 고발하여라. 너희 어미는 내 아내가 아니고 나는 그의 남편이 아니다. …… 그 여자를 광야처럼 만들고 메마른 땅처럼 되게 하여 목이 타 죽게 하리라. 나는 그 자식들도 가엾이 여기지 않으리니 창녀의 자식들이기 때문이다."호세 2,4-6 "이스라엘의 교만이 저희 자신을 거슬러 증언하지만 그들은 주 저희 하느님에게 돌아가지 않는다."호세 7,10 같은 매서운 구절들을 읽다 보면, 누가 구약이 이스라엘을 위해 존재하는 것이라 주장하는지 오히려 궁금해진다.

그러나 이스라엘에 대한 가혹한 징벌들은 그들의 사악함에 대한 단순한 분노 때문이 아니다. "나는 이렇게 나의 영광을 민족들에게 펼치리니, 모든 민족들이 내가 내린 심판과 그들을 친 나의 손을 보게 될 것이다. …… 민족들은 이스라엘 집안이 그 자신의 죄 때문에, 나를 배신하였기 때문에 유배 갔음을 알게 될 것이다. …… 내가 이스라엘 집안에 나의 영을 부어 주었으니, 다시는 그들에게서 내 얼굴을 감추지 않겠다."에제 39,21-29 "나는 내 백성 이스라엘의 운명을 되돌리리니 그들은 허물어진 성읍들을 다시 세워 그곳에 살면서…… 내가 그들을 저희 땅에 심어 주리니 그들은 내가 준 이 땅에서 다시는 뽑히지 않으리라."아모 9,15 라는 구절처럼 궁극적으로는 이스라엘의 죄를 용서하고 그들도 사랑으로 다시 품는 과정을 타민족들에게 보여 주기 위함이 아니었을까. "그분은 분노를 영원히 품지 않으시고 오히려 기꺼이 자애를 베푸시는 분이시다. ……우리를 가엾이……"미카 7,19 여기신다는 사실을 역사를 통해 구체화시키고 있는 것이다.

이방인 사도 바오로는 그리스도가 유대인뿐 아니라 세상의 모든 사람들을 구하기 위해 온 것이라는 것을 특히 강조한다. "그들(이스라엘)

의 잘못으로 다른 민족들이 구원을 받게 되었고 그래서 그들이 다른 민족들을 시기하게 되었습니다. …… 그들이 배척을 받아 세상이 화해를 얻었다면 그들이 받아들여질 때에는 어떻게 되겠습니까? …… 올리브 나무에서 몇몇 가지가 잘려 나가고 야생 올리브 나뭇가지인 그대가 그 가지들 자리에 접붙여져 그 올리브 나무뿌리의 기름진 수액을 같이 받게 되었다면, 그대는 잘려 나간 그 가지들을 얕보며 자만해서는 안 됩니다."로마 11,11-19 이때 잘려 나간 올리브 가지는 이스라엘을, 새로 접붙여진 가지는 이방인들을 뜻하는 것이니 성경은 다른 민족을 사랑하고 가르치기 위해 이스라엘을 먼저 도구로 썼다는 점을 짐작할 수 있다.

그러나 여기서 또 다른 의문을 제기할 수 있다. 구약에는 너무나 많은 이스라엘 고유의 율법들이 서술되고 이 율법을 지키지 않으면 하느님과의 계약을 어기는 것이니 벌을 받으리라고 반복해서 기술하고 있다. 그렇다면 이런 교리와 율법에 대해 아예 듣고 보도 못한 이들은 다 죄인인가? 바오로 성인은 이에 대해서도 명쾌하게 해명한다.

"다른 민족들이 율법을 가지고 있지 않으면서도 본성에 따라 율법에서 요구하는 것을 실천하면, 율법을 가지고 있지 않은 그들이 자신들에게는 율법이 됩니다. …… 그들은 율법에서 요구하는 행위가 자기들의 마음에 쓰여 있음을 보여 줍니다."로마 2,14-16 다른 사람의 죄를 보속하기 위해 기꺼이 자신을 바친 그리스도가 바로 율법의 끝로마 10,4이기 때문이다. 즉 중요한 것은 이스라엘의 율법이 아니라, 자신을 희생한 그리스도를 얼마나 사랑하고 본받으려 하느냐에 있다는 것이다.

성경이 위대한 진짜 이유는 이스라엘이 풍전등화에 빠졌을 때, 자신들의 승리와 생존에만 집착하지 않고 승리와 패배 같은 세속적인 결과를 넘어서서, 세속을 초월하는 그분에 대한 희망을 이야기했기 때문이다. "너희는 그분의 나라를 찾아라. …… 너희 아버지께서는 그 나라를 너희에게 기꺼이 주기로 하셨다."루카 12,29-32라고 말할 때의 '그 나라'는 하마스를 궤멸하겠다고 팔레스타인을 공습하고 물자를 봉쇄하는 현재의 이스라엘 정권이 지향하는 그런 세속의 나라가 아니다. 하느님이 우리에게 약속하신 그 나라는 원하는 사람은 생명수를 거저 받을 수 있고 주 예수님의 은총을 '모든' 사람이 함께 받게 되는 묵시 22,17-21 화해와 평화와 사랑이 넘치는 인간의 상상력이 닿지 못하는 새로운 곳인 것이다.

이렇게 따지고 보면 성경은 이스라엘 민족주의를 수호하기 위한 것이 아니라, 오히려 버리기 위해 쓰인 것이라는 점을 알게 된다. 기독교가 비록 이스라엘 사람, 그리고 서양인들에 의해 전파되었지만 이스라엘이나 서양인의 종교가 아니고 불교 역시 인도에서 시작되어 중국을 거쳐 전파되었지만, 인도나 중국의 종교가 아니라, 기독교나 불교를 믿는 각자를 위한 종교가 아닌가. 오로지 한 종교가 탄생한 지역의 민족들만 선택되어 구원된다고 가르쳤다면, 벌써 기독교나 불교는 이 세상에서 사라졌을 것이다. 그런 의미에서, 종교는 개인의 특수한 여건을 넘어서는 보편성과 닿아 있는 신비한 체험이 되어야 한다.

글을 마치며

처음 이 글을 《생활성서》에 연재할 때는 뉴욕의 유니온 신학교에서 종교심리학을 공부하고 뉴욕 신학교에서 했던 강의 경험, 그리고 뉴욕 융 연구소에서의 연구와 진료 경험을 토대로 성경과 분석심리학을 연결시켜 보려는 목적이 있었습니다. 솔직히 말하자면 필자는 영세는 했으나 이 핑계 저 핑계를 대며 성당도 곧잘 빠지는 게으르고 무책임한, 신자라고 말할 수도 없는 사람입니다.

그러나 재미있게도 제 두 개의 석사·박사 논문은 모두 종교와 관련이 있습니다. 한국에서는 종교인들의 정신장애에 대한 태도 연구와 서양 정신의학의 도입 과정에 대한 학위 논문을 쓰면서 어쩔 수 없이 불교, 유교, 원불교, 기독교 등에 대해 의학적 혹은 분석심리학적 입장에서 공부를 했으며 미국에서는 공자에 대한 연구로 논문을 쓰게 되었습니다. 또 불교와 샤머니즘 문화에서 성장한 남편을 만나 전혀 다른 가치 체계에 사는 이들과 한솥밥을 먹으며 종교의 '다름'과 '포용'에 대해 깊이 생각하게 되기도 했습니다. 어쩌면 하느님에 대한 사랑과 부처님의 자비심이 결코 다른 것이 아니라, 궁극에는 하나로 모아지게 된다는 것을 배워 나간 것도 같습니다.

예전에 다른 책에서도 쓴 적이 있지만, 저는 예수님과 부처님이 서로 누구의 종교가 우월한지 논쟁을 벌이는 모습은 도저히 상상할 수가 없습니다. 기독교도 불교도 결국 예수님과 부처님을 닮아 가는 데에 궁극적인 목표가 있다면, 다양한 종교적 태도를 인정해야 하는 것이 아닌가 하는 게 제 짧은 견해입니다. 절에 가거나 도가 높으신 스님을 만날 때면, 성당에 가거나 신부님·수녀님을 만날 때와 비슷한 존경심이 절로 우러나옵니다. 일종의 이단적인 상상일지는 모르지만, 예수님께서 공생활을 준비하시기 전에 저는 아무래도 인도에 가셔서 불교를 공부하셨던 것 같다는 생각도 해 봅니다. 실제로 그렇게 주장하는 역사학자들도 있고, 개인적으로는 또 토마 사도의 자손이라고 주장하는 인도인 부족을 실제로 만난 적도 있습니다. 당시는 인도가 세계의 중심인 선진국이었고 현대인들이 생각하는 것보다 국제 교류가 매우 활발했다고 합니다. 너무나 비슷한 상象, Image과 표현 방식을 보여 주는 인도의 간다라 미술, 그리스의 헬레니즘이 어떻게 다른 문화와 종교의 영향 없이 독립적으로 발전할 수 있었겠습니까.

구체적인 하나의 좋은 예로, 관세음보살의 형성과 발전을 들 수가 있습니다. 관세음보살의 전신인 아발로키테스바라Avalokitesvara는 본래 힌두교에서는 남성 신이었습니다. 그런데 6세기 이후부터 중국으로 들어와서는 서서히 여성 신으로 변하기 시작합니다. 남성적 가부장제의 유교가 발흥하면서 샤머니즘 세계의 토속적인 여성 신들이 사라진 빈자리를 관세음보살이 메우게 된 것이지요. 성모마리아도 마찬가지입니다. 기독교가 자리 잡기 이전 그리스, 켈트,Celt 고대 스칸

디나비아Norse 신화에는 수많은 여성 신들이 등장합니다. 그러나 강한 가부장제의 유대교를 근간으로 한 기독교가 공식 종교가 된 후, 영적인 여성성을 투사할 수 있는 여성 신은 모두 사라지고 맙니다. 그 자리를 가톨릭에서는 성모마리아가 채우게 된 것입니다. 사실 관세음보살의 모습에서는 성모마리아의 상징적 이미지(이콘)들과 비슷한 형태가 관찰됩니다. 주름이 많은 늘어진 옷, 머리를 감춘 두건, 그 주위를 싸고 있는 후광, 예수를 연상시키는 어린 동자들의 등장…… 등을 미학적으로 보자면 관세음보살과 성모마리아를 같은 인물로 생각할 수도 있겠다는 느낌이 들 때도 있습니다. 이를 융 심리학자의 눈으로 보면 인간의 원형적 심성, 즉 절대적인 완벽한 어머니를 꿈꾸는 모습이 그런 이미지로 투사된 것이 아닌가 하고 설명하겠지요.

고대에도 우리가 상상하는 이상으로 서로 다른 문화가 영향을 주면서 발전해 왔습니다. 과거의 종교와는 전혀 다른 새로운 종교가 하늘에서 뚝 떨어지는 일은 없다는 것입니다. 즉, 기독교 역시 유대 전통뿐 아니라 이집트, 메소포타미아, 인도 등의 영향을 받아 생성·발전되었습니다. 무엇이든 나누고 분별하고 피아彼我를 가르고 흑백논리에 빠져 있는 이들에게는 불교와 기독교, 유신교와 무신교가 서로 대립하고 이슬람교와 기독교가 대립되는 것으로 보이겠지만 그것은 올바른 종교 지도자들의 바람이 아닙니다.

근본주의적인 기독교인들Fundamental Christian에게는 매우 불경한 이야기인지 모르겠지만, 예수의 죽음과 부활 모티프는 이집트의 오시리스 신화와 놀랄 만큼 유사합니다. 또한 선과 악을 철저하게 나누어 천사와 악마를 대비시킨 것은 조로아스터교와 비슷합니다. 그리스도의 사랑과 불교의 자비심은 결국 하나의 개념이라고 생각합니다. 또한 천국과 지옥의 개념 역시 많은 종교의 핵심교리 중 하나입니다. 초기 영지주의학파 중, 불교의 영향을 받은 학파에 대한 책과 논문을 보면서, 불교와 기독교의 상호 교류에 대해 놀랐던 경험을 한 적이 있습니다. 또 반대로 경교라는 이름으로, 중국의 당·송 시대에도 가톨릭 교리가 이미 중국에 수입되어 자리 잡고 있었기 때문에, 동양철학이나 불교에도 유대교나 기독교의 영향이 있었다고 생각합니다. 그리스도교는 마태오 리치에 의해 중국이 소개된 이후 주로 처음엔 도미니크 수도회를 비롯해 많은 예수회 신부들이 중국으로 왔었기 때문에, 조선 시대에 우리 실학자들이 자발적으로 서학을 공부하여 전 세계적으로는 유일하게 자생적인 기독교 수입 국가가 된 역사적 실례도 있습니다. 현대인들이 생각하는 것보다는 훨씬 더 많이 서양과 동양의 종교가 아주 오랜 세월에 걸쳐 서로 교류하면서 발전하고 있었던 셈이지요. 예를 들어 팔만대장경에 숨어 있는 108가지 이야기에 소개된 『법구비유경』 속의 한 구절, "십이인연十二因緣의 근본은 바로 어리석음이다. 그리고 어리석음은 죄의 근본이니라. 지혜는 온갖 행(복)의 근본이다. 먼저 어리석음을 끊어야만 마음이 안정되리라."와 성경의 지혜서7.8-14의 "……지혜에 비기면 많은 재산은 아무것도 아니라고 생각하였으며……지혜와 함께 좋은 것이 다 나에게 왔다. …… 나는 욕심 없이 배웠으니 아낌없이 나누어 주고 …… 지혜를 얻은 이들은 그 가르침이 주는 선물들의 추천으로 하느님의 벗이 된다." 같은 구절의 핵심은 같습니다. 또 루카복음 15장에 나오는 되찾은 아들의 비유는 『묘법연화경』의 「신해품」에 나오는 장자 궁자窮子 즉 가난한 장자의 비유와 매우 유사합니다. 또 『아함경』의 아흔아홉 명을 살해한 앙굴라 마왕이 구원받는 이야기와 마태오 18장을 보면 길을 잃지 않은 아흔아홉 마리 양보다는 길 잃은 양 한 마리를 찾았을 때 더 기쁘지 않느냐는 물음, 또 형제가 죄를 지으면 일곱 번 아니라 일흔일곱 번까지도 용서하라는 말씀 또한 매우 유사합니다. 아마 이렇게 비슷한 구절들을 열거하다 보면 이 지면이 부족할 것입니다.

중요한 것은 모든 성숙한 종교들의 가르침은 서로 통한다는 점이 아닐까 생각합니다. 물론 절대 신이 존재를 믿는 교조적 기독교 교리나, 부처님의 무량한 공덕만을 믿는 교조적 불교의 입장과는 제 당돌한 생각들이 무척 다르다는 것을 잘 알고 있기 때문에 강변하고 싶지는 않습니다. 종교적 심성은 가장 내밀한 사적인 세계이기 때문에 특히 존중해야 한다고 생각합니다. 다만 똑같은 설교를 듣고 똑같은 법회를 들어도 각자가 이해하는 바가 다르기 때문에 같은 종교를 갖고 있어도, 각자의 부처님과 하느님이 다 다른 모습일 것입니다. 모두가 다 자기 보고 싶은 모습만 보는 것이니까요.

융 심리학의 중요 개념 중 하나인 원형Archetype은 인간의 공통점을 인정하고 의식화하자는 데서 출발합니다. 즉 인간이라면 내용은 달라 보이지만 누구나 비슷하게 공유하는 사고와 행동 패턴이 있다고 믿는 것이지요. 종교적 심성이나 경험 역시 역사와 사회의 차이를 초월해서 존재해 온 원형과 관련이 있습니다. 인간의 공통적인 마음에 대한 심리적 이해 없이, 각자 자신의 종교적 신념이 마치 절대자의 생각과 완벽하게 일치한다고 생각하고 다른 사람들에게 강요한다면, 아마 세상은 종교 때문에도 더 많이 시끄럽고 어지러워질 것입니다. 물론 포용적 태도를 갖고 있다고 해서 자신의 게으름과 자의적 해석을 합리화해서도 안 되겠지요. 다른 사람들의 주장이 절대적이지 않은 것처럼, 내 자신의 해석과 믿음 또한 절대적인 것이 될 수 없으니, 항상 겸손하게 열린 태도로 더 높은 가르침을 받아들여야 한다고 저는 생각합니다.

연재했던 글들을 묶으며 다시 한번 성경을 깊이 읽고 제 생각들을 조금씩 정리하게 되었으니, 감사할 뿐입니다. 이 책이 나오기까지 도움을 준 생활성서 편집부 식구들과 김혜원 씨 등 민음인 편집부 가족들에게도 감사를 드립니다.

2014년 3월 이나미

참고 문헌

Baring, Ann and jules Cashford. *The Myth of the Goddess: Evolution of an Image.* Penguin Books, 1993.

Campbell, Joseph. *The Masks of God: Creative Mythology.* Penguin Books, 1991.

Davis, O. B. *Introduction to Biblical Literature.* Hayden, 1976.

Freedman, David Noel, ed. *The Anchor Bible Dictionary.* Doubleday, 1992.

Frend, W. H. C. *The Rise of Christianity.* Fortress Press, 1984.

Grollenberg, Luc. H. *The Penguin Shorter Atlas of the Bible.* Penguin Books, 1978.

Jung, Carl Gustav. *Psychology and Religion: West and East.* Princeton University Press, 1977.

Jung, Carl Gustav. *The Spirit in Man, Art, and Literature.* Princeton University Press, 1966.

Kelly, J. N. D. *Early Christian Doctrines.* HarperSanfranscisco, 1978.

King, Karen L. *Images of the Feminine in Gnosticism.* Trinity Press International, 2000.

Ryken, Leland, James C. Wilhoit, Tremper Longman Ⅲ, eds. *Dictionary of Biblical Imagery.* Intervarsity Press, 1998.

Slattery, Dennis Patrick and Glen Slate. *Varieties of Mythic Experience: Essays on Religion.* Psyche and Culture Daimon, 2008.

Sjoo, Monica and Barbara Mor. *The Great Cosmic Mother: Rediscovering the Religion of the Earth.* HarperOne, 1977.

Smith, Huston. *The World's Religions.* HarperSanFrancisco, 1991.

Spiegelman J. Marvin, ed. *Catholicism and Jungian Psychology.* New Falcon publications, 1994.

Zaehner, R. C., ed. *Encyclopedia of the World's Religions.* Barnes&Noble books, 1988.

국제카톨릭성서공회. 『성서』. 일과놀이, 1977.

에드먼드 리치. 신민철 역. 『성서의 구조 인류학』. 한길사, 1996.

켄트 스미스. 황우진 역. 『성서 속에 숨겨진 세 가지 이야기』. 사람과 사람, 2002.

칼 구스타브 융. 이부영 역. 『인간과 상징』. 집문당, 1964.

사전편찬위원. 『한국문화 상징사전』. 동아출판사, 1992.

슬픔이 멈추는 시간

1판 1쇄 펴냄 2014년 3월 24일
1판 3쇄 펴냄 2018년 3월 6일

지은이 | 이나미
발행인 | 박근섭
펴낸곳 | ㈜ 민음인

출판등록 | 2009. 10. 8 (제2009-000273호)
주소 | 135-887 서울 강남구 신사동 506 강남출판문화센터 5층
전화 | **영업부** 515-2000 **편집부** 3446-8774 **팩시밀리** 515-2007
홈페이지 | minumin.minumsa.com

한국어판 ⓒ ㈜민음인, 2014. Printed in Seoul, Korea
ISBN 978-89-6017-358-3 03180

㈜민음인은 민음사 출판 그룹의 자회사입니다.